THE BIG BANG OF THE CHIP
THE ONLY GUIDE TO IC INDUSTRY

芯事

一本书读懂芯片产业

谢志峰 陈大明 / 编著

上海科学技术出版社
SHANGHAI SCIENTIFIC & TECHNICAL PUBLISHERS

图书在版编目（CIP）数据

芯事：一本书读懂芯片产业 / 谢志峰, 陈大明编著.
— 上海：上海科学技术出版社, 2018.7（2023.9重印）
ISBN 978-7-5478-4076-4

Ⅰ.①芯… Ⅱ.①谢… ②陈… Ⅲ.①集成电路产业—产业发展—研究—世界 Ⅳ.①F416.63

中国版本图书馆CIP数据核字（2018）第146886号

芯事——一本书读懂芯片产业
谢志峰　陈大明　编著

上海世纪出版（集团）有限公司　出版、发行
上海科学技术出版社
（上海市闵行区号景路159弄A座9F-10F）
邮政编码201101　www.sstp.cn
上海盛通时代印刷有限公司印刷
开本　787×1092　1/16　印张 21.25　插页 2
字数　220千字
2018年7月第1版　2023年9月第11次印刷
ISBN 978-7-5478-4076-4 / F·13
定价：68.00元

本书如有缺页、错装或坏损等严重质量问题，请向印刷厂联系调换

推荐序一

芯片作为人类电子业最伟大的发明之一,已经无处不在地融入我们的生活:从手机、电脑、电梯、冰箱、空调、洗衣机,到汽车、高铁、机器人、仪器仪表、医疗器械,甚至红绿灯系统、共享单车,都可以看到芯片的作用。虽然我们每天都在接触芯片,不少人从事的行业也与芯片有关,但是由于技术性太强,很多人不知道从何入手来了解芯片:芯片到底是什么产品?芯片怎样影响我们的生活?芯片行业到底是个什么样的行业?芯片会如何左右我们的工作?我们在投资时应当如何看待芯片的因素?芯片未来将怎样发展,这又给我们带来什么样的变化?

今年4月份,美国商务部作出对中兴通讯的禁售令后,更多的人加入到这些问题的探讨中。谢志峰和陈大明编著《芯事》一书,恰逢其时。书写的方式独到而且生动,让我们忍不住一口气读完,全面了解芯片开发的各环节。这本书包罗万象,内容涵盖芯片行业的技术、产品、工艺、应用、管理、战略、政策等方方面面，但却又是用娓娓道来的方式，引导读者体会真实而又精彩的故事和案例，自然而然地领略芯片行业的发展轨迹，深入浅出地介绍芯片行业的发展逻辑。

在行业案例中，谢志峰和陈大明将一些重点项目和关键科技介绍得恰到好处。在书中，读者可以看到为什么企业能够在转型竞争中胜出或失败，为什么从业者必须秉承精益求精的精神，为什么决策者需要深刻领悟芯片与其他行业的不同发展特点。了解了这些，就会知道芯片行业为什么需要不断强调人才密集、技术密集和资金密集的特点。更难的是，对于芯片企业的经营者和管理者来说，掌握人才、技术和资金要素只是基础，创建新的模式、准确把握行业周期则更是关键。由此，我们才会品味到，各种各样的智能产品不断迭代背后的艰辛。

所以，无论你是芯片行业的从业者，还是只对芯片本身感兴趣的大众，这本书都是个认知的"窗口"：对于政策制定者来说，由此可以更清晰地精准施策；对于投资者来说，由此可以更好地了解投资方向、重点、时机和策略；对于管理者来说，由此可以更好地统筹资源和各个环节；对于从业者来说，由此可以更好地了解自己的职位处于哪个环节，从而更好地规划职业生涯；对于学生来说，由此可以更好地了解产业链，更好地谋划未来。

读完这本书，也就可以在快速的发展中，更为清醒地认清所面临的机遇与风险,找准发展的定位,提高自己的竞争力,掌握未来的主动权。我热忱地推荐这本书,深信阅读《芯事》能够给读者带来更多的乐趣、知识和收益。

张汝京博士
芯恩(青岛)集成电路有限公司董事长
青岛大学讲席教授
2018 年 6 月

推荐序二

收到谢志峰博士《芯事》书稿的时候，恰好刚刚从美国出差回来。由于时差的原因以及手头积压着太多要处理的事情，所以没有去特别关注。这两天，在夏威夷檀香山出席 Symposia on VLSI Technology and Circuits 国际学术会议，闲暇时间快速翻阅了一下书稿，感到谢志峰博士确实花了不少心血来组织材料并写出这样一部有内容的著作。

了解过去才能够理解现在，了解过去和现在才能预判未来。今天，中国半导体产业的发展处在一个关键时刻。伴随着中美贸易冲突，特别是美国政府对中兴通讯下达的禁售令，让全社会突然认识到半导体的重要性，让我们这些在半导体芯片领域工作了大半辈子的人有种"受宠若惊"的感觉。谢博士的《芯事》回忆了从上世纪中叶晶体管的发明、集成电路的诞生及后面数十年的发展，可以帮助读者比较系统地了解我们这个行业的"芯"路历程，深入认识芯片技术的复杂度及前辈们为此付出的巨大心血。发展芯片技术从来就不是一件容易的事情，其发展需要长期不懈的坚持、巨量资源的投入和几代人孜孜不倦的追求和奋斗，绝不像有些人想象的那样可以"今天栽树，明天摘果"。新世纪以来的近20年中，我们看过太多"超英赶美"式的口号，也听过很多人信誓旦旦的"突破创新"，但在中国半导体产业的发展历程中很难发现这些口号和所谓"突破创新"有什么贡献。这两年，"吓尿体"充斥社交媒体，甚至少数严肃媒体也受到影响，极大地影响了全社会对中国发展的客观认识。当中兴通讯事件出现后，这些之前要"吓尿"别人的又几乎在一夜中"被吓尿"了，反映出某些人的无知和浅薄。认真地读一下谢志峰博士的《芯事》，也许可以帮助大家清醒一下头脑，坚定一下信念，更明白中国的芯片技术和产业发展还需要至少20年和一代人的努力才有可能攀上世界的高峰。

写芯片的发展历史是件很难的事情，尤其是写中国芯片的发展历史更是难上加难。中国芯片的发展艰难而曲折。由于各种原因，不少重要事件没有被清晰地记载，一些重要事件的发生背景和过程也未能形成共识，特别是许多重要人物在中国芯片发展过程中的重要作用更是难以评判。所以，敢于去写中国芯片发展史这件事本身就需要勇气。我很佩服谢志峰博士在《芯事》一书中对中国芯片发展的历程尝试着进行描述。虽然我答应为《芯事》写序，但并不意味着我认为他对中国芯片发展历史的描述就是系统和完整的，更不敢说是完全正确的了。但是，如果不去碰触中国芯片的发展历史，《芯事》的价值也许就无法体现。这也是本书存在的一种"缺陷美"吧。希望读者在阅读的过程中，不必去纠缠某件事的具体细节和某个人的具体贡献,仅当作是一种背景素材来了解,这可以减少不必要的烦恼。

总之,对于有志于投身芯片事业或想要了解芯片行业的人来说,《芯事》是一本了解芯片行业为什么能够发展、如何发展到现在以及未来将向何处发展的通俗读物。相信读者一定会从中有所收获、有所思考。

魏少军
清华大学教授
2018 年 6 月 23 日于夏威夷檀香山

推荐序三

很荣幸受到谢博士的邀请为《芯事》一书写序。

芯片是信息产业的基础,对整个国民经济和社会发展意义重大,是构筑大国竞争力的核心产品之一。近年来,云计算、物联网、人工智能等信息技术的快速发展,将人类全面带入数字化、网络化、智能化的时代。未来的智能时代需要什么样的中国芯片?这已是大家共同关注的问题。

我国芯片的进口依赖仍然十分明显,加快发展芯片事业是决胜未来的必然要求。芯片事业的发展,需要科学的谋划。在摩尔定律的推动下,芯片行业的发展有其自身的规律。比如,芯片产品的开发,除了技术难度大、投资要求高之外,还有明显的市场周期特征。只有把握这些特征和规律,准确地谋划行业发展,才能在激烈的市场竞争中胜出。

历史是一面镜子。以史为鉴,可以以更加宽广的视野、更加开阔的思路来统筹谋划芯片事业的发展。

我和谢博士相识是在 2006 年,那时我刚回国创业。当时,谢博士作为中国大陆培养的人才在中芯国际做高管,主管中国区的销售。作为客户和合作伙伴，我有幸认识谢博士，他给我的第一印象是个非常阳光的、有智慧的、富有学者气质的管理者。此后，我们与中芯国际的合作也很成功。

再和谢博士的交集已在 2011 年，当时他已离开中芯国际，加入创业公司矽睿微电子做 CEO，可以真切感受到谢博士希望给中国集成电路做出更大贡献的心愿。陆陆续续地，我们有很多机会在一起探讨中国集成电路的发展，以及各行业的见闻、趋势和人物。

谢博士离开矽睿后，创办了艾新教育学院。为此，我还专门找谢博士讨论过。对于从事教育事业的人，我从来都非常敬仰：能够用自己多年的从业经验，将年轻的创业者们打造为企业家，真的是很了不起的事业。秉承从英特尔这些大师和传奇人物身上学习到的管理经验，谢博士为中国集成电路行业培养出了数批业务精英。

谢博士写的这本《芯事》，涵盖了波澜壮阔的集成电路发展历史。其中，英特尔、三星等跨国企业的发展，以及国内集成电路发展的回溯都有大篇章。书中描述的国内外集成电路的几条发展主线的状况，对我们的启示颇深。

这也是我们作为从业者一直所追求的：把集成电路的这些人、事和知识，让更多普罗大众所了解、所熟悉。中兴事件就是对大众的一次知识普及。在集成电路的技术发展上，我们与国外的差距还非常大，过去几十年经历了很多的坎坷。走到今天，中国的集成电路行业已经初具雏形，但还未成为世界芯片产业主要力量之一，还需要更多的努力。在集成电路应用的新兴市场，例如人工智能、物联网等，我国已经基本和世界同步，甚至在有些消费应用领域上引领世界，这也意味着我国集成电路行业发展的巨大前景。

《芯事》的出版，为大众了解集成电路发展史中的各种人和事，打开了一扇窗。无独有偶，兆易创新在合肥建造的国内首个公益性集成电路科技馆，也在此时开馆。无论是书还是科技馆，我们的初衷都是面向广大学生和社会人士，让他们更多地了解集成电路知识，以更好地推动中国集成电路的发展。因此，科技馆打开的这扇门，和《芯事》一书打开的这扇窗，有着异曲同工之妙：我们和其他很多的同行一样，都在想为这个复杂行业的科普事业做些贡献，以此启迪更多的奋进者来开拓属于中国芯的新事业。在新的历史起点上，这恰逢其时。

朱一明

兆易创新创始人、董事长

2018.6.30 于北京

前 言

2018年4月16日，美国商务部发布公告，美国政府在未来7年内禁止中兴通讯向美国企业购买敏感产品。由于中兴的基带芯片、射频芯片、存储芯片对美国供应商的依赖程度大，因而芯片成为"敏感产品"中的焦点。一时间，各界人士纷纷发表意见和观点，"满屏"都在反思芯片遇到的制裁，警示无"芯"可用或将面临的困境，探索芯片的国产化之路该如何走下去。这些讨论有专业的真知灼见，有奋斗在一线的经历和体会，有芯片领域的努力和成败梳理。在这些"碎片化"的讨论背后，实则有芯片行业自身的发展规律和经营特点，认识这些规律和特点是我们未来从"芯"出发的起点。

历史是最好的老师，在产业史中回顾、感受和探究芯片从何处来、往何处去，或许是了解芯片行业的最好途径之一。2017年底，我们已经收集、整理了芯片行业发展的各种史料，不过考虑到公开文献记载的有限，始终未能下决心将《芯事》成书出版。2018年4月，身边发生的两件事促使我们改变了决定：一是中兴通讯遭遇美国制裁；二是兆易创新在安徽省合肥市南艳湖科技城建立了公益性的"兆易集成电路科技馆",向公众免费开放展示芯片产业的过去、现在与未来,普及科学工程知识,为青少年开启未来智能生活的梦想。

美国商务部的禁售制裁,推高了国内对芯片产业的反思浪潮。怎么补齐关键技术的短板?正如鳍式场效应晶体管(FinFET)发明人胡正明博士在兆易集成电路科技馆的开馆典礼上指出的,普及集成电路知识、梳理产业发展历程、介绍产业链各环节,是"提高集成电路产业认知度和中国集成电路产业人才培养"的基础性工作。

我们将此书整理成册的初衷亦是如此:尽管我们无法精准地刻画每一个历史细节,但是我们可以从中勾勒出芯片发展的脉络和轮廓,让读者对各国家和地区芯片行业的缘起有更深的理解,对芯片行业和企业的探索有更直观的印象,对芯片未来的发展有更多的启迪。为此,我们决定从芯片行业的发展历程、发达国家及其企业的芯片发展、中国芯片行业的探索、芯片行业的未来这四部分来展开,在国家、企业、人才的决断和努力中,让读者来领略属于芯片行业独有的精彩。

在梳理中,我们最为深刻的体会就是芯片行业发展的不易。从普普通通的石英砂,到电子信息行业"皇冠上的明珠"芯片,需要经历极其严苛、极高难度的淬炼才能达到99.999 999 999%的高纯度,还需要集创造性的科学思维、艺术般的设计、严谨的工匠精神、精密的质量管理于一体,才能在小小的芯片上成就如同城市交通网络般浩瀚的电路。如果细细品味其中的精益求精,用"一沙(芯片)一世界"来比拟或不为过。

所以,成就芯片的大师,都是有情怀的匠人。2018年4月26日,习近平总书记在武汉新芯集成电路制造有限公司听取了国家存储器基地项目情况介绍,并到生产车间察看国内领先的集成电路生产线。他强调,装备制造业的芯片,相当于人的心脏。心脏不强,体量再大也不算强。要加快在芯片技术上实现重大突破,勇攀世界半导体存储科技高峰。"两个一百年"奋斗目标不是敲锣打鼓、轻轻松松就能实现的。机遇前所未有,挑战前所未有。每个人都要增强责任感、使命感,在各自岗位上为中华民族伟大复兴做出更大贡献。

习近平总书记的讲话,为我国集成电路行业发展的战略定位和历史使命指明了方向。要把握历史使命、在战略竞争中胜出,就需要对芯片行业的发展有准确的认知。在摩尔定律的驱动下,集成电路行业的发展犹如飞驰的"赛车","赛车手"需要精准地控制赛车行驶的方向、赛道、速度和把握进站加油的时机,一不留神就会被对手超越。只有新的对手,没有永远的冠军。在这个没有终点的赛道上,正是"赛车手"和"车队"永无止境的努力,才驱动了芯片和下游系统产品的升级换代。在这场永不停歇的竞争中,速度超越了规模,创新取代了资源,成为最关键的制胜因素,而国家的支持是产业发展的必要条件。

正因如此,任何芯片的开发要获得成功,就必须赶上一日千里的行业更新速度,否则只能在升级换代中被淘汰。而这又意味着必须协调好政策、人才、投资、技术和市场的经营关系，建立起足够的技术升级能力、周期扩展能力和综合管理能力。基础材料、工业设计、精加工、软件设计、生产线等集成电路行业发展能力背后的统筹协调，显然不是单个企业、单纯的市场机制就能实现的，只有国家战略层面的系统布局、合理引导和协同创新，才能使海外回流的顶级人才、蓬勃发展的国内人才有其充分的用武之地，让民族企业在全球的激烈竞争中夯实根基、全力冲刺，让中国芯片的自力更生、创新升级之路越走越稳、越行越远。

如果说不断创新是集成电路行业发展的主旋律，那么持续投资就是集成电路行业发展的基本要求。全球化的视野、协同化的创新、市场化的机制、周期化的投资、专业化的管理，汇聚了巧手匠人的无数心血，凝聚成自主创"芯"的共识，集聚着迎接挑战、攻坚克难的强劲动力，孕育着欣欣向荣的未来。希望在对全球 60 年集成电路行业发展历史的梳理中，能与读者诸君共同品味艰难创业、持续创新中拼搏奋进者的不易。希望本书能给集成电路的政策制定者、投资者、经营者、管理者和其他各类从业者以经验启迪，给有志于投身集成电路行业的人员以综合认知，给集成电路的下游应用以策略依据，给有兴趣了解集成电路的大众以行业知识，为中国芯的发展献上绵薄之力。

目录

推荐序一
推荐序二
推荐序三
前　言

第一章	集成之路	001

1. 从英特尔说起　　　　　　　　003
2. 芯片的轨迹　　　　　　　　　011
3. 硅谷灵魂　　　　　　　　　　021
4. 50年的竞争对手　　　　　　　032
5. 光刻的艺术　　　　　　　　　038
6. 芯智模式　　　　　　　　　　052
7. 产业链的内涵　　　　　　　　057
8. 轻资产与重投资　　　　　　　064
9. 点砂成芯　　　　　　　　　　072
10. 设计的难度　　　　　　　　　080
11. 隐形冠军　　　　　　　　　　089

第二章	产业格局	095

1. 产品的迭代　　　　　　　　　096
2. 产业的转移　　　　　　　　　104
3. 赶超与被赶超　　　　　　　　114
4. 再造三星　　　　　　　　　　126
5. 协同的力量　　　　　　　　　131
6. 分拆与整合　　　　　　　　　139
7. 全产业链定位　　　　　　　　144
8. 欧洲的集群　　　　　　　　　150
9. 迈向成功的定位　　　　　　　154

XVII

第三章	中国"芯"	**161**
	1. 龙的传人	162
	2. "芯"的摇篮	168
	3. 转型的困难与出路	175
	4. 芯的征程	188
	5. 自主创"芯"	199
	6. 奋斗者的接力	209
	7. 宝岛的园区	218
	8. 筚路蓝缕	224
	9. 战略的导向	238

第四章	芯的启示	**245**
	1. 行业的根本	246
	2. 商业的纽带	250
	3. 气候和土壤	256
	4. 超越摩尔定律	261
	5. 从芯出发	268
	6. "芯"的机遇	277

参考文献		**281**
术语解释		**285**
附 录 1	集成电路企业排名	**289**
附 录 2	谢志峰访谈	**296**
	中国半导体发展已具备天时、地利、人和	296
	要有长期奋斗准备，要多听产业界建议	305

后　记		**311**
致　谢		**316**

第一章

集成之路

> 仙童半导体公司就像个成熟了的蒲公英，你一吹它，这种创业精神的种子就随风四处飘扬了。
>
> ——史蒂夫·乔布斯（Steve Jobs）

岁月磨砺。60年前，集成电路的发明，在将电子学带入微电子学时代的同时，也给人类的生活带来了翻天覆地的变化。60年的风云激荡中，小至智能手机、智能电表，大至高铁、飞机、卫星，集成电路已经无所不在地改变着我们的生活。当今，中国的集成电路市场规模已经占全球的一半以上，然而中国芯的自我供给仍然十分不足。回顾60年的发展，总结历史经验、把握历史规律，才能更好地认知滚滚向前的潮流和大势，凝聚前进的勇气和力量，因势而谋、应势而动、顺势而为，走向更好、更快、更稳的发展之路。

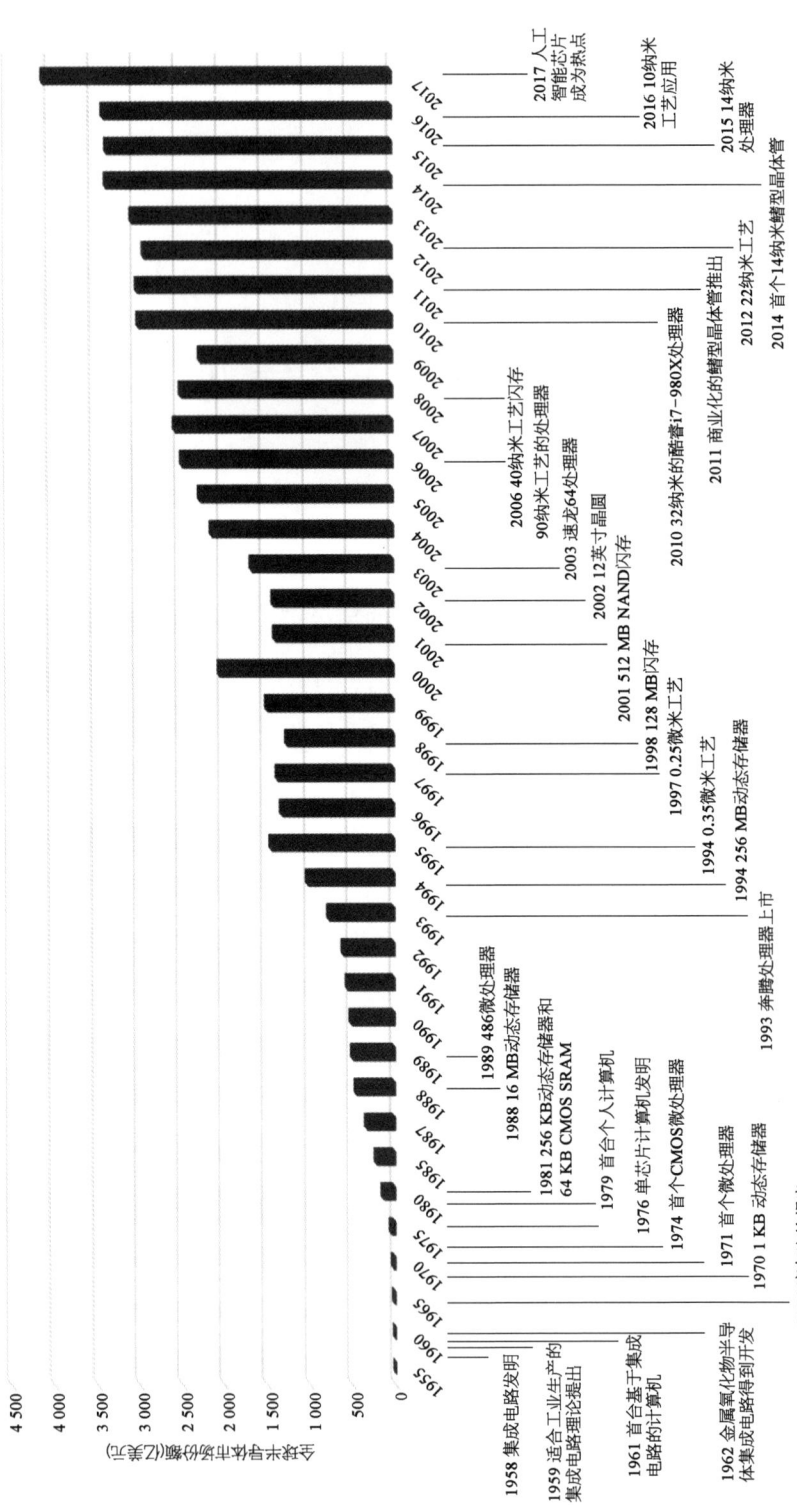

图 1 全球半导体市场 60 年发展规模和主要发展节点

1. 从英特尔说起

说起芯片,就不得不提英特尔公司。1968年,仙童半导体的两位创始人罗伯特·诺伊斯(Robert Noyce)和戈登·摩尔(Gordon Moore)离职,创办了英特尔公司(Intel Corporation)。起初,两人希望以其名字组合"Moore Noyce"注册名称,但是又觉得不够"优雅"。后来,两人想到以集成电子学(Integrated Electronics)英文单词的缩写为公司名称——"Int-el"。目前,英特尔已成为了集成电路的代名词。1971年,英特尔推出了全球第一个微处理器,由此带来的集成电路革命改变了整个世界……

说英特尔是集成电路的代名词,一点也不为过。除了后来英特尔引领全球的微处理器开发外,英特尔的创始人诺伊斯曾经发明了世界上第一块硅集成电路,用平面工艺制造出了第一块实用化的芯片。

"晶体管之父"

诺伊斯生于美国艾奥瓦州,中学毕业后考入格林纳尔学院同时学习物理、数学两个专业,1953年获麻省理工学院物理学博士学位,在费尔科公司工作了3年后加入了著名物理学家威廉·布拉德福德·肖克利(William Bradford Shockley)创办的公司——肖克利半导体实验室股份有限公司(Shockley Semiconductor Laboratory),简称肖克利实验室。

"晶体管之父"肖克利同样在麻省理工学院获得博士学位,是位物理学天才,1956年获诺贝尔物理学奖,还获利布曼奖、凝聚态物理最高奖巴克利奖、康斯托克奖、霍利奖章。1945年开始,肖克利带领贝尔实验室的固体物理学研究小组发明了点接触晶体管,提出了结型晶体管理论,这些开创性的工作都为集成电路的发展奠定了基础。不过,肖克利的天赋主要在物理学方面,在管理上似乎并不在行。1955年,肖克利在加州创立肖克利实验室后,先后招聘了诺伊斯等年轻人才,但是这些人才很快发现无法认同肖克利的商业策略。在自己创办公司后,肖克利仍然延续其在贝尔实验室的"基础研究"做法,并没有明确初创公司的运营策略、盈利目标,也没有将开发成果转化为符合市场需求的产品并带来收益。尽管投资人对于这位科学巨匠的做法似乎并不在意,但是肖克利招募来的年轻天才们却并不认同,大部分员工准备离开。

从基础科学的突破到高端技术的研发,有着很大的差别,需要准确的理解和认知,肖克利更侧重于前者,而年轻人则更侧重于后者。除了不认同肖克利的商业策略外,这些年轻天才无法忍受肖克利的家长制作风。摩尔曾经回忆说:"当实验室里出现一起小事故后,肖克利会要求我们用测谎仪来测试谁说了谎,谁又是无辜的。"

更为重要的是,肖克利实验室的一些年轻人提议做集成电路,但都遭到了肖克利博士的拒绝。回过头看,这些抱着集成电路的"梦想还是要有的,万一实现了呢"的天才们,离开肖克利实验室也成了必然的选择。何况他们在离开肖克利不久,就创造了世界上第一块集成电路产品。

"八位仙童"

在这些离开的员工中,有八位年轻的天才在肖克利的公司工作了一年半左右的时间,辞职后被肖克利大骂为"叛逆八人帮"(the traitorous eight)。请记住"叛逆八人帮"的名字,因为他们将改变后来的集成电路发展历史:诺伊斯、摩尔、朱利叶斯·布兰克(Julius Blank)、尤金·克莱纳(Eugene Kleiner)、琼·霍尼(Jean Hoerni)、杰伊·拉斯特(Jay Last)、谢尔登·罗伯茨(Sheldon Roberts)和维克托·格里尼克(Victor Grinich)。

这八人中,当时最为年长的诺伊斯只有30岁,肖克利用"叛逆"一词来形容他或许并不为过,这从他的成长便可看出。诺伊斯在12岁的时候,受《知识图书》(Book of Knowledge)的启发,便和哥哥自制了滑翔机,并让7岁的弟弟爬上去体验飞翔,结果是弟弟摔得很惨。中学时,诺伊斯把家中旧洗衣机的电机拆下来,安装在自行车上变成了机动车。诺伊斯在格林纳尔学院学习时,有一次举办南太平洋风味的同学宴会,但是宴会还缺一只烤全猪。同学们囊中羞涩,诺伊斯和另一同学被"委以重任"——弄一只猪回来。后来诺伊斯和同伴在喝了几杯酒后成功"得手",从附近的农场偷来一只25磅小猪,回去时受到了"英雄"般的欢迎。第二

图 2 "八位仙童" 左起：戈登·摩尔、谢尔登·罗伯茨、尤金·克莱纳、罗伯特·诺伊斯、维克托·格里尼克、朱利叶斯·布兰克、琼·霍尼、杰伊·拉斯特

天早晨他和同伴羞愧不安，便回到农场道歉并付钱，这时他们才发现农场是格林纳尔市长家的。在以农业为主的艾奥瓦州，偷盗农畜的最低惩罚是一年监狱加 1 000 美元罚款。为了留住这位天才学生，学院出面和市长周旋，最后诺伊斯赔偿了市长小猪的钱款，只被停学一学期。回到格林纳尔后，诺伊斯"痛改前非"，努力学习，拿到了物理学和数学的双学士学位，毕业时被同学们授以"付出最少努力而得到最高分数"奖章。后来他又在 22 岁时进入了麻省理工学院，并于 1953 年获得物理学博士学位。在英特尔功成名就后，诺伊斯说："我从来没有野心要做一个工业家，我的家庭是牧师世家，我只是做对我来说最有趣的事情。"

第一章 集成之路

识格局方能谋战略，观大势方能抓时机。从科学成果的转化，到产品的创新发展，需要点的突破与系统能力同步提升。显然，肖克利并没有意识到集成电路发展的巨大潜力。肖克利博士原以为，在人情伦理似乎比企业规章制度更为重要的 20 世纪 50 年代，"叛逆八人帮"离职后会遭到业界的唾弃。结果正好相反，有人认为肖克利所赏识的人才必定有非同寻常的能力，这也成为这八个人命运的转折点。事实上，肖克利后来也改口把他们称为"八个叛逆的天才"。

离开肖克利后的 1957 年 10 月，八位天才得到了仙童摄影器材公司 3 600 美元创业基金的资助，成立了仙童半导体公司，开发和生产商用半导体器件。"仙童"是国内对谢尔曼·费尔柴尔德（Sherman Fairchild）投资的公司"Fairchild"的意译，对于正值半导体行业"西部拓荒时期"的硅谷地区来说，将八位天才称为"仙童"恰如其分：当时硅谷还只有肖克利实验室和仙童半导体两家公司，这"八位仙童"毫无疑问地成为了硅谷的开拓者。

当时诺伊斯虽然年轻，但是已经颇具管理才能，出任了总经理，带领团队在硅谷的山景城（Mountain View）查尔斯顿路上租下的两层楼仓库中努力坚持做肖克利反对的"双扩散基型晶体管"项目：霍尼和摩尔负责新扩散工艺的开发，而诺伊斯和拉斯特则主攻平面处理技术。好就好在，不久后仙童摄影器材公司又给了他们 150 万美元的投资，而仙童半导体的技术也在资金投入后逐渐研发成熟。

在创办三个月后的 1958 年初，仙童半导体获得了第一份订单：当时的信息行业巨头 IBM 向他们订购 100 个用于存储器的硅晶体管。以此为起点，仙童半导体公司快速成长，到 1958 年末约有 100 名员工、50 万美元的销售额，而其所在的查尔斯顿路也成为硅谷发展的起点。

在霍尼的带领下，仙童半导体的工艺技术团队努力投入研发，将硅表面的氧化层做成绝缘薄膜，并形成了集扩散、掩膜、照相和光刻于一体的平面处理技术，使硅晶体管的批量生产成为了可能。20 世纪 60 年代中期，仙童半导体实现了集成电路的生产，公司盈利能力急速增长，辉煌之路由此开始，但投资局限也在此刻埋下了伏笔。

在看到仙童半导体的盈利能力后，早期大量注资的仙童摄影器材公司先是全资收走了"八位仙童"的股权，又将仙童半导体的利润投资到其他业务上。恰恰相反的是，在"八位仙童"看来，这些资金应该投入到半导体领域，由此产生的战略分歧也成为"八位仙童"再次辞职的主要原因。后来，仙童摄影器材公司对仙童半导体的管理插手越来越多，甚至要找人替代诺伊斯的首席执行官位置，这则成为了员工离职的导火索。仙童摄影器材公司从摩托罗拉半导体事业部挖来了莱斯特·霍根（Lester Hogan），而霍根则从摩托罗拉带来了手下的"八大金刚"。这一决定的结果就是，赶走了更多的仙童老员工。

1968 年，诺伊斯和摩尔创办英特尔。在此之前的 1961 年，罗伯茨、拉斯特和霍尼离开仙童创办了阿梅尔科（Amelco）半导体。在仙童成立时负责融资的克莱纳则

第一章 集成之路

于1972年成立了著名的风险投资公司凯鹏华盈（Kleiner Perkins Caufield Byers），而布兰克后来也从事半导体投资。八人中唯一没有从商的是格里尼克，他在离开后到加州大学伯克利分校任教，并于1975年出版了《集成电路介绍》一书。

此外，硅谷的不少半导体企业均由早期在仙童半导体的其他员工创办，仙童半导体成为了名副其实的半导体行业"黄埔军校"。正如乔布斯的比喻，"仙童半导体公司就像个成熟了的蒲公英，你一吹它，这种创业精神的种子就随风四处飘扬了。"20世纪80年代出版的畅销书《硅谷热》（*Silicon Valley Fever*）写道："硅谷有大约70家半导体公司，有半数是仙童公司的直接或间接后裔。在仙童公司供职是进入遍布于硅谷各地的半导体业的途径。1969年在森尼维尔举行的一次半导体工程师大会上，400位与会者中，未曾在仙童公司工作过的还不到24人。"可以说，以"八位仙童"为代表，早期的仙童半导体做的是开创性的、改变世界的发明。

随着灵魂人物的离去，仙童半导体的没落只是时间问题。1974年，无力回天的霍根，将仙童半导体的首席执行官位置交与威尔弗·科里根（Wilfred Corrigan），此后仙童半导体的行业地位在3年内从第二滑至第六。20世纪70年代末，仙童半导体终于难以为继，科里根发现仙童半导体的最好出路就是将其出售。1979年，法国石油企业斯伦贝谢（Schlumberger）以4.25亿美元并购仙童半导体，此后仙童半导体于20世纪80年代进军人工智能领域，但是未能成功。1987 年，斯伦贝谢将仙童半导体以原价约 1/3 的价格出售给国民半导体公司（National Semiconductors），而国民半导体的总裁兼首席执行官正是仙童半导体公司原副总裁查尔斯·斯波克（Charles Sporck）。1997 年，国民半导体公司又在与英特尔和 AMD 的竞争中，经营艰难，只好以 5.5 亿美元的价格将仙童半导体公司出售给风险投资公司，此次接手的公司首席执行官也是仙童的老员工克尔克·庞德（Kirk Pond）。此后的 1997 年到 1999 年间仙童半导体曾开展了大规模的并购，并于 1998 年在纽约证券交易所（代号为 FCS）上市。其后，仙童半导体在换帅与并购中维持着经营，但是再也不是原来的"黄埔军校"了。

　　肖克利与"八位仙童"的认知差别，并不是年长者与年轻人间简单的激情差异，从根本上看是他们对于科学、技术、工程三者之间的关系上有着不同的认知：肖克利更看重科学和技术，而"八位仙童"则更注重技术和工程应用，这也注定了只有"八位仙童"才能开创仙童半导体的黄金时代。然而，高技术、高风险、高投入的集成电路的发展，并不仅仅是科学、技术和工程的结晶，更是科技、市场与投资相结合的产物，这是诺伊斯和摩尔不得不离开仙童半导体，自我开创属于英特尔时代的根本动因。由此可见，集成电路的发展注定离不开协同发展的"基因"，小至个人、大至国家投身集成电路发展，认清行业规律是基础，准确把握科技、投资和市场间的关系，以及科学、技术和工程间的关系是根本。

2. 芯片的轨迹

历史经验表明，集成电路行业的每次迭代，总是能够深刻改变人们的生活和行业的格局。计算机技术发展以来尤其是互联网发展以来，人们的各方面生活已无时无刻离不开芯片，集成电路行业的伟大成就为我们的便利奠定了重要基础。今天，要了解纷繁复杂的集成电路，需回头看看当初集成电路是如何发明出来的，又是遵循什么样的轨迹演变的。

晶体管的起源

20世纪40年代的第二次世界大战中，美国陆军部在新型火炮研发中设立了"阿伯丁弹道研究实验室"，复杂的计算要求使美国军方对高速计算有了庞大的需求。1942年，宾夕法尼亚大学莫尔学院的约翰·莫奇利（John W. Mauchly）教授建议以电子管为基本元件制造计算机，获得美国陆军部的认同。次年，莫奇利与24岁的研究生埃克脱（J. Presper Eckert）组织团队开始研制电子数字积分计算机（Electronic Numerical Integrator and Computer，简称ENIAC）。研究进行3年后，世界上第一台电子数字积分式计算机——"埃尼克"（ENIAC）问世，电子计算机时代的到来，为集成电路的发展需求埋下了种子。

莫奇利所使用的电子管，其源头可以追溯到爱迪生的发明。1883年，美国发明家爱迪生发明炭丝电灯后，发现灯丝老是在正极烧断。于是，爱迪生便在灯泡中加入小金属板并连接到电表，施加正电压和负电压以观察电流。由此，爱迪生通过实验得出"在灯丝与金属片之间的真空间隙内有电流流过，而且电流具有单向流动特性"的结论。炭丝加热后，载流子能从炭丝里发射出来，这些载流子可能是电子或者离子，因而在灯丝与金属板间形成电流。根据金属加热时自由电子容易产生游离的现象，爱迪生认为可以制成电流计、电压计等电器，并由此申请了专利，命名为"爱迪生效应"。1889年，英国物理学家约瑟夫·约翰·汤姆孙（Joseph John Thomson）进一步解释了"爱迪生效应"：灼热的灯丝会发射一种带负电荷的粒子，它们穿过灯丝与金属片之间的真空间隙，被金属片所收集，这就是爱迪生在实验中测量出的电流。1897年，汤姆孙测出了这种带负电的粒子的荷质比，用实验证明了电子的存在。

1904年，英国电机工程师、物理学家安布罗斯·弗莱明（J. Ambrose Fleming）根据"爱迪生效应"揭示的电子单向流动特性，发明了装有灯丝和板极的真空二极管。在弗莱明提出的专利中，这种二极管被称为振荡阀。两年后，美国科学家德福雷斯特·李（De Forest Lee）在弗莱明的真空二极管中引入了第三个电极（栅极），制造出了第一只真空三极管。1912年，美国电话电报公司和通用电气公司在德福雷斯特的三极管基础上研制出高真空管："阴极"（Cathode，以K代表）代表阴性释放电子流；"屏极"（Plate，以P代表）连接正电压；"栅极"（Grid，以G代表）在阴极与屏极之间，通电压可以控制电子流量。此后，电子器件不断应用，再生式收音机（1912 年）、超外差式收音机（1919 年）、广播电台播音（1920 年）和超外差无线电收音机（1922 年）相继问世，远程无线电通信、无线电话、收音机、广播、雷达、惯性导航、电视、有声电影、高频加热炉及计算机等消费类电子问世。

莫奇利利用电子管制造计算机，源于第二次世界大战的需求。然而，第二次世界大战也证明了电子管重量大、能耗大、寿命短、制造工艺复杂、易出故障的局限。1946 年贝尔实验室的肖克利提议开展半导体研究，与沃尔特·布拉顿（Walter Brattain）、约翰·巴丁（John Bardeen）等组成团队，选中硅、锗半导体作为研究对象研发替代电子管的器

图3　肖克利和他的同事在贝尔实验室（1948 年）　左起：约翰·巴丁、威廉·肖克利和沃尔特·布拉顿

件。次年，在肖克利的理论指导下，巴丁和布拉顿成功地制造出第一只晶体管。1948年，肖克利构思出可以利用平面工艺（如扩散、掩膜等）进行大规模生产的结型晶体管。

同一年，贝尔实验室的克劳德·艾尔伍德·香农（Claude Elwood Shannon）发表了著名的论文"通信的数学理论"（*A Mathematical Theory of Communication*），奠定了现代信息论的基础，香农定理成为指导后来通信技术发展的基础理论。在这些综合因素的作用下，发明集成电路的曙光已现。1952年，英国雷达研究所科学家杰夫·达默（Geoffrey Dummer）首次提出集成电路的设想："可以把电子线路中的分立元器件，集中制作在一块半导体硅片上，一小块硅片就是一个完整电路。这样一来，电子线路的体积就可大大缩小，可靠性大幅提升。"

在肖克利实验室成立的时候，美国材料学家富勒和赖斯发明了半导体生产的扩散工艺，为集成电路的发明提供了工艺技术基础。1957年，美国通用电气公司开发出世界上第一款晶体晶闸管（可控硅整流器）产品，此后便迎来了杰克·基尔比（Jack Kilby）与诺伊斯的天才发明。

集成电路的发明

第二次世界大战是集成电路发明的重要起点，而在20世纪60年代的美苏争霸过程中，国防市场是美国集成电路的主要市场。其中，1962年，德州仪器为"民兵-Ⅰ"型和

"民兵-Ⅱ"型导弹制导系统研制的 22 套集成电路，是其首次国防运用。次年，仙童半导体在 142 号项目"平面控制设备"（Surface Controlled Devices）研制过程中，弗兰克·万拉斯（Frank M. Wanlass）和萨支唐·沙赫（Chihtang Sah）首次提出了互补式金属氧化物半导体（Complementary Metal Oxide Semiconductor，简称 CMOS）技术，并在固态电路大会上确定了 CMOS 特征——"静态电源功率密度低，工作电源功率密度高，能够形成高密度的场效应真空三极管逻辑电路"。如今，全球绝大部分的集成电路都是基于 CMOS 工艺开发的，但是万拉斯当年在为 CMOS 申请专利后没几天便离开了仙童半导体，原因是仙童半导体宣布没有确切实验数据前不会采用 CMOS 技术。此后，美国无线电公司（Radio Corporation of America，简称 RCA）于 1968 年由亚伯·梅德温（Albert Medwin）研发团队成功开发了 CMOS 集成电路。此时，摩尔已经提出了摩尔定律，而贝尔实验室则已使用比较完善的硅外延平面工艺制造了大规模集成电路。

在这个历程中，肖克利实验室的失败与仙童半导体的成功，与两者对技术的认知不同有关。"晶体管之父"肖克利为集成电路技术的发展奠定了基础电子元器件的基石，但是在肖克利实验室的开发中，电子元器件是相互独立存在的，无法实现大规模的生产。仙童半导体在摸索中找到了办法，霍尼带领团队将氧化物的平面保留在硅的顶部，实现了晶体管的大规模生产。

一开始，诺伊斯将其称为"单片电路构想"。1959 年 1

月 23 日，诺伊斯在日记中写下了灵感："把多种组件放在单一硅片上将能够实现工艺流程中的组件内部连接，这样体积和重量就会减小，价格也会降低。"在认真审视霍尼的平面技术后，诺伊斯认为该技术可以把晶体管不同区域精确地连接起来：只需要把细金属丝布在氧化物上，使组件和导线合成一体，所有的晶体管内部连接就可以在一次生产中实现。这便是集成电路的雏形。

在诺伊斯的硅基集成电路生产工艺实现前，位于达拉斯的德州仪器公司在国防用小型计算机设备的研制需求下，已经由 34 岁的基尔比完成了人类历史上第一块集成电路样品。两者相比，基尔比在锗芯片上研制集成电路，而诺伊斯则将眼光瞄准了硅基集成电路；基尔比采用堪比外科医生的全手工工艺完成，而诺伊斯则实现了集成电路的工厂化流水线生产。

从商业的角度看，诺伊斯的技术更为实用。不过，基尔比率先以"微型电路"申请了专利，诺伊斯的策略则是"用平面处理技术制造的集成电路"申请专利，这也引发了德州仪器与仙童半导体之间旷日持久的专利权诉讼，直到 1969 年法院判决认为诺伊斯和基尔比均为集成电路的发明人，二人所申请的专利均有效：集成电路的发明专利授予了基尔比，关键的内部连接技术专利则授予了诺伊斯。在此之前的 1966 年，诺伊斯和基尔比同时被富兰克林学会授予了巴兰丁奖章，基尔比被誉为"第一块集成电路的发明家"，而诺伊斯则被认定"提出了适合于工业生产的集成电路理论"。2000 年，基尔比因发明集成电路而获诺贝尔物理学奖，诺贝尔奖评审委员会对其的评价是"为现代信息技术奠定了基础"。可惜的是，诺伊斯去世太早，与诺贝尔物理学奖擦肩而过。但是，诺伊斯发明集成电路的地点，后来被加州政府列入了历史遗产。

如今，人们对集成电路、半导体、芯片这几个词已耳熟能详。从概念上看，半导体是指导电性能介于导体与绝缘体之间的材料，集成电路是利用半导体材料制成的规模化电路集合，而芯片则是由集成电路形成的产品。今天，芯片的运用已经无处不在，深刻改变着我们的生活和工作。

摩尔定律的提出

今天人们说到集成电路，自然而然地会想到摩尔定律。1964年，"八位仙童"之一的摩尔博士时任仙童半导体公司的研发主管，他受《电子学》杂志的邀请，为他们1965年4月刊撰写探讨未来集成电路发展的文章。在这篇3页纸的短文中，摩尔探讨了半导体行业中晶体管小型化的趋势，并对集成电路上晶体管数量的增长做预测，认为能被集成的晶体管数量将按几何级数快速增长，至少10年内每年都能翻番。1975年，摩尔根据行业的发展，把预测改为每两年翻一番。后来，行业又将该定律修正为"晶体管集成度将会每18个月增加一倍"。

加州理工学院教授卡弗·米德（Carver Mead）把该定律命名为摩尔定律，摩尔定律为后来集成电路的发展所证实,受到行业的广泛认同,成为驱动信息技术产业发展的"第一定律"。微处理器性能、内存容量、传感器甚至是相机像素都沿着摩尔定律指出的路径在发展,而摩尔在《电子学》杂志中的预测逐步成为了事实:"集成电路会带来一系列的奇迹——家用计算机(或者是连接到中央计算机的终端)、汽车自动控制系统,以及便携的通信设备。"

摩尔定律并不是自然规律,而是以微电子学为基础,集自然科学、高新技术、经济学、社会学等为一体的推测,满足了人们对计算、存储的渴望与需求。尽管不少人试图通过各种方法来"计算"出摩尔定律的极限,但每一次摩尔定律的极限都被新技术、新工艺打破,而寻找并突破摩尔定律极限的过程也成就了半导体发展的过程。纵观半导体技术的发展历程可以发现,摩尔定律引导了半导体行业的发展,使之向更有序、更有计划的方向前进,成为半导体领域里不可替代的第一定律,并在很大程度上带动了其他产业的发展。

在摩尔定律的影响下,如果信息技术企业今天和18个月前卖掉同样数量、同样的产品,它的营业额就要降一半,这被业界称为反摩尔定律。反摩尔定律逼着所有的硬件设备公司必须赶上摩尔定律规定的更新速度,促成科技领域质的进步,并为新兴公司提供生存和发展的可能。反摩尔定律意味着信息技术企业不可能像传统行业那样只追求量变——仅仅只有量变上的积累,无法赶上摩尔定律预测的发展速度,创新潜力会被耗尽,而革命性的创造发明则是进步的根本动力。

任何一个技术发展赶不上摩尔定律要求的公司,都将会被淘汰,对于大企业而言也不例外。因此,大企业除保持很高的研发投入外,还需密切关注新兴技术的发展,经常并购可能带来有革命性新技术的中小企业,风险投资机制由此兴起,以"硅谷"为代表的高新技术产业聚集区也由此成长。

根据摩尔定律,信息技术产品的硬件18个月后的性能将会提升一倍,但是操作系统等软件功能却越做越多、越做越大、越做越慢,消耗了硬件提升带来的运行效率。因此,每一次操作系统的升级,都会带来硬件销售的更新潮,形成"软件-硬件"升级的生态链:在计算机领域,前者以比尔·盖茨创立的微软为代表,后者以安迪·格鲁夫(Andy Grove)曾任首席执行官的英特尔为代表,因而便有了"安迪-比尔定律"(Andy and Bill's Law)。"安迪给什么,比尔拿走什么(What Andy gives, Bill takes away)"的安迪-比尔定律被用于描述了硬件产商和软件产商之间的关系。两者形成了协同共赢的生态。

摩尔定律的意义,甚至已经超越了集成电路和信息技术。从技术角度看,以当前快速发展的生物技术为例,不少人也以"类摩尔定律"作对比:人类基因组测序的成本已从十年前的约1 000万美元降至当前的约1 000美元,单个基因的合成成本也已从21世纪初的约1美元下降至当前的2～5美分。基因测序和基因合成的成本都在以超过摩尔定律的速度下降。VLSI Research公司曾说:"摩尔定律最神奇之处并不是它带来了iPhone。在最近的20年里,每开发出一种新药都需要计算机来对分子进行模拟。如果没有计算技术的帮助，我们绝无可能合成这么多药物，DNA分析、基因组学也都不会存在——你根本就没法做基因检测。这一切归根结底都是晶体管的功劳。"

从行业的角度看，受摩尔定律的驱动，行业活动中"研发–生产–供给–销售"等各环节产生的各类信息的收集、处理、传输、存储等难题已不复存在，极大地提高了物质生产和能源利用的效率。对于宏观经济而言，其所带来的影响就是，传统的制造业和农业被施以信息化改造，服务业比重持续上升，横跨众多部门的信息产业成为国民经济最重要的部门。对于微观经济而言，信息技术的发展推动了组织结构扁平化、网络化、虚拟化，活跃在信息产业等高科技行业的中小企业获得充足的发展空间，企业所处的价值链、创新链均被重构。

可以说，摩尔定律已成为后来的集成电路和相关行业发展的激励信条，而沿着摩尔定律布局的英特尔公司也成为了行业的领跑者。摩尔在86岁接受采访时说："一开始我只是想记录一下集成电路的发展历史，没想到它渐渐受到业内各大公司认可，每个公司都得想办法达到这样的速度，落后就要挨打。"加州大学伯克利分校教授胡正明则指出："公司为了掌握更高的市场份额、击败竞争对手，必须拼命把产品性能翻一番甚至翻两番，这些都是可以理解的，也正是他们的努力使得电子产业取得了如此高速的发展。然而，没有哪一种指数增长是可以一直延续下去的。而那可能是个更好的结果——与其灿烂无比又一闪而逝,稳定而缓慢的增长显然是更好的。"

由此可见,从集成电路被发明之日开始,技术创新就已经注定成为这个行业的立企之本、竞争之根、发展之源。

3. 硅谷灵魂

历史的先行者,从来都是在直面问题中获得机遇。破除制约的机制,激发人才的斗志,是硅谷得以发展的根本原因。

风险投资的起源

"八位仙童"离开肖克利实验室前,克莱纳给金融服务机构海登·斯通(Hayden Stone)投资银行写信,询问斯通是否能给他们八人以帮助,甚至派人到他们生产晶体管的企业工作。斯通投资银行的收信人是克莱纳父亲的账户管理人,但是他已经辞职,所以这封信就在斯通各个办公室流传,但是大部分的人都对其不以为然:因为他们很多人对半导体行业并不熟悉,而这八个年轻的工程师又毫无创业经验。此时,斯通投资银行31岁年轻的分析师阿瑟·洛克(Arthur Rock)敏锐地捕捉到了其中的机遇,便有意联系这八个人。

洛克认真分析后,认为这八个人最好的出路是一起创业开发半导体零部件,但是"当时根本没有办法成立公司,没钱，没有风险投资的机制，更不用说机构了，上哪儿去找风投公司"。洛克很快说服了他的老板阿尔弗雷德·科伊尔（Alfred Coyle），一同飞到西海岸会见"八位仙童"，并被他们的电子工业革命梦想所打动。洛克和科伊尔决定利用他们的能力，为这八人筹集150万美元的资金。洛克列出了美国东部地区的35家大企业名单，但是这35家大企业都拒绝了，其背景是当时的风险投资并没有成型，大企业认为这类投资会干扰他们的正常经营。

就在几乎绝望的时候，洛克遇见了仙童摄影器材公司的费尔柴尔德。费尔柴尔德的父亲曾资助汤姆·沃森（Thomas Waston）创办IBM，而他作为继承人是IBM的大股东，再加上第二次世界大战中因为销售飞机照相器材的设备获得了丰厚的利润，费尔柴尔德很快就明确了投资意向。

当时，克莱纳和他的同伴还对投资一无所知，洛克和科伊尔为他们制定了方案：仙童半导体公司设1 325股，克莱纳和他的同伴每人持100股，海登·斯通持225股，其余300股留给日后的管理层；18个月内（即便是在亏损的情况下）向仙童半导体注资138万美元；如果公司连续三年净利润超过30万美元，仙童摄影器材公司有权以300万美元收回投资。这便是硅谷风险投资的开端，而洛克与科伊尔则成为了硅谷最早的风险投资者，事实上洛克也是"风险投资"一词的发明人。后来的发展证明，仙童半导体成立6个月后就盈利，诺伊斯后来曾感慨地说："像我这样的人本以为这辈子只是上班挣工资的命，突然间，我们竟然得到了一家新创公司的股份。"

后来，在仙童半导体开始人才流失时，风险投资的机制已经日渐成熟。罗伯茨、拉斯特和霍尼离开仙童创办阿梅尔科公司时，同样得到了洛克的风险投资资助。诺伊斯和摩尔成立英特尔时，洛克同样在风险投资中发挥了至关重要的作用。洛克很早就认识到，对于高新技术创新企业来说，股票期权是有效的激励方式，而他也开启了科技与资本结合的新模式——风险投资。

1961年，洛克只身来到旧金山，与哈佛法律系毕业生、当时的地产商托马斯·戴维斯（Thomas Davis）共同创办了硅谷第一家风险投资公司戴维斯&洛克（Davis & Rock）。戴维斯&洛克募集了8 500万美元，这些资金大部分来源于东海岸。洛克说："加州人有创业精神，但钱在东部，所以我决定把东部的钱投到加州来，支持新兴的高科技企业。"后来，洛克和戴维斯闹翻，戴维斯&洛克于1968年解散。洛克创办了自己的风险投资公司，随后成功投资了英特尔和苹果。

在洛克眼里，风险投资是门艺术。他说道："我投资的那些企业的创始人，全世界加起来也许只有一百来个，我有幸认识其中十个。这就是运气。""乔布斯是国家宝藏。他非常有远见，也很聪明。然而，我们必须解雇他。"这就是"风险投资之父"的独到见解。

20世纪60年代末，硅谷的风险投资界已有20余人，他们经常组织聚会、交流心得，而他们的很多做法后来成为风险投资界沿用的基本做法。在斯坦福大学的技术转移催化下,在信息技术行业的蓬勃发展中,风险投资得到了迅速发展,其中凯鹏华盈、红杉资本这两家著名的风险投资公司便是在1972年的仙童校友会上成立的。风险投资的快速发展,进一步加速了集成电路和信息技术行业的发展,硅谷的高科技公司群由此形成。

偏执狂的生存

硅谷的风险投资机制,今天已经为全世界所知,然而成就硅谷的并不仅仅是天才科学家的发明和活跃的风险投资,还包括硅谷企业的经营管理。1963年,一位匈牙利难民进入了仙童半导体,他便是后来被誉为"硅谷精神象征"的格鲁夫。格鲁夫出生于1936年,童年时在第二次世界大战的苦难中度过,1957年移居到美国。凭着顽强的毅力,一开始英语很不流利的格鲁夫,1960年在纽约市立学院获得化学工程学士学位,最终于1963年在加州大学伯克利分校获得化学工程博士学位。格鲁夫的大学老师说:"他对知识的渴求,就如同婴儿对食物的饥渴感一样强烈。"在仙童半导体的四年时间里,格鲁夫成为了集成电路领域的专家,已是研发副主管,而且他还写了一本大学教材,《物理学与半导体器件技术》(*Physics and technology of semiconductor devices*)。

严谨的克制,时时彰显进步。诺伊斯和摩尔创办英特尔的第一天,格鲁夫成为了英特尔的第三名员工,起初担任工

图 4　格鲁夫（左）、诺伊斯（中）和摩尔（右）

程总监，后来分别担任英特尔首席运营官、总裁、首席执行官和董事长，引领英特尔进入了辉煌时期，而其管理才能也得到了淋漓尽致的展现，被《时代》杂志评为1997年度风云人物。可以说，摩尔提出了"摩尔定律"，格鲁夫则以其实践证实了摩尔定律，两者的结合就是正确的战略方向、超强的执行力的完美融合。在摩尔定律周期内，谁取得了晶圆制造技术的领先优势，谁就赢得了市场。格鲁夫与诺伊斯、摩尔的合作，使英特尔在全球中央处理器（CPU）芯片市场上始终保持着性能和成本的竞争优势。

后来的管理学经典之作《只有偏执狂才能生存》（*Only the Paranoid Survive*），是格鲁夫经营理念的完美总结，其核心在于居安思危："我常常笃信'只有偏执狂才能生存'，初出此言是在何时，我已记不清了，但如今事实仍是：只要

芯事 The big bang of the chip

涉及企业管理，我就相信偏执万岁。企业的繁荣中孕育着自我毁灭的种子，你越是成功就越容易遭到对手的攻击，他们一块块地吞食你的生意，最后可能一无所有。我认为，作为一名管理者，最重要的职责就是常常提防他人的袭击，并把这种防范意识传播给手下的工作人员。在我职业生涯中，我不惜冒偏执之名而整天疑虑的事情有很多。我担心产品会出岔，也担心在时机未成熟的时候就介绍产品。我怕工厂运转不灵，也怕工厂数目太多。我担心用人的正确与否，也担心员工的士气低落。当然，我还担心竞争对手。我担心有人正在算计如何比我们做得更多快好省，从而把我们的客户抢走，为了自己的生存，公司所有人员都必须一直处在偏执状态，穿越战略转折点为我们设下的死亡之谷，是一个企业必须经历的最大磨难。"格鲁夫的雷厉风行和果断决策，与英特尔两位创始人诺伊斯的民主做法、摩尔的温和性格形成了鲜明对比。

"见之于未萌、治之于未乱"。机遇往往与风险挑战相伴并存，如履薄冰的清醒、居安思危的冷静正是成就格鲁夫和英特尔的根本特质，而这背后又有着曲折前进的不易、螺旋上升的艰辛。20世纪70年代，摩托罗拉还是芯片界的巨头，格鲁夫凭借其"偏执"的管理天赋，带领团队于1979年从其手中抢下了包括IBM在内的2 500家客户。格鲁夫的原计划是，一年内从摩托罗拉手中抢到2 000家新客户，结果超出了他的预期。20世纪80年代，美国在面对日本的存储芯片低价竞争中遭遇了困境，英特尔也由此陷入了成立以来最大的危机，业界都在怀疑英特尔能否生存下去。当时，作为"存储芯片"同义词的英特尔，已经到了稍不留神便将步入悬崖的地步。对此，英特尔管理团队展开了激烈的争论，众说纷纭，无法达成共识。1985 年，就在英特尔管理层普遍感到悲观和不知所措的关键时刻，格鲁夫与时任董事长兼首席执行官摩尔讨论："如果我们下了台，另选一名新总裁，你认为他会采取什么行动？"摩尔犹豫了片刻后答道："会放弃存储芯片的生意。"格鲁夫盯着摩尔说："你我为什么不走出这扇门，然后自己动手？"

在格鲁夫的努力下，英特尔果断放弃了当时的存储芯片，将主营业务转向了微处理器。微处理器由英特尔于 1971 年发明，初期产品主要用于电子计算器、打印机和工业自动化等细分的领域。20 世纪 80 年代初，IBM 选择英特尔的微处理器作为其个人计算机的核心芯片时，微处理器的需求量已经快速上升。在决定转型后的 1986 年，英特尔解雇了 8 000 名员工，亏损超过 1.8 亿美元。这次转型被格鲁夫称为"战略转折点"："战略转折点就是企业的根基即将发生变化的那一时刻。这个变化可能意味着企业有机会上升到新的高度，但它也同样有可能标志着没落的开端。"

在"战略转折点"，格鲁夫力排众议、顶住层层压力，努力把英特尔往正确的方向引导。"欢迎来到新的英特尔！"是他在一次公司内部会议上的开场白。其间，"只有偏执狂才能生存"是格鲁夫发自内心的体会。这次转型后，英特尔赢得了属于未来的微处理器，自称为"微型计算机公司"，而"内有英特尔"(Intel inside)则成为后来微型计算机中耳熟能详的广告词。1992年，英特尔成为世界上最大的半导体企业，而当年打败英特尔的日本企业则被甩在了身后。1987年开始，格鲁夫接替摩尔出任首席执行官，1987—1997年，英特尔公司每年返还给投资者的回报率平均达44%。

为了使英特尔立于不败之地，格鲁夫将英特尔从配件供应商打造成为计算机世界的领袖："如果电脑不能用来做更多的事，以后几年我们生产的芯片将无人问津。因此，我们得自己'创造'用户来使用我们的微处理器。依靠我们的辛勤努力、投资及不断调整经营策略，我们能促成市场需求的增长，这样我们才能赚钱。这一点已铭刻在我们每一个人的心灵深处。"对此，曾与英特尔的管理层共事多年的雷吉斯·麦克纳（Regis Mckenna）曾评价说："过去的英特尔是相当保守的，而如今它似乎更愿意充当前沿领袖的角色，因为格鲁夫意识到英特尔有能力创造自己的市场。他也许是世界上最杰出的经营者了。作为一名经营者，他创造了诺伊斯和摩尔过去作为创建者曾创造过的奇迹。"

在实现这一战略目标的过程中，英特尔与微软共同打造了"Wintel"（Windows + Intel）的体系，在个人计算机时代，成为创新驱动发展的最根本动力。在这个体系中，微软的操作系统等应用软件越做越大、越来越慢，如果不更新计算机，可能很多新软件就无法运用，这也意味着每次新的操作系统发布，都将带来硬件厂商的新一轮利好，英特尔不断研发出更加高速的处理器芯片。

1990年前后，英特尔发现，微处理器速度的提高已经超过了其他计算机部件的速度提升，那时的计算机总线只能以远远慢于奔腾（Pentium）处理器芯片的设计指标速度运行。对此，英特尔的某部门曾计划设计新型的外部设备互连（PCI）总线，但当时格鲁夫认为英特尔不该插手："想想我们会向前迈一步去设计制造电脑，这主意对我来说实在是太奇怪了。我们从哪儿开始着手设计总线呢？对，我记得当时曾与一位支持这种做法的董事发生过激烈争执，不过最后他说服了我们。如果那时我们不自己干，也许今天我们仍无法找到合适的总线。"后来，PCI总线成为个人计算机使用的标准总线。这个决定在次年获得了巨大的成功，从此英特尔开始涉足计算机设计领域，从而推动了整个行业的竞争，后来英特尔进入主板、网卡等领域。此外，格鲁夫还使英特尔成了风险投资公司，进入了系统集成、数字成像等领域，而这些决策让其对手也不得不佩服。20世纪90年代，作为英特尔少有的竞争对手，AMD的首席执行官杰里·桑德斯（Jerry Sanders）曾说："英特尔所做的任何事情都刺激了对运算能力的市场需求，因而都是好事，整个行业被它推着向前走。"

六力分析模型

格鲁夫的果断和执行力背后，是其专业的判断和冷静的决策。1994年，英特尔的奔腾处理器芯片出现严重缺陷，遭IBM全线弃用。在英特尔上上下下的恐惧中，英特尔召回芯片重新设计，以约5亿美元的成本挽回了声誉。

这次危机只是格鲁夫带领英特尔公司平安度过的多次危机的一个缩影。格鲁夫曾说："在这个行业里，我有一个规则——要想预见今后十年会发生什么，就要回顾过去十年中发生的事情。"

如何才能准确地做到这些？格鲁夫以哈佛商学院教授迈克尔·波特（Michael E. Porter）的五力分析模型为基础，重新分析并定义了产业竞争的六种影响力：现有竞争者的影响力、活力、能力；潜在竞争者的影响力、活力、能力；供应商的影响力、活力、能力；用户的影响力、活力、能力；产品或服务的替代方式；协同者的力量。其中，协同者的力量是指与自身企业具有相互支持与互补关系的其他企业，这是格鲁夫在波特五力模型基础上衍生出来的新力量。在"Wintel"体系中，英特尔与微软的产品互相配合使用，得到最佳的使用效果；两者的利益相互一致，彼此间产品相互支持，拥有共同的利益。然而，任何新技术、新方法或新科技的出现，都可能改变这种平衡共生关系，使其分道扬镳。

在格鲁夫六力分析模型的背后，是格鲁夫的人生阅历和其危机意识的写照。作为犹太人，格鲁夫在匈牙利的童年是在纳粹铁蹄下度过的，居安思危的意识在格鲁夫的人生中远超其他同行——即便是在人才众多的硅谷，拥有如此经历者也少之又少。针对竞争危机的来源，通过协同努力来共建平衡生态，才能在急速变化的环境中立于不败之地，找准未来的方向，攻克未知的难题，掌握领导的技艺。在格鲁夫看来,"在雾中驾驶时,跟着前车的尾灯灯光行路会容易很多。'尾灯'战略的危险在于,一旦赶上并超过了前面的车,就没有尾灯可以导航,失去了找到新方向的信心与能力。"因此,做一名追随者是没有前途的。"早早行动的公司才是将来能够影响工业结构、制定游戏规则的公司,只有早早行动,才有希望争取未来的胜利。"

这些因素的共同作用,使格鲁夫成为审视的思辨家,他在与同事沟通到关键处时,会俯身向前、别无他顾地凝视对方,因而向格鲁夫的汇报对于每一位下属而言都需要精心准备。格鲁夫会问"这个问题对不对?"而他又会以其惊人的记忆力和专业能力,展开探讨。但是,"偏执"的格鲁夫并不固执己见,事实证明他往往做出正确的决策。

有一次,英特尔的高层主管克雷格·金尼尔(Craig Kinnie)和丹尼斯·卡特(Dennis Carter)一起来到格鲁夫的办公室,向格鲁夫汇报技术选择的准备工作。格鲁夫在复杂指令固定运算(CISC)芯片和精简指令固定运算(RISC)芯片间犹豫不决。从技术上看,RISC芯片看上去很有优势,而此前格鲁夫已在英特尔的宣传中为RISC鼓劲。金尼尔和卡特开门见山地说道:"安迪,你不能这么干。"他们的理由是,放弃CISC上马RISC,将断送英特尔利润最大的特许经营生意,得到的却是一大堆的竞争对手——当时的英特尔,竞争对手有太阳微系统公司(Sun Microsystems)、哈里斯(Harris)、摩托罗拉、日本电气(NEC)等。最后,金尼尔和卡特说服了格鲁夫。后来,格鲁夫回忆说:"我们差点儿就葬送了公司。我们的技术是行业的标准。这个特许经营业务价值超过百亿美元。而我却由于一个漂亮新产品的诱惑而忘记了市场，差点儿就把生意白白断送掉。"

从这个案例也可以看到，集成电路行业的管理已经远远超出了技术管理的范畴。诚如格鲁夫所言，"（管理的）要点在于，当达到某种增长速度时，所有的人都会无法适应，因而大局便随之陷入混乱。我认为，作为能够判断失败临界点的最高层管理者，自己最重要的作用是，要发现全面失败即将开始时的那个最大增长速度。"而这，或许就是五力分析模型、六力分析模型不同维度视野分析的精髓。

4. 50年的竞争对手

没有准确的认知，就会被竞争对手牵着鼻子走，就会在跟跑中落伍。在时间的大浪淘沙中，芯片行业众多的巨头已经陨落，只有英特尔和AMD这对50多年的竞争对手，依然活跃在全球处理器芯片舞台的中央。风雨50年，这对竞争对手就芯片的行业认知，已融入其基因。

大浪淘沙

1971年，中央处理器（CPU）的开发，揭开了基于微处理器的微型计算机的开发序幕。在英特尔开发了微处理器Intel 4004及其附属配套芯片后，Mostek公司开发了首款芯片计算器 MK 6010，Pico 电子（Pico Electronics）开发了芯片计算器 G 250，德州仪器则开发了 TMS 1802 芯片计算器。

当时，Intel 4004 的发明人特德·霍夫（Ted Hoff）已经看到了 CPU 的巨大发展前景："我们将处于一场革命之中，它将持续 50～100 年。今天的年轻人正在成长起来，他们对计算机不再感到害怕，他们将把计算机的使用范围进一步扩大。"不过，对于习惯于大型计算机的人来说，这种想法还是太超前，德州仪器错失微处理器的开发先机便是例证。

1970 年，英特尔还只是仅有约 100 名员工的初创企业，当时的德州仪器对于英特尔来说无疑是家"巨头"。此前一年，1969 年计算机终端公司（CTC）开发了"可编程终端单芯片中央处理器"——Datapoint 2200，寻求芯片与之配套。1970 年 4 月，德州仪器开始为计算机终端公司研发单芯片 CPU，第二年设计完成后成为了 TMC 1795。计算机终端公司对其测试后，拒绝了该款芯片，德州仪器曾试图将该芯片做小的改进后卖给福特汽车等企业。然而，销售未果后，德州仪器停止了市场努力，将重心转向当时市场更火的计算器芯片。

1974 年后，摩尔接替诺伊斯出任英特尔总裁，其间加大了 CPU 的战略投入。1985 年，格鲁夫说服摩尔放弃存储芯片业务，全力投入 CPU 的研发，由此英特尔迎来了更为辉煌的起点。

与英特尔相比，总部设于美国中部伊利诺伊州的摩托罗拉没有微软这个"同盟军"，其竞争结果也就不言而喻。表

图 5　Intel 8008

面上看,这只是摩托罗拉的战略短板,但是如果从更高的层面看,可以发现这是当时的伊利诺伊州与硅谷竞争的战略短板:硅谷地处信息技术革命的前沿,其企业文化、人才储备、商业理念、管理方式、股权激励、市场营销等都合乎当时的信息技术行业发展要求;以格鲁夫为代表的英特尔技术精英管理层,与摩托罗拉这种"家族企业"管理层(当时的摩托罗拉已传至创立者加尔文的第三代)相比,在战略决策上具有明显优势。再加上,1985年后英特尔在面对日本企业竞争时,对于CPU的专注已经关乎企业的"生死存亡",因而自然在与摩托罗拉的多元化竞争中更具凝聚力。

因此,英特尔的成功并非偶然,运气一定不是关键因素。只有在理念破除了束缚创新的桎梏,解放和激发技术创新的驱动力的企业,才能在快速迭代的竞争中存活。

随着移动通信、图像处理等的快速发展,又一批后来者迅速跟进,而AMD与英特尔在竞争中也已各有所长。2017年,英特尔与AMD这两家硅谷历史上最有名的竞争对手,走到一起合作开发"CPU+GPU"移动平台处理器,耐人寻味。这个现象也验证了中国"合久必分,分久必合"的古话。

风雨同程的对手

1969年,从仙童半导体离职的桑德斯创立了AMD,此后AMD已成为英特尔仅有的"风雨同程"的竞争者。美国齐格洛公司、国民半导体、摩托罗拉等均已在与英特尔的竞争中落败,而日本早期以存储芯片为主要业务的企业也终究没有跟上英特尔的CPU发展步伐。2002年4月27日,桑德斯卸任AMD的首席执行官,此时他的老对手——诺伊斯、摩尔和格鲁夫都已经不在英特尔的管理一线了。

2006年7月,AMD收购了当时著名的显示芯片生产商ATI公司(Array Technology Industry)。ATI由何国源在加拿大创立,和英伟达(NVIDIA)齐名。在当时的显示芯片领域,何国源和黄仁勋这两位华人创办的公司是佼佼者。两者曾经占独立显卡市场95%以上,其所展开的激烈市场竞争,加速了显卡的发展。2006年,ATI在与英伟达的竞争中显现出疲态:ATI的产品只有显卡;英伟达还是一家出色的主板芯片厂家,主板与显卡可以搭配应用,因而市场前景更加广阔。这是AMD收购ATI的市场背景。

AMD没有做好充分准备的是,收购ATI后陷入了为期3年的财务困境。在收购前,AMD的现金流只有30亿美元,而全部并购费用已达54亿美元,于是只好向摩根士丹利借款 25 亿美元。再加上，AMD 产品线过长、与英特尔的价格战耗费了大量资金，使得 AMD 连年亏损，首席执行官鲁毅智（Hectorraiz）也只好无奈卸任。反观竞争对手，英特尔正在严格实施"钟摆战略"（Tick-Tock），启动了历史上最为频繁的产品更迭计划，在 2006 年曾在 150 天内创纪录地推出了 40 多款处理器。

对于 AMD 来说，好就好在英特尔于 2000 年推出的奔腾 4 不尽如人意，其 NetBurst 微架构存在较大的局限。NetBurst 的高频、长流水线设计理念下，长流水线使得频率提高，但是其代价就是效率的低下。英特尔的新产品性能提升十分有限，甚至有一定退步，最后英特尔于 2007 年停产了所有基于 NetBurst 微架构的 CPU，也不对此做继续研发。与之对比，AMD 于 2003 年推出的基于 K8 微架构的 64 位处理器速龙获得了市场好评。英特尔在 NetBurst 上的弯路似乎给了 AMD 机会，而在并购 ATI 前的两年也成为其在 21 世纪前十年中最辉煌的年份。

2008 年，AMD 仍陷于财务困境之时，有意出售其芯片晶圆厂。2009 年，AMD 决定剥离其芯片制造业务，成立格罗方德（Global Foundries），后者由 AMD 与阿布扎比酋长国（阿拉伯联合酋长国中最大的酋长国）的金融机构 ATIC 共同持有股权。此后，已成为无晶圆厂设计公司的 AMD 走出财务困境，并再次向英特尔发起了冲击，但是一时已经无法动摇英特尔的行业地位。2012 年，原任飞思卡尔半导体公司高级副总裁的苏姿丰博士（Lisa Su）加入 AMD，先后担任首席运营官、高级副总裁兼全球业务总经理等职,并于 2014 年任首席执行官(CEO)。那一年,AMD 的 Kaveri APU 已经推出,由晶圆代工厂格罗方德的 28 纳米 SHP 工艺制造。按照 AMD 的说法,Kaveri APU 在 CPU 性能提升上最大幅度可达 20%,GPU 则能达到 50%。

在 AMD 看来,加速处理器(Accelerated Processing Unit,简称 APU)是结合 CPU、GPU 两方面优点的产品:将 CPU 和独立显卡核心在同一芯片上实现,因而同时兼具高性能处理器、独立显卡的处理性能(游戏、图形处理等所需)。在收购 ATI 后,AMD 就大力推广"融合"(Fusion)的理念,并于 2011 年推出首款 AMD APU。Kaveri 系列 APU 支持异构系统架构(Heterogeneous System Architecture,HAS)运算,并使用 AMD 的 GCN(Graphics Core Next,一种消费类 GPU 设计方式,在游戏领域广受好评)显卡架构,因而性能上大幅提升。Kaveri 系列在市场中获得了成功。

经历了十多年的 CPU 架构、GPU 架构、制造工艺等方面的磨炼后,2017 年 AMD 苦心研发的 Zen(意指禅宗、禅)架构到了丰收期,用于桌面的 Ryzen 芯片、用于笔记本的 Ryzen APU 芯片、用于商业用户的 Ryzen Pro 芯片等在性能、特性、功耗、价格等各方面都表现近乎完美。同时,AMD 还与英特尔合作打造了整合 Vega GPU 图形核心的历史性产品 Kaby Lake-G。2018 年 4 月,AMD 发布的第二代 Ryzen 桌面处理器除采用格罗方德的 12 纳米工艺(相较 14 纳米工艺有更低功耗、更高频率)外,采用了 Zen+ 架构。

此前，AMD 就公开称，Zen 架构是未来多年发展的基础，未来将发展至第三代架构 Zen 3、"7 纳米+"工艺（升级版的 7 纳米）。

在向 7 纳米工艺进军的过程中，AMD 设计的 Vega 20 芯片交由台积电代工。此前，AMD 的芯片大多选择由其分拆出来的格罗方德代工，这一决定也可以侧面说明台积电在 7 纳米工艺上相对于格罗方德的领先优势。在向 7 纳米芯片进军的过程中，AMD 还准备了苦心研发多年的 Zen 微架构，而新架构是 AMD 直面英特尔这位"邻居"和"对手"竞争的利器。

面对 AMD 的竞争，2018 年上半年英特尔请来了 AMD Zen 微架构的原首席架构师吉姆·凯勒（Jim Keller）加盟，以负责系统级芯片（System on Chip，简称 SoC。它是一个产品，一个有专用目标的集成电路，其中包含完整系统并有嵌入软件的全部内容）工程开发及集成。尽管凯勒于 2015 年离开 AMD 加盟特斯拉，但是鉴于此前 Zen 架构已经大体成型，因此用"Zen 之父"来形容凯勒或不为过。同时，英特尔宣布重新进入独立显卡市场，此时距离英特尔 2010 年因研发进度不如预期取消独立显卡计划已有近八年。

5. 光刻的艺术

光学微影与检测技术是利用特定波长的可见或不可见光，针对目标物进行曝光、显影与检测的技术，是摩尔定律能够延续、芯片的密集度与运算效能得以保障的关键技术之一。光学显影，可以用于制造精细度类似微生物的超高密集电路。2001年前后，随着半导体工艺的演进，微影技术遇到了瓶颈。此前，业界一直利用空气为介质，采用的是"干式"微影技术。"干式"微影采用的光束波长为157纳米，已很难缩短。英特尔及其设备供应商阿斯麦（ASML）、尼康尽管已投资超十亿美元进行开发，对光源、显影剂、掩膜及蚀刻材料等进行多方位的研究，但是仍然没有很好的解决办法。后来，台积电前研发副总经理林本坚解决了这一难题。

"干式"微影技术的窠臼与突破

林本坚出生于越南，高三时独自一人到中国台湾地区的新竹中学求学，次年考上了台湾大学电机系，毕业后到美国俄亥俄州立大学求学。尽管性格温和、待人和善，但是林本坚在技术上需要攻坚克难时，却又能不落窠臼地突破重重障碍。这也符合"只有偏执狂才能生存"的论断。面对"干式"微影的技术难题，林本坚审视了技术发展历程，认为与其在157纳米上"撞墙"，不如退回到193纳米波长，将介质从空气改为水（以水为透镜，在晶圆与光源间注入纯水，波长光束透过介质"水"后缩短成更短波长），使光束波长缩短至134纳米。林本坚的这一设想，从原理上看并不复杂：正如把筷子插入盛水的玻璃杯后，水里的筷子看上去折弯了，193纳米波长的光束透过介质水，就能缩短至134纳米。

林本坚很小的时候就表现出对光学的兴趣。13岁时母亲将一台老式相机送给他，他利用相机成像原理把它改成放大机。"我把父亲的照片放上去，又弄一个玻璃片，画了胡子，两张叠在一起，就合成出爸爸长胡子的照片。"1970 年至 1992 年，林本坚在 IBM 工作，其间参与了 1 微米、0.75 微米、0.5 微米光刻技术的研发，他说："我们在 IBM 做研究，一定要比世界早几步。IBM 就是有这种'坏习惯'——凡事要领先。我自己也是这种个性，才会在 IBM 待这么久。"1975 年，林本坚做出当时光刻技术最短波长的光线，他把它命名为"深紫外线（Deep Ultra-Violet，简称 DUV）"，后来成为光刻显影技术的主流。

1986 年，林本坚还在 IBM 时，就认定微影技术继续发展就需要从干式转向浸润式微影技术（Immersion Lithography）——只有这样才能让光束的波长更短，由此解析度更强，光刻电路更为精密，使摩尔定律得以延续。

2002 年，林本坚在比利时举行一场国际光电学会技术研讨会上抛出了他的观点。本来，林本坚受邀参会，只是想介绍一下浸润原理。但是，林本坚演讲完后，"不得了，我找到了 134 纳米波长的光波"，大家听到 134，全都睁大眼睛。之后，大家把原本讨论的 157 纳米都丢一边了，全部围绕在 134 浸润式的话题上。不过，研讨会后，业界一开始并不认可林本坚的策略。表面上看，反对方一开始列举的理由有很多是技术性的，例如利用水作介质容易被污染，而且水中的气泡会影响曝光等。但是，从更深的层面看，这意味着他们已经投入数十亿美元研发费用的"干式"微影前功尽弃。对此，台积电前共同营运长蒋尚义回忆道:"(当年)确实有大公司的高层主管表达严重关切,希望我能管管他(林本坚),不要搅局。"

"偏执狂"林本坚的设想得到了蒋尚义和张忠谋的支持,而他自己也在积极对外交流,说明下一代技术应该改变策略,使用浸润式光刻机技术的性价比更高!他说:"像下棋一样,要先想好后面好几步。把所有可能的步骤都一直想下去,(直到)想不到可能。"林本坚带领团队在半年内发表了3篇论文,一一回应了反对方质疑的技术难题。同时,林本坚还跑遍美国、日本、荷兰与德国,与业界开展了深入沟通,林本坚说他从张忠谋身上学到的重要一课是沟通。他的努力终于有了回报,阿斯麦发现,林本坚是对的,于是与台积电开展了合作。最终,台积电和阿斯麦于2004年共同研发成功全球第一台浸润式微影机。林本坚后来曾说:"原本一个美国大厂的代表说他们绝不用这技术,结果一个(半导体制程)世代后,他们也用了。"后来,张忠谋曾评价,"如果没有林本坚及其团队,台积电的微影不会有今天的规模。"

林本坚的事例表明,潜心钻研、矢志探索的专业技术人才,是企业发展的法宝。浸润式微影技术的发展,也极大地促进了台积电和光刻巨头阿斯麦的发展。以水为介质的浸润式微影机大受欢迎,而日本尼康与佳能投入巨资研发的157纳米"干式"微影技术从此被搁置,而这也为后来阿斯麦全面超越日本企业埋下了伏笔。阿斯麦首席执行官彼得·韦尼克(Peter Wennink)在接受采访时曾说,"iPhone能出现,是因为浸润式微影技术。确实如此。"

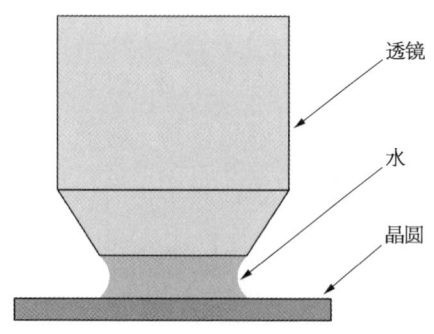

图 6 浸润式微影技术示意图

开放式创新

勇于创新、善于创新的前提是准确的认知和判断。只有树立全球视野、把握发展规律、准确判断方向，集成电路企业的投资才不至于白费。对于尼康和佳能的落败，日本一桥大学创新研究中心教授中马宏之曾经进行深入的研究。他在比较中发现，阿斯麦的微影机中 90% 零件向外采购，其比例远高于尼康和佳能。这种高度外包的策略，使阿斯麦得以快速集成各领域最先进的技术，而自身则专注于客户需求和系统整合。

然而，仅从表面上看，阿斯麦的策略也有其短板：如果供应商的一个环节出现问题，那么整个系统研发或将为此延后，从而付出巨大的成本。对此，阿斯麦给出的答案是，供应商也是"合作伙伴"，在其通过严苛的品质审查后，阿斯麦才会邀请他们参与设计，从而攻克极紫外光刻技术（Extreme Ultra-Violet Lithography，简称 EUVL）等难题。同时，阿斯麦首席技术官范登·布令克（M. van den Brink）认为，"有些技术我们还得自己发展，我们只挑选最关键的部分来突破。"

对于阿斯麦为什么会选择开放式创新，韦尼克的回答是："只有一个词就是'穷困'。穷困激发创意。1984年，我们怀抱着颠覆产业的梦想，从飞利浦独立出来。当时飞利浦经济情况很糟，正执行一个很大规模的裁员计划，没办法给我们经费。那我们怎么办？我们去找政府争取经费，去找供应商，告诉他们我们的构想，问他们一起做好吗？我们跟你分享利润。我们因此打造了一个很大的研发网路。阿斯麦的供应商不只供应零件，还供应知识。我们还有很多研发伙伴，包括荷兰的大学、欧洲研究机构。例如，我们跟距离不远的比利时校际微电子研究中心（IMEC）关系很密切。他们永远可以用很低的价格，拿到我们最新的机台（设备）；我们也可以借此提前了解下一代芯片技术的需求。"

开放式创新的战略布局，也使得阿斯麦十分注重从系统的层面来思考行业发展。在2016年的年报中，阿斯麦从源动力和利益相关方两个维度，对22个方面的管理要素进行分析。这22个方面分别是：

（1）创新
（2）用户可持续性
（3）运营可持续性
（4）人员可持续性
（5）领军人才管理
（6）供应可持续性
（7）财务绩效
（8）生产安全管理
（9）知识管理
（10）商业风险管理
（11）商业伦理管理
（12）产品安全与兼容

芯事 The big bang of the chip

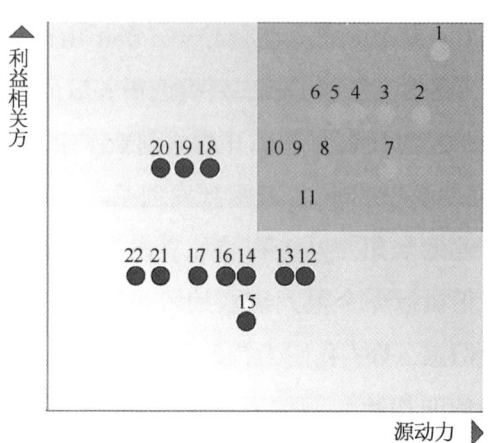

图 7　阿斯麦 2016 年年报中提及的 22 个管理要素

（13）资本回报率

（14）组织管理

（15）合理薪酬

（16）税收管理

（17）人权

（18）环境效率

（19）负责任的供应链

（20）"圈子"参与度

（21）劳务关系

（22）多元化

极紫外光刻

　　极紫外光刻技术是阿斯麦攻坚克难过程中的顶级技术。浸润式微影机的发展，使曝光与显影的线距得以缩至 45 纳米、32 纳米。在 22 纳米工艺中，双重/多重显影技术（Double/Multi Patterning Technology）运用时，曝光镜头设计和掩膜设计都已经越来越复杂。后来，在 16/14 纳米工艺中，除导入等离子体或电子束（E-Beam）、多重曝光显影

（Multiple Patterning Lithography）等新技术外，人们对极紫外光刻技术有了更多的期待。极紫外光刻技术采用高功率的二氧化碳激光器，波长仅13.5纳米，是氟化氩激光光波长193纳米的1/14。与氟化氪、氟化氩激光穿透石英玻璃搭配光阻的曝光显影方式不同，极紫外光必须在真空环境下曝光——空气、石英玻璃与掩膜保护膜等任何材料都会吸收极紫外光。因此，极紫外光刻采用反射式掩膜——利用反射镜片及聚光多层膜反射镜将掩膜上的图案反射、聚焦到曝光盒。但是，这种处理方式又带来了多层膜反射镜吸收大量极紫外光源问题。除了上述问题，以及超高功率激光光源、真空环境带来的洁净度控制等挑战外，过短波长的绕射现象造成的掩膜、晶圆边缘过度曝光等问题，也会导致晶圆合格率不佳和频繁检测等问题。这些都是需要克服的难题。这些难题，也是造成极紫外光刻的研发速度不及预期的原因。

极紫外光刻技术的最早研发，是1996年美国桑迪亚国家实验室（Sandia National Laboratories）、加州大学伯克利分校与朗讯科技共同开发的。当时的半导体工艺线宽还在180纳米左右。2008年，IBM、超微半导体公司（Advanced Micro Devices）加入开发后，在纽约州立大学阿尔巴尼分校纳米科学与技术学院开展了极紫外光刻机的初步研发，当时的工艺线宽在90纳米。后来，中国台湾地区的同步辐射研究中心在2008年、2014年两期的纳米计划中，于新竹地区建造了极紫外光刻研究实验站，并设计建造了EUV反射仪、光阻分析系统、频谱系统与同步极紫外激光光源,并接受阿斯麦、日产化学、台积电的委托,开展极紫外光刻机设备相关的曝光、显影、晶圆检测等技术研发。

在利用极紫外光刻的半导体工艺中,高效能光阻剂、真空曝光盒等都具有极高的难度。为了加速工艺发展,2012 年阿斯麦邀请英特尔共同参与极紫外光微影量产技术与设备研发。当时,英特尔投入 41 亿美元,占 15% 的股权。其后,台积电和三星分别投资 14 亿、9.75 亿美元,以确保在未来的 10 纳米、7 纳米制造中获得"入场券"。在此前阿斯麦的发展历程中,荷兰 ASM 控股集团、荷兰飞利浦集团和美国投行摩根大通是主要的股东。

2013 年,阿斯麦并购世界领先的准分子激光源提供商 Cymer 公司,获得其深紫外光与极紫外光激光光源和真空曝光舱技术。2014 年 12 月,台积电率先给阿斯麦下了用于 7 纳米工艺的极紫外光刻机订单。在台积电抢先布局后,英特尔面临着 10 纳米工艺量产不顺利的现实,也加入了极紫外光刻量产工艺的投资行列,直接下单订购 15 台 NXE:3350B 量产型极紫外光刻机。

在这里,有必要把集成电路发展至关重要的工艺技术——光刻(Photolithography)再做一下梳理。光刻是用光来制作图形的工艺:在硅片表面均匀涂胶,而后将掩膜板上的集成电路微型图形转印到光刻胶上,需经历硅片表面清洗烘干、涂底、旋涂光刻胶、软烘、对准曝光、后烘、显影、硬烘、刻蚀等过程。

其中,硅片进入涂抹光刻胶环节后,将光刻胶(感光性树脂,一种对光线、温度、湿度十分敏感的材料)滴在硅片上,通过高速旋转均匀涂抹成光刻胶薄膜,并施加以适当的温度固化光刻胶薄膜。在曝光工艺中,光刻模板、透镜(主要参数为透镜的数值孔径)、光源(主要参数为光的波长)共同决定了光刻胶上晶体管的尺寸——掩膜中预先设有电路图案,光束透过掩膜经过特制透镜折射后,在光刻胶层上形成掩膜中的集成电路图案。光波长的长短、透镜数值孔径的大小是制约光刻技术进一步发展的关键要素。曝光后的晶圆片进行显影处理,喷射显影液后,经照射的光刻胶会发生化学反应溶解于显影液中,未被照射到的光刻胶图形则会完整保留。晶圆片经过表面冲洗、热处理后,光刻胶得以固化。

1978年,美国旋翼机公司(GCA)在全球推出第一台光刻机,此后尼康、佳能和阿斯麦快速跟进,后三者逐步垄断了光刻机市场,其中尼康的市场份额曾长期占据50%以上。193纳米光刻技术问世后,阿斯麦后来居上,尤其是浸润式光刻技术使其在与尼康、佳能的竞争中获得了极大的优势。由于集成电路的投资成本极高,因而能够满足精确度和成本要求、工艺的延伸性非常强的阿斯麦产品成了首选。在英特尔不再采购尼康的光刻机后,阿斯麦事实上已经成为市场的绝对主导。2012年,随着英特尔、三星和台积电对阿斯麦的投资,后者的主导地位进一步确立。

在英特尔、三星和台积电投资的当年,阿斯麦推出了试验型极紫外光刻设备NXE:3100,其后又推出了量产型

NEX: 3300B。2014 年，阿斯麦推出 NXE: 3350B，这也是此后几年的极紫外光刻主要机型，该机型主要用于 7 纳米芯片制造的测试和试产。2017 年第一季度，阿斯麦开始交付第四代极紫外光刻机 NXE: 3400B，该类机型的单价超 1 亿欧元，曝光速度达 125 片晶圆/时，一时成了英特尔、三星、台积电 7 纳米节点的量产关键。如果半导体工艺进一步升级到 5 纳米及 3 纳米节点，阿斯麦则能凭借其深紫外光微影、全方位微影（Holistic Lithography）和极紫外光微影技术和设备，在行业内迅速形成了技术垄断地位。回过头看，1984 年阿斯麦从飞利浦独立出来，2000 年底兼并了美国光刻机巨头 SVGL，2013 年收购美国准分子激光源企业 Cymer 公司，在产品线上开发了 TWINSCAN NXE、TWINSCAN NXT、TWINSCAN XT 和 Yield Star、PAS 5500 等系列产品，拥有步进扫描式光刻、浸润式光刻技术、极紫外光刻技术和压印光刻技术。

阿斯麦于 2000 年推出了光刻平台 TWINSCAN。该系统采用阿斯麦独有的双工作台（dual-stage）晶圆处理技术，由两个平台交替执行测量对位和微影功能，因此能不间断地完成微影工艺，同时大幅提高了工作效率与对位精度。双工作台与浸润式光刻机的发展，成了阿斯麦超越对手的起点。

在阿斯麦的系列产品中，TWINSCAN 系列型号包括 TWINSCAN NXT: 1950i、TWINSCAN XT: 1950Hi、TWINSCAN XT: 1900Gi、TWINSCAN XT: 1700Fi、TWINSCAN XT: 1450G、TWINSCAN XT: 1000H、

TWINSCAN XT：875G、TWINSCAN XT：870G、TWINSCAN XT：450G、TWINSCAN XT：400G 等。TWINSCAN NXE：3400B 支持 7 纳米和 5 纳米节点的批量生产，融合了极紫外 NXE 和氟化氩 NXT 的能力、卓越的图像分辨率、适宜的覆盖层，以及对焦性能，配备 NA（numerical aperture，数值孔径）为 0.33 的投影光学系统。

光学的配套

在光刻工艺中，数值孔径更大的透镜是光刻机发展的必要条件，卡尔蔡司（Carl Zeiss，简称蔡司）作为阿斯麦（参股了卡尔蔡司）的供应商为其提供透镜。卡尔蔡司因其相机镜头等产品已为众人所知，但是相对"低调"的是，它还是阿斯麦的供应商，深刻地影响着光刻技术的发展进程。历史上，卡尔蔡司便为半导体行业提供光学配套服务。2000 年，7 纳米光刻机的研发目标已经提出，卡尔蔡司开始致力于引领未来的半导体技术开发，并在奥伯科亨建立了欧洲最现代的光刻系统新工厂。2001 年，该公司的半导体技术团队，以卡尔蔡司的独立企业开始运作，成为世界上极少数几家可以提供微芯片光刻技术的公司之一。2006 年，卡尔蔡司设立新的研发中心和新工厂，向最先进的光刻系统配套设备进军，其所提供的 Starlith® 极紫外光刻光学器件、电子显微镜、掩膜修复工具及氦离子显微镜等过程控制解决方案，以及过程气体分析仪、248 纳米的深紫外光氟化氪光刻、AIMS EUV、

365 纳米（I-Line）高压汞蒸气光刻、193 纳米的深紫外光氟化氩光刻、晶圆级 CD 光学测量等技术，已成为全球芯片生产中的"命脉"。2016 年，阿斯麦获得卡尔蔡司 24.9% 的股份，并承诺 8.4 亿美元的研发投入，联手研发数值孔径高于 0.5 的镜头，确保极紫外光学设备研发。从近年来卡尔蔡司公开的信息来看，其所能提供的高精密透镜产能年度增长空间十分有限，而这又成为了限制未来先进工艺量产的重要因素。究其根本，供光刻机使用的镜头由镜片串联组成，这些镜片需要利用高纯度透光材料和高质量的抛光工艺才能加工而成，均匀材质的镜片往往是数十年乃至上百年技术积淀的结果，这才成就了皮米（千分之一纳米）尺度的精加工。阿斯麦总裁兼首席执行官温彼得曾经形象地比喻，"如果反射镜面积有整个德国大，最高的突起处不能高于 1 厘米。"

除了镜头和光源的极致要求外，光刻机中上万个机械件也都有极致的机械精度要求。这种加工精度，已经远远超越了"图纸"的范围。在光刻工艺中，掩膜板（Photomask）又称掩膜、光掩膜、光刻掩膜板，是集成电路制造中"底片"转移用的高精密工具，是下游电子元器件制造业流程衔接的关键，决定着下游产品的精度和质量。在集成电路的制造中，掩膜开发具有典型的高技术特征。从某种程度上看，消费电子（手机、平板电脑、可穿戴设备等）、车载电子、医疗电子、LED 照明和智能家居、物联网等领域的发展均受掩膜的影响。随着全球集成电路向 10 纳米以下制造工艺技术的发展，对掩膜的产品质量要求越来越高，具体表现为其线缝精度要求已从微米级向纳米级发展。全球专业的掩膜公司有美国的福尼克斯（Photronics），中国台湾地区的台湾掩膜，日本的凸版印刷株式会社（Toppan Printing）、豪雅光学（Hoya）、SK电子（SK-Electronics）等。随着工艺的进一步发展，专业掩膜厂商的市场份额已经逐步取代晶圆制造厂自身需要的掩膜厂商份额，而且在10纳米以下工艺发展中呈现集中化的趋势。总部位于美国康涅狄格州布鲁克菲尔德的福尼克斯公司是专业从事掩膜生产和销售的企业，市场覆盖美国、欧洲、韩国、中国台湾地区等。

在激光系统中，被阿斯麦收购的Cymer公司曾是世界领先的准分子激光源供应商，由加州大学圣迭戈分校毕业的博士罗伯特·埃金斯（Robert Akins）和理查德·桑德斯特罗姆（Richard Sandstrom）于1986年在美国加州创立。两人都曾在国防企业从事激光研究，他们后来在加州大学的实验室里研发了准分子激光器（excimer lasers）的原型。一开始，他们遇到了很多的技术瓶颈，比如如何使激光长期稳定地激发等等。在漫长的摸索过程中，两个人还欠下了大学数十万美元的债务，无奈之下只好抵押房屋以筹措研发资金。1988年，曾在仙童半导体、摩托罗拉和德州仪器工作过的投资人理查德·亚伯拉罕（Richard Abraham）向他们提供了风险投资资金，投资条件则是"Cymer公司必须完全专注于准分子激光源在半导体工艺设备上的应用开发"。后来，佳能和尼康到访后，也加入了投资行列。20世纪90年代，集成电路沿着摩尔定律的路径继续推进，250纳米波长的激光源成为炙手可热的产品，Cymer 公司大放异彩。十多年后，阿斯麦在向极紫外光刻机挺进的过程中，收购了 Cymer 公司。

除阿斯麦、佳能和尼康外，这个行业还有一些其他的配套公司。例如，总部位于美国马萨诸塞州的 IPG 光电（IPG 激光公司、IPG 光子、阿帕奇光电公司）成立于 1990 年，是全球高功率光纤激光器和放大器的生产商，其产品广泛用于材料加工、通信、医疗等领域中。IPG 光电采用纵向的集成开发和生产战略，在美国、德国、俄罗斯、意大利等地设生产设施，拥有独特的技术平台。IPG 光电的产品覆盖从半导体二极管到特殊激光器和光学部件、光学激光器、放大器，其成品中所需的主要部件均由 IPG 光电自行设计和生产，因而提高了产品的配套性能，提升了产品的研发速度。

电子科学工业公司（Electro Scientific Industries，简称 ESI）是一家激光系统设备供应商，总部位于美国俄勒冈州。1944 年，ESI 的前身 Brown Engineering，其后更名为 Brown Electro-Measurement Corporation（简称 BECO）。1953 年，BECO 的道格拉斯·斯特兰（Douglas C. Strain）和其他 3 名投资者合资收购了其他人的股份，成立了 ESI。经过 30 年的发展，ESI 于 1983 年上市，并于 1997 年开始并购了多家同领域的制造商，逐步成为行业内的领先者。

6. 芯智模式

在集成电路的发展中，敢闯敢干、敢为人先是成功者的共同品质，对于图像处理器和人工智能而言也是如此。随着应用场景的不断拓展，人工智能芯片战场上的硝烟燃起、烽火弥漫，众多厂商纷纷加入了应用领域的卡位战，其中图形处理器（Graphics Processing Unit，GPU）的生产巨头英伟达已初步占得先机。

图像"视觉"

图形处理器又称显示核心、视觉处理器、显示芯片，是专门用于图像运算工作的微处理器。在人工智能芯片领域，英伟达十分抢眼，其通用计算图形处理器（General Purpose Graphics Processing Unit，简称GPGPU）技术为业界提供了强大的运算能力，这种低成本、大规模的单指令多数据流（Single Instruction Multiple Data，简称SIMD）并行处理架构使高密度、高性能的并行处理得以在个人计算机上部署。简单地说，就是原先的个人计算机可以变成"超级计算机"，这为人工智能的发展铺平了道路。

在英伟达的发展历程中，首席执行官黄仁勋自然功不可没，而英伟达的前首席科学家戴维·柯克（David Kirk）也在其间发挥了至关重要的作用。英伟达成立于1993年，柯克于1997年加入英伟达，2009年前一直担任英伟达的首席科学家。在柯克的带领下，1999年英伟达在与AMD的Radeon系列显卡竞争中推出GeForce系列，这成为英伟达产品后来成功开发的基础。后来，柯克在GPU通用化过程中开发了 CUDA 平台和 OpenGL 标准，2007 年 CUDA β 版发布，比传统的 CUP 解决方案速度大幅提升。

2003 年，英伟达在面对英特尔新推出的四核 CPU 竞争中，推出 100 多个单指令多数据流内核的 GPU。英特尔的芯片可以通过多线程技术被所有计算机应用分享，但是 GPU 基本上还是只能通过 OpenGL/DirectX 等高等绘图渲染接口，或者非常复杂的 Shader Program 接口与用户交互。怎样利用编程模型，实现 GPU 并行运算资源的开发者分享，将用户的个人计算机变成"超级计算机"？柯克说服黄仁勋大力研发 CUDA 技术，其目标只有一个：使 GPU 通用化，成为通用计算图形处理器。技术成熟后，柯克再次说服黄仁勋，英伟达未来所有的 GPU 都必须支持 CUDA，以让工程师来学习和研发 CUDA 程序，让大众用户的显卡支持 CUDA 程序。这个风险极高、疯狂的决策获得了成功。从 2007 年英伟达的 Tesla 架构（内部代码 G80）开始，除 Tegra1-4 等移动嵌入式系列外，其所有的 GPU 芯片产品都完全支持 GPGPU 的 CUDA 架构。

在推广的过程中，2008 年，英特尔中断了和英伟达之前在集成显卡方面的合作，而英伟达主打的高端笔记本独显产品 8600 M 系列出现了与散热相关的重大品质问题——部分使用该款显卡的笔记本电脑出现了黑屏甚至是烧机等事故。此时，英特尔计划推出 GPCPU 方案——Larrabee 芯片，而 AMD 则在游戏显卡市场推出了新的 GPU 产品。面对这些变故，英伟达的股价已从最高时的 37 美元跌落到最低的 6 美元左右。2009 年，英伟达迎来了转机，基于 CUDA 的高性能运算研究成果在众多知名学术期刊上发表，其后英伟达的 GPGPU 获得了认可。在与英伟达的竞争中，英特尔的 Larrabee 方案性能不及预期，英特尔因此于 2010 年取消了独立显卡计划。

GPU、TPU 与 NPU

GPGPU 成就了人工智能，人工智能成全了 GPGPU，而开拓者的勇气和努力则为两者注入了源源不断的强劲动力。因为 GPU 对处理复杂运算、并行运算的天然优势，英伟达的芯片成为深度学习的首选或主要选择。尽管 GPU 在人工智能领域表现优异，但是对于谷歌等大数据公司来说，还需要解决的头疼问题就是，如果数百万台服务器不断地运行，能耗就变成极为棘手的问题。事实上，在聚光灯下的"阿尔法狗"（AlphaGo）有多个不同的配置，其中高配置版本的"阿尔法狗分布版"（AlphaGo Distributed）使用了 1 920 个 CPU 和 280 个 GPU。于是，设计更高效、更低能耗的芯片，就成了摆在谷歌面前必须要解决的难题。在这条路上，谷歌选择了张量处理器（TPU）的自主研发。相比于 CPU、GPU 和现场可编程门阵列（FPGA），TPU 是人工智能技术专用处理器，种类上归属于专用集成电路（ASIC）。

谷歌的人工智能芯片开发，可以追溯至 2006 年，这一年谷歌已经考虑为神经网络计算构建专用集成电路。随着计算需求的快速增长，人工智能芯片的需要已经日益迫切，而谷歌由此加速了 TPU 的设计、验证、制造和部署步伐，2016 年 5 月谷歌在开发者大会上对外公布了 TPU。

在谷歌的开发团队中，有多名工程师后来加入了人工智能芯片企业 Groq。2017 年 5 月 5 日，社会资本公司（Social Capital Hedosophia Holdings）在开曼群岛成立，从事风险投资等业务，其创始人查马斯·帕里哈皮蒂亚（Chamath Palihapitiya）在给予 Groq 上千万美元的启动资金投资后，从谷歌挖来了人工智能的工程师团队。公司成立后不久，Groq 宣布其人工智能芯片将对标英伟达的 GPU，并称这是专门为人工智能重新定制的芯片。

在 Groq 公司的初创架构中，首席运营官来自原赛灵思（Xilinx）的营销副总裁。赛灵思公司成立于 1984 年，首创了 FPGA 技术并于 1985 年首次推出商业化产品，其 FPGA 产品曾一度占据全球一半以上的市场。尽管目前 GPU 主导着人工智能的训练场景，但是专注于推理环节的 FPGA 将在未来发挥巨大的潜力：GPU 的架构是固定的，而 FPGA 则是可编程的。

与 CPU 的通用性不同的是，人工智能芯片是为某一特定的应用场景而开发。因此，随着人工智能的不断发展，可编程性或将迎来其"用武之地"：让专注于应用的终端企业提供有别于竞争对手的解决方案，这就需要灵活地针对自己所用的算法修改电路。由于 FPGA 可以根据特定的应用对硬件进行编程，所以或可更佳地调动资源。

在应用场景的竞争中，拥有约 14 亿人口的中国市场已成为全球关注的焦点。在中国的人工智能芯片中，寒武纪科技的深度学习专用处理器芯片（NPU）是较为典型的产品。早在2008年，寒武纪的开发者便开始神经网络算法和芯片设计的研究，第一代方案于2012年推出，用中文"电脑"的拼音取名"DianNao"，其后又陆续开发出第二代"DaDianNao"（"大电脑"，功能增强）、第三代"PuDianNao"（"普电脑"，通用型机器学习芯片）、"ShiDianNao"（"视电脑"，图像识别处理器）、"DianNaoYu"（"电脑语"，神经网络指令集）等针对不同应用或目的的芯片。随着"寒武纪1A深度学习处理器"（Cambricon-1A Processor）芯片在华为手机麒麟970上的应用，其成为了世界首款集成人工智能专用处理器的手机芯片。

随着应用场景的不断拓展，越来越多的人工智能芯片将得到应用，而人工智能芯片的"赛道"又将与传统的通用型芯片"赛道"有着很大的差别。在人工智能的芯片赛道中，英伟达在竞争中独占鳌头，行业竞争泾渭分明。相比之下，推理层的竞争则呈现出"群雄逐鹿"的态势。在中国，物联网、智能消费、智能生产的各个"赛道"正在铺开，人工智能芯片的竞争也将由此拉开序幕，各技术路线或将迎来激烈的竞争，谁胜谁负亦未可知。

7. 产业链的内涵

2018年初美国对中兴的"封芯"事件，戳中了中国人的神经。"封芯"事件带给我们的反思，既有自主创"芯"的重要性，也有芯片产业链经营的深刻内涵。如果说中兴需要的芯片作为"原料"，那么对于中国而言，芯片生产所需的精细化学品、高纯度硅、封装材料等"原料"，以及光刻机等精密装备，也都存在很大的海外依赖。在整个芯片的长产业链中，任何一个环节的问题都有可能引发区域的行业危机。

产业链的演变

即便没有"封芯"事件，因为过去6年中集成电路产能投资不足，芯片市场的供给一时处于短缺状态，不少垂直一体化芯片制造厂商（IDM）和晶圆代工厂都对硅片采取限量供应的措施，进而影响了诸多行业的订单——在今天，芯片已经成为大多数行业都离不开的"原料"；在未来，随着智能社会的不断演进，芯片"原料"的供给将更为深刻地影响各个行业。

"知之愈明，则行之愈笃；行之愈笃，则知之益明。"在集成电路的生态系统中，如果不识变、不应变、不求变，就可能陷入战略被动。对于集成电路行业来说，认识需求考验的是功底，适应需求考验的是能力，引领变化考验的是眼光。

在计算机的中央处理器发展历史上，从奔腾（Pentium 4）到酷睿（Core2 Duo）的性能主要依靠设计上的突破，其他时期的性能突破主要依靠芯片技术的提升。在移动通信时代，尽管芯片制造技术的提升所带来的短期市场效益，已经没有个人计算机时代的比重大，但是从长远看仍然是集成电路企业立足的根本。

在芯片制造技术的提升过程中，工艺复杂性不断升高，包括芯片设计、掩膜制作等在内的一次性工程费用，以及每块芯片的制造成本都快速上升。例如，在每一次芯片制造技术升级的过程中，工程师需要耗费大量的精力和时间去学习、理解和掌握更复杂工艺的设计规则。一次性工程费用的增加，使得能够负担起巨额投资的企业越来越少。

同时，每次芯片制造技术的提升，不仅仅意味着投资额的增加、技术要求的提升，还意味着收支平衡所需要的销量比上一代工艺时更高。这也就意味着，利用新一代制造工艺生产的企业，需要进一步扩展销量才能保障收益。

在技术、投资和市场的三重作用下，越来越多的厂商无力开发先进芯片工艺，而领先企业则可以通过其战略布局来进一步挤压竞争对手的生存空间。同样，这种挤压的过程可以从技术、投资和市场多方面入手：从投资上看，大规模的建厂成本、巨额投入的制造设备成本都意味着极高的沉没资金，自然意味着有力承担的企业越来越少；从市场上看，以三星的逆周期投资为代表，其在低潮期的扩大投资往往会进一步拉低市场价格，从而进一步挤压对手的生存空间；从技术上看，光刻机等设备的要求越来越高，但是全球高端装备产能有限，结果很多厂商不能获得其所需要的设备，无法保障供应链的稳定。

尽管难度越来越大，领先者仍然会将下一代工艺作为其制胜的法宝。这是因为，芯片制造技术提升后，规模经济效应会更加明显：新一代工艺的芯片毛利润会比上一代芯片的毛利润更高。在芯片制造工艺进步、晶圆尺寸扩大、投资规模增长的"军备竞赛"中，能够涵盖集成电路设计、集成电路制造、封装与测试等各环节的垂直一体化芯片制造商越来越少，结果导致垂直分工的模式出现：无生产线的集成电路设计公司（Fabless）、不做设计的晶圆代工厂（Foundry）、专业的知识产权模块（IP核）供应商、封装与测试（Package & Testing）厂商出现。其中，无晶圆厂公司直接面对客户

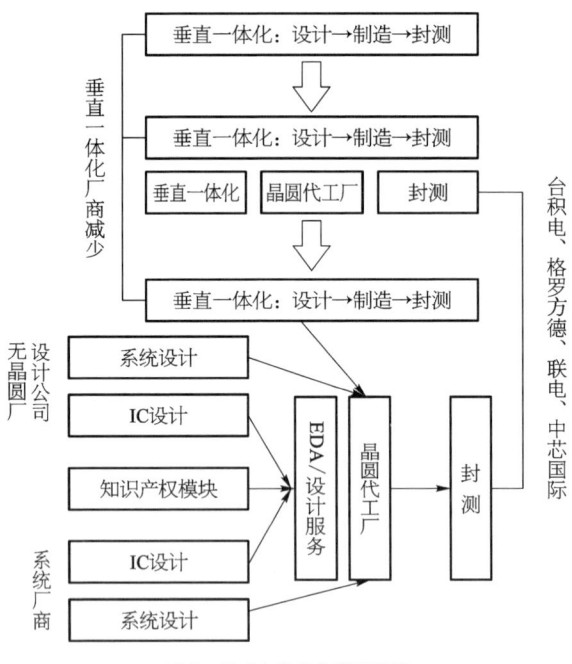

图8 集成电路产业链的演变

需求，而晶圆代工厂、知识产权模块供应商和封装测试企业则为无晶圆厂公司服务。其中，晶圆代工厂以台积电、格罗方德、联电（UMC）和中芯国际（SMIC）等为代表。垂直分工模式的发展，适应了集成电路沿着摩尔定律的路径发展带来的高投入、高技术特征，而以台积电为代表的中国台湾地区半导体产业，也由此成为了发展中国家投入高科技产业的成功案例，其核心新竹工业园区曾一度被业界誉为"东方硅谷"。

垂直分工

在中国台湾地区的晶圆代工厂模式得到确认前，不少集成电路企业已经面临痛苦的两难抉择：一方面，集成电路企业需要不断追加高昂的投资，来维持其竞争力；另一方面，日趋高额的投入、日益复杂的技术、日渐激烈的竞争都意味着巨大的投资压力。在此情境下，不少原先的垂直一体化芯片制造商企业不得不剥离其半导体业务。在业务剥离后，这些企业成立子公司或合资公司：摩托罗拉剥离业务后成立了飞思卡尔，西门子剥离业务后成立了英飞凌，飞利浦剥离业务后成立了恩智浦，法国汤姆逊剥离业务后与意大利半导体公司合并成立意法半导体（STM）。

1972 年，张忠谋先后就任德州仪器公司副总裁和资深副总裁，成为最早进入美国大型公司最高管理层的华人。1987年，在时任台湾工业研究院院长张忠谋的积极推动下，中国台湾地区的电子所原有的超大规模集成电路实验工厂改造成为商业化运营的集成电路制造公司，晶圆代工厂模式由此开启。起初，欧美认为晶圆代工厂模式不可行，然而后来台积电、联电公司整合全球产能证明了晶圆代工厂模式的可行性：晶圆制造厂只做晶圆代工、不出售芯片、严格保护客户隐私，从而消除了知识产权顾虑。在晶圆代工厂模式中，加工商自身不从事设计，接受其他设计公司委托制造，使集成电路设计者得以从高投入中解放出来。与之相对应的是，无晶圆厂的设计公司是专门从事集成电路设计、不从事生产且无半导体厂房的公司。

在规模化商业应用积累基础上，不久后专用集成电路芯片设计公司和集成电路设计知识产权模块开发商陆续出现。芯片设计公司从加工环节中被解放出来后，可以专门从事高复杂度的芯片设计工作，并逐步将标准单元库、工艺模拟参数及仿真概念引入，由此芯片设计进入了以电子设计自动化（Electronics Design Automation，简称EDA）为辅助工具的抽象化阶段，这就促成了无晶圆厂设计公司的出现，由此集成电路设计产业成为独立的行业。

在垂直分工的模式中，无晶圆厂设计公司、晶圆代工厂和知识产权模块供应商的合作，存在着相互制衡与合作的关系：如果无晶圆厂的芯片设计公司自建生产线，那么很可能就无法委托晶圆代工厂加以生产；如果晶圆代工厂进入设计领域，那么无晶圆厂芯片设计公司就会顾及自己的布图设计会为其所盗用，因而在产业低潮期为设计公司所抛弃；对于知识产权模块供应商来说，其模块需要经过晶圆代工厂的硅工艺生产线验证以及芯片设计公司的芯片产品设计验证后才能使用。

台积电已然成为垂直分工模式中晶圆代工厂的杰出代表，然而联电的规模曾经比台积电还大。联电成立于1980年，是中国台湾地区的第一家半导体公司，拥有联电、联诚、联瑞、联嘉及合泰半导体等，是全球晶圆代工厂的重要力量。如果从技术上看，1993年至1997年间联电的专利数量约为台积电的两倍、台湾工业研究院的3倍，而其高介电系数/金属闸极、低电介值、浸润式微影术与混合信号/RFCMOS技术等为行业内公认的先进技术。然而，到了2016年，台积电与联电的营收分别为294.88亿美元和45.82亿美元，市场占有率分别约为59%和9%。

台积电与联电拉开差距，从2001年前后开始。当时，台积电聘请胡正明出任首席技术官，完成了在鳍型晶体管（FinFET）等方面的技术积累。同时，这一时期又恰逢从8英寸向12英寸转型，台积电抓住机会不遗余力地投资建设12英寸工厂，在竞争中初步占据了主动。也正是由于12英寸工厂固定投资成本极高，因而原先很多的垂直一体化芯片制造商没有足够资金投资，使得台积电抓住了"行业断层"的机会，逐渐成为晶圆代工行业的龙头企业。

2009年，时值28纳米芯片制造技术节点发展的契机，台积电加大投资全力投入，再次赢得竞争主动。面对28纳米芯片制造带来的技术优势，客户趋之若鹜，台积电顺势抢占了三星原先独占的苹果订单。2010年，苹果考察台积电后，将iPhone和iPad芯片订单全部下给台积电，台积电则投资90亿美元建厂，11个月后即成功量产。后来，台积电在10纳米节点中再次领先，高通、苹果、华为等世界级企业都是台积电的大客户。

纵观台积电从创立到2017年的发展历程，可以发现三次大规模的晶圆厂扩张期：最早，台积电在1995年至2000年间以几乎每年建一个新厂的速度扩建了6个厂房；其后，在2004年和2005年期间扩建了4个工厂；2015年前后，大力扩张300毫米晶圆厂，而台积电采用16纳米节点的南京工厂也在该时期建设。每次扩张，都为台积电扩大市场份额提供了有利条件。

8. 轻资产与重投资

作为集成电路的起源地，美国的集成电路以其原创性、拓展性领先于其他国家和地区。在东亚地区的追赶进程中，美国企业也将"微笑曲线"的低附加值环节转移到其他国家和地区，其行业呈现出明显的从重资产向轻资产转移的过程：20世纪90年代，在全球化、垂直分工的背景下，美国集成电路企业将中低端环节剥离，并逐步转移至东亚地区；与此同时，美国的集成电路行业中无晶圆厂的设计企业快速发展。以美国企业为代表，"轻资产"的经营模式受到了青睐：伴随着全球化进程的加快、垂直分工的日益深入，以及

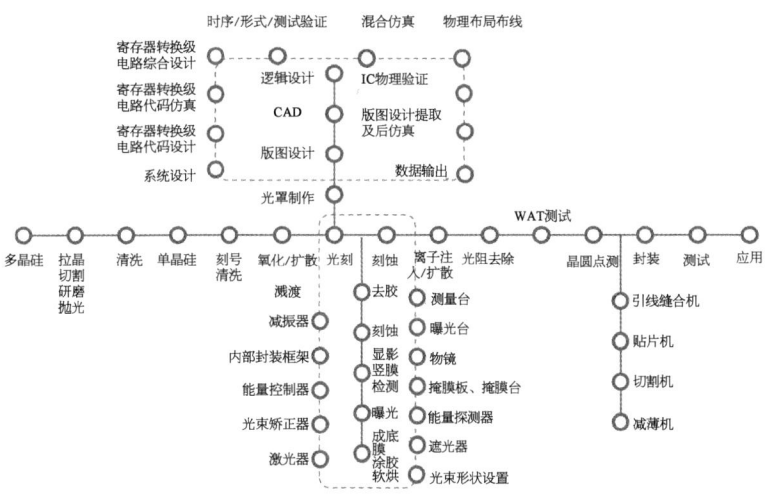

图 9　集成电路产业的典型环节和产业链条关系

美国民用集成电路市场的繁荣，美国集成电路行业经历了从重资产向轻资产转型的过程。

市场的专注

　　相比于垂直一体化模式的工艺水平不断提升、晶圆制造设备投入日趋增大、维持高速增长风险较大、市场规模要求较高，把主要精力集中于芯片的设计和开发，在生产制造、封装与测试等环节采用专业的第三方企业代工，可以更专注于市场变化应对所需的快速调整和产品开发能力。32/28 纳米的芯片制造工艺研发费用已达 12 亿美元，飞思卡尔、恩智浦、英飞凌、德州仪器等传统的垂直一体化企业陆续分拆制造业务或宣布不再自行发展新一代集成电路芯片制造技术，寻求与芯片代工厂合作。12英寸晶圆厂的投资额已达200多亿美元,14纳米或7纳米芯片制造生产线的投资额或已达500亿美元,这使得更多的垂直一体化制造商都望而却步。

要想以轻资产的模式实现大额的销售收入,把握市场需求的能力、保障供应链的稳定、专业的知识产权运营缺一不可。把握市场需求,除了对客户特征的深入认知外,还要求芯片设计团队对于工艺参数在制造过程中的变化有深入的了解,才能明晰不会因为芯片制造工艺的不稳定等因素影响芯片制造的成品率,从而保证芯片的稳定供应。随着进程的发展,事实上芯片设计团队已经不易精准预测设计产品的成品率,对于可制造性设计技术和面向成品率的设计技术的要求也在不断提升。

在供应链中,晶圆代工厂对技术和资金规模的要求极高,不同类型的芯片产品在选择合适的晶圆代工厂时范围有限,往往会导致晶圆代工厂的产能较为集中。随着芯片制造技术的不断进步,代工厂能够同时支持的芯片研发数量不断减少,而单个芯片制造厂的产能却大幅提升。代工厂迫切需要数量巨大的产品来填充生产线,这使得芯片代工厂优先考虑存储器、微处理器、可编程逻辑阵列等通用性产品,因为这样的产品订单都非常大,而其他产品就很难有大订单和优惠的价格。在生产旺季,晶圆代工厂和封装测试的产能保障,需要设计公司合理、准确的调配,但是这对于中小型的设计企业而言并非易事:即便是市场拓展时的客户规模因素,晶圆代工厂和封装测试厂在不同产品中的产能切换、产能升级都可能带来时间成本和采购成本的增加。

就知识产权而言,芯片设备制造等领域的专利竞争已成为发达国家领先企业限制后来者的利器。在芯片设计领域,处理器内核的复杂性、高技术含量和长周期,使得大部分芯片厂商依靠购买知识产权模块来开发,这也使得安谋(ARM)、MIPS这些知识产权模块供应商得以快速发展,只有迈威、高通、博通等少数国际知名芯片设计企业有能力通过取得指令集架构授权再自主设计内核。以高通为代表,其收取高昂的知识产权费用又成为下游客户的进入门槛。

随着物联网、智能汽车等应用场景的发展,不少半导体设计企业也在向全栈公司转型,全栈公司为客户提供包括芯片和系统设计的完整软硬件整体解决方案。对于全栈公司的商业模式来说,下游增值服务的高利润,或可大幅补贴芯片设计和设计定案流片的高成本,因而这种商业模式是可行的。在这种转型中,拥有巨大的下游市场的中国企业,或已初具优势。

投资的门槛

与设计和终端应用的"轻资产"相比,晶圆制造业可谓是典型"重投资"行业。集成电路的制造涉及的关键设备就达200多种,每种设备都十分精密且成本高昂,其有机集成管理难度大、技术要求高。在摩尔定律的推动下,当前垂直一体化芯片制造商的投资成本已经极为高昂。更为严峻的是，如果新建成的生产线无法全部打通并量产，那么生产风险也变得十分巨大：产能变化决定集成电路芯片的供给，而供需变化又影响着行业的毛利润；建厂、设备安装及调试时间通常需要2～3年时间，这就意味着必须提前2～3年对未来的市场作出准确预测，否则便在供给过剩或是短缺中面临困局。这种晶圆产能供给驱动的循环，演变为"高峰-衰退-复苏-扩张-高峰"的"硅周期"，整体上看需求变化的影响程度相对较小。"硅周期"是三星的"逆周期投资"得以发挥作用的关键，但是这些策略同时又构成了其他厂商的风险因素。例如，如果没有把握好经营周期，那么即便是设备折旧也会成为极大的成本。随着12英寸硅晶圆的微细加工发展，半导体生产设备价格越来越高，设备折旧成本占比越来越高。

在投资过程中，仅以晶圆制造为例，扩散工艺用的扩散炉、光刻工艺用的光刻机、刻蚀工艺用的刻蚀机、离子注入工艺用的离子注入机、薄膜生长工艺用的薄膜沉积设备、抛光工艺用的化学机械抛光机、金属化工艺用的清洗机，都是极其高昂、极其精密的设备。此外，封装环节所需的切割减薄设备、度量缺陷检测设备、键合封装设备等，测试环节所需的测试机、分选机、探针台等，以及其他前端工序所需的扩散、氧化及清洗设备等都因其技术含量高、制造难度大而价格不菲。其中，应用材料公司（Applied Materials）、美国泛林研究公司（Lam Research）、美国科磊（KLA Tencor）等侧重于离子刻蚀设备、离子注入机、薄膜沉积、检测设备，荷兰阿斯麦以光刻机为重心，日本东京电子（Tokyo Electron）侧重于单晶圆沉积设备、清洗设备、涂胶显影、退火、氧化设备。

在晶圆代工的业务竞争中，台积电、三星、格罗方德、联华电子（UMC）和中芯国际等是较有力的竞争者。联华电子（简称联电）创立于1980年，是中国台湾第一家集成电路公司，旗下的联电、联诚、联瑞、联嘉以及最新投资的合泰半导体均是专业的晶圆代工厂。中芯国际则是中国大陆规模最大的晶圆代工企业。

AMD在2009年3月2日拆分出的格罗方德制造业务，由AMD与阿布扎比的一家金融机构共同持有股权，交易共涉及84亿美元，其中约有12亿美元债务也将由新公司承担，此后AMD将所有芯片制造设施移交给新公司。格罗方德成立后，在并购新加坡特许半导体、收购IBM全球商业化半导体技术业务的同时，向28纳米以及22纳米、14纳米节点不断进军，订单十分乐观。然而，巨额的研发投入、昂贵的设备却使得格罗方德多年未摆脱财务困境，因此也被台积电拉开了差距。

2014年，格罗方德在收购IBM半导体制造业务的同时，也获得了其专利和技术：IBM在鳍型晶体管设计与制造技术上已有积累，格罗方德由此有了与英格尔、台积电在鳍型晶体管上竞争的基础技术。从技术上看，IBM使用绝缘层覆硅（Silicon On Insulator，简称SOI）基板，尽管材料成本增高，但是由此可以减少生产步骤、降低操作电压、降低芯片功耗。同样是在 2014 年，在向 14 纳米节点进军的过程中，格罗方德原计划自己推出 14 纳米-XM 工艺，但是由于技术不够成熟，决定和三星半导体公司合作，向三星借鉴生产 14 纳米芯片制造经验。由此，格罗方德于 2015 年在晶圆代工业务上超越了台湾联电，成为世界第二大晶圆代工企业。此时，AMD 正在开发 APU（CPU+GPU），在其新产品开发中使用了格罗方德 14 纳米节点生产技术，AMD 和格罗方德两家公司获得了合作共赢的结果。

在分拆前，AMD 在 32 纳米节点后不再使用 SOI 基板，不过格罗方德一直将该技术保留了下来，再加上对 IBM 的技术收购将工艺提高了约半代的水平，使得格罗方德在 22 纳米制造中得以利用 SOI 工艺。以此为基础，格罗方德在 SOI 工艺上形成了特色。此时，正值全球半导体工艺从二维晶体管向三维晶体管转向的时期，格罗方德借此在与英特尔、台积电、三星的竞争中不落伍，同时还发展了独具特色的全耗尽型绝缘层覆硅（Fully Depleted-Silicon-On-Insulator，简称 FD-SOI）工艺。在 22 纳米节点上，格罗方德是全球首家实现 FD-SOI 工艺的厂商，利用该工艺生产的芯片功耗或可与 22 纳米鳍型晶体管相比，在物联网芯片、移动芯片、射频芯片上有广阔应用。由于 22 纳米 FD-SOI（22FDX）工艺的订单令人满意，格罗方德又以此为基础向 12 纳米 FD-SOI（12FDX）工艺进军，产品或可用于移动计算、5G 互连、人工智能、自动驾驶等。同时，格罗方德还在向 7 纳米工艺进军，希望由此实现更高的晶体管密度、更低的功耗以及更高的性能。此外,IBM、格罗方德和三星还致力于 5 纳米节点的硅纳米片晶体管(GAA FET)创新技术的研发。

除台积电、三星、格罗方德、联电和以中芯国际为代表的中国大陆晶圆代工企业外,还有许多知名的代工企业。高塔半导体(Tower Semiconductor Ltd.)创立于 1993 年,是以色列一家独立的集成电路专业代工厂,通过第三方的设计为客户生产集成电路产品,应用于消费性电子产品、个人计算机、通信、汽车、工业、医疗等领域,与松下公司有合资企业,在美国收购了 8 英寸晶圆制造厂。

中国台湾地区的力晶(Powerchip)在成立之初便和日本三菱电机结成了技术、生产与销售同盟,其业务范围涵盖动态存储器制造和晶圆代工两大类别,曾与日本存储芯片公司尔必达(Elpida)合作生产动态随机存储器产品,与日本瑞萨(Renesas)公司达成 AG-AND 闪存技术授权协议,与美商金士顿达成动态随机存储器代工协议。

在高技术、高投资、高风险的情境下,如何合作分担研发先进制造工艺费用和风险、共享新工艺量产带来的收益,成为了诸多企业思考的问题。随着新生产线投资的固定成本和风险进一步升高,垂直一体化制造商也将有更多的业务外包给专业晶圆代工厂。同时,以芯恩半导体为代表,近年来共有共享式 IDM 公司(Commune IDM,简称 CIDM)也成为了新的探索方向:多家企业通过合作集中参与芯片设计、终端应用、芯片制造的环节,芯片设计公司能拥有晶圆厂的专属产能和技术支持,在产能上获得保障。在此模式中,多个合作方共同分担投资和风险，共享资源和产能，在互惠互利、产品互补中共同提升产品和技术能力。事实上，从某种程度上看，日本的超大规模集成电路计划便是 CIDM 的共性技术开发模式雏形。不过，CIDM 也面临着双重挑战：设计公司要提供技术给 CIDM，而其产品又得避免同质化竞争。因而，对于 CIDM 而言，目标市场的细分是基础。在芯恩之前，以生产存储器为主的新加坡 TECH 公司（TECH 的"T"代表德州仪器即 TI，"E"代表新加坡政府经济发展局即 EDB，"C"代表佳能即 Canon，"H"代表惠普即 Hewlett-Packard）便是 CIDM 的尝试，四方联合投资后，CIDM 实现自己设计、自己生产、自己销售。由此可以看出，在重资产的模式下，集成电路制造商将在协同共享上做出更多的探索。

此外，还有一些不可控因素可能会影响整个垂直分工的产业链变化。例如，日本九州曾经发生的地震便表明，突发的自然灾害等破坏性事件，会极大影响晶圆代工厂和封装测试厂的正常供货，从而引发整条产业链的连锁变化。

9. 点砂成芯

在整个集成电路的产业链中，石英砂是最基础的原料，从砂到芯片的"逆袭"，不仅需要经历极端的熔炼、极致的提纯，还需要经历极为复杂的"精雕细刻"，构成了极高的技术要求、人才要求和投资成本要求。点砂成芯，是没有捷径的精益求精。

砂的"逆袭"

半导体材料中使用最多的元素是硅,硅在地球表面的元素中储量(近28%)仅次于氧。石英砂是石英石经破碎加工而成的石英颗粒,主要成分为二氧化硅,是高纯度金属硅生产的重要基础材料。尽管来源丰富,但是集成电路行业中使用的硅纯度要求达到99.999 999 999%,因而需要熔炼和提纯。通常,硅提纯工艺中将二氧化硅与焦煤在1 600～1 800℃的高温环境中还原成纯度为98%的冶金级单质硅,而后利用氯化氢提纯出99.99%的多晶硅,进而通过进一步提纯,形成形态一致的单晶硅(硅原子在三维空间中呈现规则有序排列,形成每个晶胞含有8个硅原子的"金刚石结构",晶体结构十分稳定)。

在超纯硅领域,1926年成立的日本信越化学工业株式会社(Shin-Etsu Chemical)是全球领先的企业。在集成电路发展前,信越化学便开始生产有机金属硅,而集成电路发展时代更是全力优化工艺、拓展市场。在信越的多个事业部中,半导体硅材料事业部是其核心的业务部门之一,在全球最早研制成功了300毫米晶圆,并实现了绝缘衬底上的硅晶圆的产品化,其单晶硅已经可以达到纯度99.999 999 999%的生产水平。

三菱住友株式会社(Silicon United Manufacturing Corporation,简称SUMCO)成立于1937年,1992年合并了九州电子金属公司,1998年又合并了住友SITIX集团并更名为住友金属工业公司。1999年，住友金属公司、三菱材料和三菱硅材料公司成立联合硅制造公司进军300毫米晶圆业务，2002年住友金属工业的硅制造部门、联合硅制造公司以及三菱硅材料公司合并成立住友三菱硅公司，并于2005年更名为三菱住友株式会社。三菱住友的研发实力雄厚，至2017年为仅次于信越化学的第二大半导体硅材料供应商。

以三菱住友株式会社的工艺为例，最高质量的硅晶圆生产需要极高的工艺水平，其间从二氧化硅中提取出的多晶硅进行加工处理，通过单晶硅的拉伸工艺使之成为单晶硅锭，然后进行切片成为硅晶圆投入市场。这过程中，纯度为99.999 999 999%的多晶硅，将其熔化在充满惰性气体的石英坩埚中，通过晶体生长技术制取单晶硅：在液体状态的硅中加入籽晶，以其作为晶体生长中心，通过适当的温度控制将晶体慢慢向上提升，在逐渐增大拉速的同时以一定速度绕提升轴旋转，从而将硅锭控制在所需直径内。完成后，提升单晶硅炉温度，硅锭就会自动形成锥形尾部。制备好的晶圆尺寸越大，效益越高。

单晶硅锭制备完成后，切削掉头部和尾部，修整至目标直径，利用金刚石锯把硅锭切割成厚度均匀、不超过1毫米厚度的晶圆片。切割后的晶圆片，需经仔细研磨、镜面抛光等高级制造工艺，才能使其成为表面极度平滑、极度清洁的硅晶圆片。在此过程中，会用到特殊的化学液体清洗晶圆表面，最后进行抛光研磨处理、热处理形成"无缺陷层"的晶圆片表面，供后续生产用。

德国的世创电子材料（Siltronic AG）也是重要的超纯硅晶圆供应商，总部位于慕尼黑，2004年在全球首家生产300毫米晶圆片。2014年，世创电子以78%的持股与三星成立了合资公司，在亚洲地区新建200毫米和300毫米硅片厂。世创电子对于硅晶圆的平整度和表面质量方面有着极高的标准，同时还可根据客户需求在生产中掺杂硼、磷、砷和锑等元素。此外，世创电子还可根据客户的要求设计基板硅晶圆片和外延薄膜层。

正因为晶圆产品对质量和工艺有着极高的要求，因此以信越等主要的晶圆厂都保有核心技术，用以维持其市场份额。随着半导体工艺向10纳米以下推进，对硅晶圆的品质要求还将继续提高，在原子层面减小晶体缺陷（杂质、表面不平整、附着颗粒和其他瑕疵因素等）也将是极致的追求，生产设备和加工环境的污染物控制到几近于零。此外，外圆磨削、线切割、边缘切割、激光打标、精研、清洁和蚀刻、抛光、外延等过程所需利用的设备，都要求有极高的精度和最佳匹配的技术参数。

精益求精

在集成电路的原材料准备完成后，晶圆浸入内含刻蚀试剂的刻蚀槽内，溶解掉暴露出来的晶圆部分，而剩下的光刻胶保护着不需要刻蚀的部分，其间利用超声振动加速去除晶圆表面附着的杂质。利用氧等离子体对光刻胶进行灰化处理后，所有光刻胶被去除。如果无法一次制作出所需的电路图形，则还需重复光刻胶涂抹、曝光、光刻胶溶解等步骤，其间可能也会有各种成膜工艺（绝缘膜、金属膜）运用于其中。

在集成电路芯片制造过程中，有意识地导入特定杂质以控制硅材料的导电能力，还可以用来控制杂质浓度以及分布。杂质扩散一般采用离子注入法完成，掺杂的导电性杂质导入电弧室后离子化，经过电场加速后从晶圆表面注入。离子注入完成后，部分硅原子已经被掺杂，可以形成自由电子或空穴。

离子注入完成后，利用气相沉积在硅晶圆表面沉积氧化硅膜以形成绝缘层，同时用光刻掩膜技术在层间绝缘膜上开孔以引出导体电极。此后，利用溅射沉积法在晶圆整个表面上沉积布线用的铝层，继续使用光刻掩膜技术对铝层进行雕刻，形成场效应管的源极、漏极、栅极。最后在整个晶圆表面沉积绝缘层以保护晶体管。此时，便可以利用铝层形成、光刻掩膜、蚀刻开孔等精细操作等构建多层的互联电路。对于在此过程中表面各种凹凸不平越来越多、高低差异很大的问题，可以采用化学机械抛光技术（CMP）来解决。

在这一领域，应用材料公司成立于1967年，是全球最大的半导体设备、显示屏生产设备和纳米制造技术、芯片制造技术服务企业，先后收购了Opal技术（Opal Technologies）、Orbot设备（Orbot Instruments）、Oramir半导体设备（Oramir Semiconductor Equipment）、Etec系统（Etec Systems）、Baccini、Semitool、Varian半导体（Varian Semiconductor

等企业。应用材料公司的产品覆盖了物理气相沉积、化学气相沉积、刻蚀、快速热处理、离子注入、外延、测量与检测、清洗等步骤,其发展前沿已推进至原子级层面的材料改性技术和规模生产能力开发。应用材料公司从材料业务逐步发展至设备制造业务,由美国、以色列、中国、新加坡、欧洲等地的研发中心共同协作,在研发与生产工艺、部件方面共同努力来提升客户的设备效能,提供专业的工程解决方案和服务。应用材料公司在硅谷设立了梅丹技术中心(Maydan Technology Center),超净工作区内,多达250个不同步骤的处理可以实现集成开发,Endura系统、Tetra掩膜刻蚀系统等系统集成实现了高度自动化的运行,从而为450毫米(18英寸)晶圆等的开发提供了平台。在这个完整的新工艺流程开发中,即便是零部件的精确制造,都可能意味着需要更专业的新技术。在逐步逼近摩尔定律极限后,原子级的加工则意味着全新的新技术汇聚。

泛林研究公司(Lam Research Corporation)创立于1980年,总部位于美国加州弗里蒙特,是全球主要的设备制造和服务供应商之一,可提供单晶圆清洁技术的多样组合,制造技术涉及刻蚀、沉积、去除光阻及清洁、研磨和精密抛光等设备。在薄膜沉积工艺中,泛林的产品包括ALTUS®Max、ALTUS®Max Extreme Fill™、ALTUS®Direct Fill™ Max等,结合了化学气相沉积(CVD)和原子层沉积(ALD)技术实现高度适形的薄膜均匀沉积,满足了钨金属化应用需求。在刻蚀工艺中,泛林的产品包括Versys® Metal、Versys®

Metal L、Versys® Metal M 等，用于金属硬掩膜（MHM）蚀刻，可实现小尺寸的刻蚀。泛林的干法去胶工艺，可有效去除前道工艺中的光刻胶并实现先进晶圆层级封装。泛林曾经试图并购科磊半导体（KLA-Tencor Corporation），后者创立于 1975 年，是晶圆检测与掩膜检测的先进企业，产品包括芯片制造、晶圆制造、掩膜制造、互补式金属氧化物半导体（CMOS）、图像传感器制造和微电子机械系统制造等。在泛林集团执行副总裁兼首席技术官理查德·戈奇奥（Richard Gottscho）看来，随着原子层刻蚀等技术的发展，"摩尔定律继续发展已不仅仅指简单的微缩，无论是从二维向三维转变或是其他方式，产业界始终都有方法让芯片的密度和性能继续提高，而能耗和成本持续降低。"

无论是应用材料的工艺流程体系，还是泛林的原子层刻蚀体系，说明集成电路的制造是诸多技术集成的结晶，各类人才在核心价值观上的共同认知则是其发展的根本。

除应用材料、泛林外，东京电子、中微半导体等也已成为该领域的重要供应商。东京电子成立于 1963 年，是日本半导体的先进企业，其产品可用于晶圆处理、等离子体蚀刻、热处理等，包括离子注入机、光刻机、薄膜沉积设备、曝光显影机等。2013 年 9 月东京电子宣布与美国应用材料公司合并，但是又于 2015 年 4 月取消业务合并计划。耐诺公司（Nanometrics Incorporated）创立于 1975 年，总部位于美国加州米尔皮塔斯，其自动测量系统产品包括计量光学关键尺寸测量、薄膜测量和晶圆应力测量等，用于集成电路、高亮度 LED、分立式元件及数据存储设备制造的过程控制计量和检测（如光学关键尺寸的测量、薄膜工序的控制）。此外，该公司的系统还可用于尺寸和薄膜厚度测量、地型测量、缺陷检测等工序，以及薄膜光学、电学及材料性质的分析。这些技术集成后，适用于从基板制造到批量的半导体生产，再到晶圆级封装的应用工艺。

晶体管之间连接电路构建完成后，经过晶圆级测试（Good-Chip/Wafer 检测，简称 G/W 检测）和晶圆划片、外观检查、装片，便进入了封装测试环节。封装环节主要包括安放、固定、密封、保护芯片，完成后进行全面的测试。

封装测试领域的企业很多，日月光半导体公司、长电科技等都是重要的竞争者。日月光半导体公司（Advanced Semiconductor Engineering，简称 ASE）创立于 1984 年，总部位于中国台湾，是全球半导体封装与测试的领先企业，提供半导体前端工程测试、晶圆探测测试与终端测试等完整的封装测试服务。中国台湾地区的矽品（SPIL）精密工业股份有限公司也是专注于集成电路封装及测试的企业。此外，美国艾克尔科技（Amkor Technology）成立于 1968 年，总部位于亚利桑那州钱德勒，也是全球领先的提供半导体封装和测试服务厂商之一，在全球率先量产了和 TSV/2.5D/3D 技术相关的芯片产品。凭借技术和规模的双重优势，2017 年日月光封装与测试业务营收超 50 亿美元，毛利率达 26.6%，同时研发费用占营收的 4.1%，是一个非常重视技术研发的封装与测试龙头企业。

10. 设计的难度

通常,芯片分为逻辑芯片和存储芯片。其中,存储芯片的每个存储单元基本相同,设计难度相对较低。逻辑芯片需要实现各种各样的功能,因而设计难度相对较大。逻辑芯片又可分为数字芯片和模拟芯片,其中数字芯片基本上采用二进制,因而可以采用EDA等设计工具开发;模拟芯片则模拟图像、声音、温度等真实生活中的现象,很难采用标准化的设计工具,因而往往需要"十年磨一剑"的设计工程师努力才能造就。在模拟芯片中,射频芯片又是其中较难完成的设计,往往需要大师级的工程师磨炼多年才能掌握精髓。在今天,无线通信已经普及,其中广泛应用的便有射频芯片。

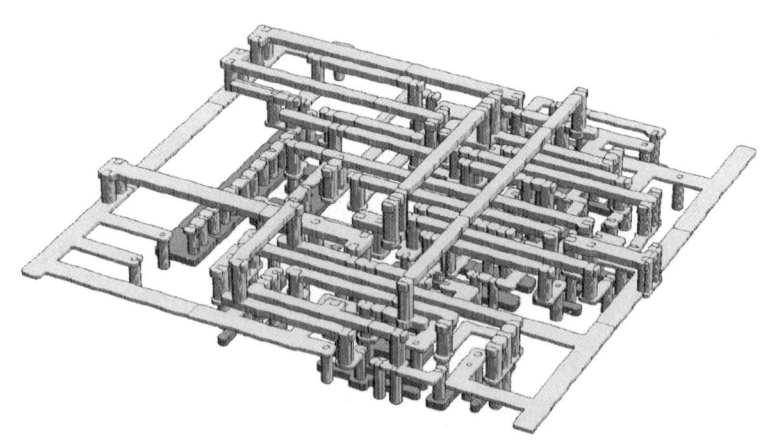

图10 集成电路的精细结构宛如立体的城市

设计企业

在芯片设计中,高通、博通、苹果、三星、AMD、海思半导体、展讯、迈威尔(Marvell)、联发科等企业在不同细分应用领域,形成了独具特色的竞争优势,其中的成功者大多涉足了射频芯片领域。只有把关键技术、核心知识产权掌握在自己手中,才能真正掌握企业竞争和发展的主动权。

高通成立于1985年,1989年推出用于无线和数据产品的码分多址(CDMA)技术,由此向无线通信领域大步进军,并形成了知识产权经营特色,在全球的通信芯片领域形成了优势。比高通的商业模式更值得参考借鉴的是,高通创始人的艾文·雅各布斯(Irwin M. Yacobs)早在20世纪60年代,便提前布局CDMA研发,这才成就了后来的高通。

安华高科技(Avago Technologies)是设计、研发模拟半导体设备的供应商,原本是1999年从惠普公司分拆出来的安捷伦科技的半导体事业部,并于2015年5月以370亿美元收购了博通公司(Broadcom Corp.),增加了高性能设计和集成方面的实力。此前,博通作为全球最大的无芯片设计企业之一,产品为有线和无线通信半导体,目前也是全球最大的WLAN芯片厂商。博通产品实现向家庭、办公室和移动环境以及在这些环境中传递语音、数据和多媒体,博通为计算和网络设备、数字娱乐和宽带接入产品,以及移动设备的制造商提供业界最广泛的、一流的单芯片系统和软件解决方案。

用创新思维谋划发展，靠创新实践推动发展，在苹果公司发展上体现得淋漓尽致。苹果公司由史蒂夫·乔布斯于1976年创立，1977年推出了世界第一台个人计算机。1997年，乔布斯再次回到苹果公司担任董事长，于2001年推出iPod数码音乐播放器风靡一时，2007年推出iPhone引领了智能手机时代，2008年推出当时最薄的笔记本电脑MacBook Air，2010年推出了iPad以及苹果手机中的巅峰之作iPhone 4。2011年乔布斯逝世，此时苹果已经再次回到了巅峰时期。

赛灵思（Xilinx）创立于1984年，总部位于美国加州圣何塞，是现场可编程门阵列的引领者，也是全球完整可编程逻辑解决方案的领导厂商。赛灵思的硅片、软件、知识产权模块、入门套件等产品屡获殊荣，为航天、国防、汽车、消费电子、工业、通信等领域多种终端市场提供应用，并大大缩短了产品的上市时间。在28纳米时代，赛灵思提出了"全编程"（All Programmable）的概念，从单一的FPGA厂商战略转型为"全编程FPGA"、系统级芯片和三维集成电路（3D IC）的领先厂商，提供可编程系统级芯片与三维集成电路、软件设计工具与可编程逻辑装置、目标参考设计、印制电路板、知识产权模块和第三方验证，以及设计服务、客户培训、现场工程与技术支持等服务。通过FPGA、SoC和3D IC系列的可编程器件组合与开发模型，赛灵思的解决方案覆盖5G通信、嵌入式视觉、工业物联网和云计算所需的各种智能控制、互连和差异化应用。

创造条件把源头思想变成实实在在的产业技术，需要发挥充分协同的能量，突出发展目标的主体框架，激发各组成单元的积极性，理顺知识产权的产生、所有和使用机制，面向实际寻找突破口。随着芯片设计的发展，知识产权模块（IP核）业务应运而生。在IP核业务中，专注于基于精简指令系统计算结构的RISC芯片设计开发的安谋（ARM）是代表。ARM的前身为艾康电脑（Acorn），于1978年在英国剑桥创立。次年，美国加州大学伯克利分校的戴维·帕特松（David Patterson）教授提出了精简指令系统计算结构的RISC芯片的设想，主张硬件应该专心加速常用的指令，较为复杂的指令则利用常用的指令去组合，这为后来ARM的发展埋下了种子。1985年，艾康电脑研发出采用精简指令集的新处理器，并将其命名为ARM（Acorn RISC Machine）。艾康电脑曾在20世纪80年代与苹果合作开发新版的ARM内核。1990年，在获得苹果公司和VLSI科技的资助后，艾康电脑成立了独立子公司，从事低费用、低功耗、高性能芯片的研发。2016年7月，软银（SoftBank）以243亿英镑收购ARM公司。

知识产权授权模式

在整个20世纪90年代，英特尔占据了CPU领域的绝对主导，而此时格鲁夫已在CISC芯片和RISC之间选择了前者，这客观上为ARM的发展提供了空间。ARM公司于1991年将架构授权给英国GEC Plessey半导体公司，于 1993 年授权给凌云（Cirrus Logic）和德州仪器。当时，ARM、诺基亚和德州仪器合作开发了 16 位的 Thumb 指令集，创建了 ARM/Thumb 的系统级芯片商业模式。1997 年，ARM 发布 ARM9 架构时，从普林斯顿结构转向了哈佛结构，使原先的 3 级指令流水线提高到 5 级，最高的时钟频率达到 220 MHz。次年，ARM10 内核推出时已使用了 6 级流水线结构，改进了高速缓冲存储器，对乘法指令进行最佳化，并增加浮点运算。

尽管 ARM10 的性能已经大大提升，但是英特尔在 ARM 内核架构基础上已经扩展形成了 Intel X Scale 处理器。X Scale 处理器的最高运行频率达到了 1.25 GHz，面向的应用领域包括便携设备、网络设备、工控、嵌入式应用。尽管 X Scale 处理器具有高性价比、低功耗等特征，但其目标市场定位并不精准：在当时的通信设备细分市场中，英特尔在与博通、迈威尔、飞思卡尔的竞争中并无网络通信及协议方面的知识储备；在当时的手持设备细分市场中，德州仪器、瑞萨等已有成本、性能等竞争优势，与之相比 X Scale 处理器的性价比较低；在当时的自动取款机（ATM）、POS 机，以及工业控制领域中，X Scale 处理器的成长空间不大。在巨额亏损后，英特尔将 X Scale 处理器业务出售给迈威尔（Marvell）。

ARM 的模式与格鲁夫当时选择 CISC 获得特许经营利润来源，有异曲同工之处。在 ARM 处理器架构授权的过程中，每个厂商得到了独一无二的 ARM 相关技术及服务，包括电路图、抽象模拟模型和测试方法、协助设计整合和验证服务等。在授权费用上，ARM公司的授权费根据内核架构而定：更高效能的ARM内核架构，授权费也更高。在授权合同上，ARM公司在与其签署售价、传播性等方面的授权条款的同时，也会包括内核的整合硬件描述和编译器等软件开发工具。不过，与英特尔的区别在于，ARM公司本身并不靠自有的设计来制造或出售CPU，后者由被授权方完成。

具体来说，ARM在知识产权授权模式中，一次性技术授权费用（通常为数百万美元）和版税提成（通常在1%～2%）是主要收入来源，实施方式包括处理器授权、处理器优化包（Processor optimization pack，简称POP）授权和架构授权三种。其中，处理器授权是指授权合作厂商使用ARM设计好的处理器，被授权方不能改变已有设计，但可以根据需要调整频率和功耗等参数。处理器优化包授权是处理器授权的高级形式，被授权方可以在特定工艺下设计和生产优化的处理器。架构授权则允许合作厂商使用架构，根据需求设计处理器芯片。

各大芯片设计厂商从ARM公司购买其所设计的ARM微处理器核，并根据自身定位在向细分领域发展时加入适当的外围电路，构建符合自身定位的微处理器芯片进入市场。在这种合作共生的生态中，ARM公司快速主导了全球精简指令系统计算结构微处理器标准，而其客户则可将ARM内核整合到他们自行研发的芯片设计中，相对较快地切入市场。至今，已有英特尔、IBM、博通、高通、华为、英飞凌、意法半导体、德州仪器、三星、LG、富士通、日本电气、恩智浦、索尼等上百家企业与ARM公司签订了技术使用许可协议，而微软等知名软件企业也成为了ARM的合伙人。对于ARM的用户来说，尽管不能再次出售ARM架构本身，但是在这基础上开发的芯片元件、完整系统等可以任意出售。

在整个授权体系中，垂直一体化制造商和设计公司可以借助可融合的寄存器传输级（Register Transfer Level，简称RTL）来实现架构上的最优化：数字系统各模块间的信息传输，以及模块内部各子模块之间的信息加工、存储与传输操作，不能用组合电路和时序电路中采用的方法进行描述，必须采用更高级的描述方法，寄存器传输级语言便是该方法，用于在系统要求与硬件电路间建立对应的关系。由于寄存器传输级语言能简明、精确地描述系统内信息的传送和处理，因而ARM的用户可以在完成额外的设标（如高振荡频率、低能量耗损、指令集延伸等）时，不会受限于无法变更的电路图。

相比于英特尔的架构，ARM架构除了效率、功耗方面的优势外，可以授权给客户开发多元化的芯片产品，形成的"开源"模式更适合复杂的应用场景。从这个角度看，物联网时代的复杂网络、繁多设备更需要类似的"开源"架构。这也可以解释，ARM公司为什么逐步将发展重心转移至智能汽车、数据中心，以及物联网等领域，推出MBED物联网设备平台等产品，以提供基于常用平台和生态系统的开放式标准。

在 ARM 的"同行"中，MIPS 科技公司也是知名的知识产权模块企业，在知识产权模块经营中也占据领先优势，全球客户达数百家，范围覆盖数字消费、宽带、无线网络和便携式设备等。在通用处理器方面，MIPS 的 R 系列微处理器可用于构建 SGI 的高性能工作站、服务器和超级计算机系统。在嵌入式处理器方面，MIPS 的 K 系列微处理器可用于游戏机、路由器、激光打印机等领域。

对于芯片设计企业而言，除了采用知识产权模块外，电子设计自动化工具也必不可少。随着芯片的研发成本的不断提升，电子设计厂商已经越来越多地为设计公司提供定制服务，这也使得电子设计厂商的整合在不断上演。明导国际（Mentor Graphics）、新思科技（Synopsys）及益华电脑（Cadence）是三大主要供应商。新思科技于 1986 年创立，在发展历程中不断地通过并购获取新技术、完善产品线，直至提供从前端到后端的整个设计流程服务。新思科技的逻辑综合工具"设计编译器（Design Compiler）"是其核心产品，该产品与行为综合、硬件描述语言模拟器及晶体管级电路模拟器等产品，主要应用于专用集成电路的开发，用于协助逻辑设计的运行调试。益华电脑起步于 20 世纪 80 年代，以 1983 年第一台工作站平台 Apollo 开发为起点，逐步成为覆盖从硬件描述语言（或图形输入工具）到逻辑仿真工具、从逻辑综合到自动布局布线系统、从物理设计规则检测（DRC & ERC）和参数提取（LVS）到芯片的最终测试的几乎所有工具。明导国际与益华电脑的产品线类似，在设计的各个层次都有其开发工具。

随着技术的不断发展,电子设计厂商为设计企业所提供的服务越来越个性化。例如,益华电脑的架构分析师认为5G技术的发展"关乎容量和延迟……关乎能以多快的速度获取大量数据。它的另一个好处是,由于是一个动态系统,所以它可以不必占用整个频道或多个频道的带宽。这有点像带宽点播,取决于应用对带宽的需求。这样,它比上一代标准更加灵活,容量也高得多"。"对于5G和物联网,随着我们开发具有更高吞吐能力的802.11标准,以及ADAS所取得的进展,我们正在努力通过转向更小的工艺节点来降低功耗、降低成本、缩小尺寸并提高产量。考虑到在射频中会遇到的问题,随着节点越来越小,芯片变得越来越小。为了使芯片变得更小,必须采用更小的封装,但这对射频设计不利。在模拟方面,我并不担心布局的分布式效果。金属部分在所有频率上都有电阻。如果是射频效应,这就是一条不同传输线,具体取决于发送的频率。现在,我正在把所有东西做得更加紧密,而且这种情况发生的时候,其耦合指数呈指数增长。随着节点越来越小,这些耦合效应会越来越明显。工艺节点的持续缩小也意味着偏置电压更小,所以噪声的影响会更大,因为没有在更高的电压下偏置器件。在较小的电压下,相同能量的噪声影响更大。可见,在5G这样的系统中会出现许多新问题。"对于5G的三大应用场景增强移动宽带、海量机器类通信和超可靠低时延通信而言,其所用以有效承载所有不同的流量类型提升,以及未来在商业应用中灵活地升级和扩展，都意味着新的定制化设计——性能、功耗和可靠性的不同维度，意味着每个细分场景有其不同的限制条件；对于部署在核心网络或云中的设备而言，它与其他部署的设备对芯片架构又有所不同。

11. 隐形冠军

在垂直分工的链条中，集成电路行业存在着很多的"隐形冠军"。"隐形冠军"一词由德国管理学家赫尔曼·西蒙（Hermann Simon）提出，其著作《隐形冠军》（*Hidden Champions*）和《定价圣经》（*Power Pricing*）均是畅销全球的管理学经典著作。1986年，时任欧洲市场营销研究院院长的赫尔曼·西蒙在杜塞尔多夫遇到哈佛商学院教授西多尔·利维特。利维特问西蒙："有没有考虑过为什么联邦德国的经济总量不过美国的1/4，但是出口额雄踞世界第一？哪些企业对此所作的贡献最大？"在研究了这一课题后，他发现德国的西门子、戴姆勒-奔驰等巨头在国际竞争中并无明显优势，答案就在德国的卓越中小企业当中。

后来，西蒙对400多家卓越的中小企业进行了研究，提出了"隐形冠军"的概念：这些企业在其利基市场（niche）遥遥领先于同行，有的全球市场份额甚至在90%以上；但是，因为这些企业从事的细分领域较少为人所知，再加上自身的专注、低调，因而"隐形"于大众视野。根据《隐形冠军》的标准，隐形冠军有三条衡量标准：细分市场中的绝对领先地位、年销售额不超过 10 亿美元以及公众知名度低。

对于集成电路的产业链而言，在产业链的配套分工领域中存在着不少极为专业的原材料、生产设备和部件的企业。由于集成电路已深刻影响着我们的生活，而产业链分工的企业产品也不仅局限于集成电路这一个行业，因而《隐形冠军》书中提到的三条衡量标准或许并不完全适用于产业链上的分工配套企业，但是这些企业也与"隐形冠军"的标准有一定的契合度：行动迅速、市场集中、技术专业。他们了解自己的优势，并且熟练、持续、专业地运用这些优势，塑造其在全球集成电路产业链中的竞争力。

精密的链条

从原料到产品，这些工艺的源头是硅的提纯、硅锭制备，在切割成的硅晶圆研磨后，需要涂抹光刻胶、紫外线曝光、溶解光刻胶，再经刻蚀、离子注入、绝缘层处理、铜层沉淀和互连铜层的构建等工艺，而后形成晶圆切片，最终经封装测试形成芯片产品。整个链条中的每一环节都十分精密，存在很多极具科技含金量的公司，例如光学元件领域的卡尔蔡司、掩膜制造领域的福尼克斯、探针卡供应领域的福达电子（Form Factor）和凯斯科德（Cascade Microtech）、光纤激光器制造领域的 IPG 光电（IPG Photonics）、激光系统设备供应领域的 ESI、半导体度量设备生产领域的耐诺（Nanometrics）等。这些企业深刻地影响着集成电路产业的发展。

以封装测试的装备厂商为例，以美国的泰瑞达（Teradyne）、日本的爱德万（Advantest）为代表的测试设备市场占有率最高。其中，泰瑞达半导体测试业务涉足数字芯片、射频芯片、模拟芯片、功率半导体、混合信号和存储设备、平板电脑、智能手机、计算机、游戏系统等，产品系列包括J750、Flex、Ulflex、Elle和Migum等。日本爱德万测试公司成立于1954年，1972年涉足半导体测试领域，2003年推出业内第一部采用开放式半导体模组化测试架构（openstar）的系统级芯片测试机，可为客户适应未来发展而扩展、延长测试系统使用期限、降低持有成本。爱德万的产品包括SoC高速混合信号测试系统、Memory测试系统、LCD Driver测试系统、动态测试机械手等。

在封装测试领域的更细分领域中，还有诸多其他的供应商。福达电子公司专业从事集成电路探针卡的设计、开发、制造、销售和服务。1993年，原IBM的研究员埃格·坎卓斯（Igor Khandros）带领团队在纽约的一个实验室里开始研发集成电路行业的配套产品，他的团队发展了引线键合技术。这是一种使用细金属线，利用热、压力、超声波能量使金属引线与基板焊盘紧密焊合的技术，实现了芯片与基板间的电气互连和芯片间的信息互通。在理想控制条件下，引线和基板间会发生电子共享或原子的相互扩散，从而使两种金属间实现原子量级上的键合。引线键合是封装、探针卡等所需的基础技术，福达电子的探针卡产品主要用于晶圆测试,即测试半导体晶圆上的晶圆裸晶,可测量的芯片包括LPDDR2、LPDDR3、LPDDR4、DDR、DDR2、DDR3、DDR4、SDRAM、PSRAM、绘图动态存储器、NOR闪存、PCM、NAND闪存存储芯片,以及串接元件、芯片组、微处理器、微控制器、图形处理器、移动激光元件、类比及混合信号元件等系统级芯片的元件。

凯斯科德创立于1983年,总部位于美国俄勒冈州,是全球电子测量系统的供应商,测试产品包括独特的探针卡、测试插座和ATE接触器等,可降低高速及高密度芯片的制造成本。凯斯科德制造公司于1994年发明Pyramid Probe®,2007年发布业内首个晶圆功率器件特性分析系统Tesla,2008年发布业界首款完全集成的闪烁噪声测量系统Edge。同时,经过一系列的并购(例如从Aetrium收购Reliability Test Systems业务、收购ATT Systems GmbH)后,凯斯科德已成为该领域的领先者之一。库力索法半导体(Kulicke and Soffa)创立于1951年,研发和制造半导体组装设备和用于半导体封装及测试的耗材,客户包括半导体制造企业、封装测试厂、汽车电子等电子设备制造商。其中,库力索法半导体封装所需焊针、晶圆切割所需刀片较具特色,并在其核心产品球焊线的基础上,增加了贴片机、楔焊机等解决方案。在其产品中,球式焊接机用于键合焊盘与其封装上的引线连接,晶圆级接合机用于倒装芯片组装,楔形焊接机用于功率混合电路和汽车模块的封装。科休半导体提供测试处理、烧录及散热解决方案,制造和销售半导体测试用处理机、微机电系统测试模块、测试接触器和热子系统等。

电子气体的配套

在整个集成电路的产业链条中，还有其他的一些配套企业同样提供着高质量、高可靠性的专业服务。例如，沉积、刻蚀、光刻、掺杂、退火、清洁等工序都离不开电子级化学气体，德国林德集团、法国液化空气、美国空气化工和普莱克斯、日本大阳日酸株式会社是该领域专业的服务商。国内企业则从电子特种气体前驱体、刻蚀气体和清洗气体领域切入，正在开启细分领域的进口替代征程。

这些企业的服务范围往往不局限于电子行业，但是其在集成电路产业链所需的气体服务中却十分专业。在五大企业中，联华林德由全球第一家空气分离企业——德国林德集团与中国台湾联华实业公司联合成立，为集成电路、发光二极管和太阳能等行业提供了大宗气体（氧气、氮气、氢气、氦气）和电子级特种气体的组合服务，服务内容既包括电子气体相关设备，也包括管理解决方案。林德服务不仅能为客户提供定制，还实现了快速响应的解决方案。

法国液化空气集团成立于1902年，是世界上最大的工业气体和医疗气体以及相关服务的供应商之一，提供氧气、氮气、氢气和其他气体，以及气体相关的服务。2017年，液化空气与中国、日本及新加坡的重要电子业制造商签订了多项新长期合同，在这些国家投资逾 1.5 亿欧元，为客户的新工厂提供超纯载气，助其制造消费类电子产品和移动设备所需的集成电路、存储器、成像传感器和平板显示器。超纯氮气等载气，直接应用于芯片与显示器制造工艺，并用于营造超净的气体环境以保护制造工具。

美国空气化工公司创立于 1940 年，是全球最大的工业气体供应商之一，客户包括 IBM、英特尔、东芝、三星等。2016 年，该公司总投资约 1.2 亿美元的项目在南京浦口经济开发区签约，项目为台积电等集成电路企业提供普通空气气体产品（氧气、氮气和氩气等）、特种气体（氦气、氢气等），电子级特种气体和相关管网设备等高质量的气体产品。

第二章

产业格局

权,然后知轻重;度,然后知长短。

——孟子

只有不拘束于个别的经验、现实的时空,从历史的维度审视集成电路的行业格局,才能让经营的思维遨游于规律的认知世界中。发达国家和地区的芯片行业发展历程表明,与市场机制同样重要的是,没有国家意志的支撑、没有协同创新的同心聚力、没有久久为功的坚实积淀,是不可能有芯片行业的生命力和影响力的。

1. 产品的迭代

清晰地洞察产品发展的时代风云，才能准确地把握前进方向。

早期，基尔比和诺伊斯几乎在同一时期发明了集成电路，推动了从"发明时代"进入了"商用时代"，而光刻技术和CMOS技术的发展则标志着集成电路的制造技术快速发展时代的来临。20世纪60年代和70年代，随着摩尔定律的提出和英特尔的创建，集成电路的发展进入了快车道。

最早的 CPU

1960年，集成电路还处于"分立元件、小规模集成电路"时期，集成的晶体管数量约为数十个。1966年，集成电路已发展到中等规模的集成，集成的晶体管数量约为数百个。1970年，集成电路发展至大规模集成电路时期，集成的晶体管数量从几千个到几万个不等。1980年，超大规模集成电路已经得到发展，集成的晶体管数量已超十万个。1993年，特大规模集成电路的晶体管数量已超千万个，而1994年巨大规模集成电路集成的晶体管数量已超亿个，此后集成电路沿着摩尔定律的路径发展至特大超大规模集成电路。其间，集成电路的发展伴随着多次转型。在这些发展中，早期英特尔的处理器开发留下了浓墨重彩的一笔。

1969年，英特尔的第12名员工霍夫受到时任英特尔总裁诺伊斯的青睐。霍夫提出了一个设想：能否开发微型的通用计算机芯片？不过，大多数人并无兴趣——在当时人们的心中，计算机就应该是大型设备。但是霍夫并没有放弃，他以 PDP-8 为基础描绘了通用芯片的雏形：通过芯片集成度的提升，使功能得以增强，以集成电路的指令集为输入信号，以数据为输出信号。在设计中，霍夫充分利用了计算机科学之父、人工智能之父阿兰·麦席森·图灵（Alan Mathison Turing）和现代计算机创始人之一冯·诺伊曼的思想，从存储器中读取指令并执行指令，将完成计算功能的程序永久地储存于存储器中，使微处理器只运行程序，从而为微型计算机的开发埋下了种子。1971 年 11 月 15 日，英特尔发布世界第一块大规模集成电路 Intel 4004，其中第一个"4"代表客户订购的产品编号，后一个"4"代表英特尔公司制作的第四个订制芯片。Intel 4004 集成了 2 000 多个晶体管，该芯片与程序存储器、数据存储器等已能构成完整的微型计算机。1973 年，英特尔推出集成 4 800 个晶体管的 8 位微处理器 8008 及其改进型号 8080，并用于世界第一台微电脑"牛郎星"，开创了集成电路发展的新征程。

　　谦逊、低调的霍夫说："如果我们没有在 1971 年发明'4004'微处理器，那么别的什么人也会在一两年里发明它。"然而，透过霍夫的成长经历，便可以发现他与第一块大规模集成电路的"缘分"并非偶然。1937 年 10 月 28 日，霍夫出生于美国纽约州，他的父亲是通用铁路信号公司的一名电气工程师，这使得年少的霍夫对电学产生了浓厚的兴趣。

芯事 The big bang of the chip

图 11　Intel 4004

霍夫在孩提时代便已对《联合收音机目录》一书爱不释手，后来在伦塞勒理工学院攻读电子工程的学士学位，其毕业论文题目是"晶体管中的电流转换方式"。后来，霍夫在斯坦福大学攻读电子工程硕士和博士，其间对计算机产生了浓厚兴趣，并在 IBM 1620 机上完成了第一次编程。1962 年，霍夫在完成了博士论文《适应性神经网络中的学习现象》后毕业，直到进入英特尔前一直在斯坦福继续从事研究工作。

1968 年，英特尔成立后，诺伊斯亲自打电话，邀请霍夫加盟。那一年，著名导演斯坦利·库布里克（Stanley Kubrick）花四年时间制作的巅峰之作《2001 太空漫游》（*2001: A Space Odyssey*）上映。这是一部美国电影史上里程碑式的科幻片，当时电影中的时间已经穿梭到了 2001

年，人类为寻找黑石的根源开展木星登陆计划。木星登陆计划的飞船上载有船长大卫、飞行员弗兰克以及高智能电脑"HAL9000"。在宇宙飞行过程中，HAL9000得了妄想症发生错乱，令弗兰克和三名冬眠人员相继丧命，最后从死亡线上回来的大卫一气之下关掉主脑系统后，HAL9000"死亡"。最后，大卫在茫茫宇宙中，独自一人向木星进发。

巧合的是，历史上的2001年正是英特尔的第一块大规模集成电路问世30年，为此英特尔举办了"庆祝CPU诞生30周年"的纪念活动，他们回忆说发明CPU受了《2001太空漫游》的启发："1968年的电影迷为HAL如痴如醉，它在科幻片中的表现令世人着迷。即使是这部超前的杰出影片，也没有预测到个人计算机及网络技术发展如此之快，今天的一切对那个时代的人来说都是不可想象的。""在那部影片上映后不久，我们公司的工程师霍夫就发明了4004型CPU，它是为日本计算器厂商设计的——它奠定了个人计算机发展之路的基础。"

英特尔说到的日本计算器厂商订单始于1969年6月20日，当时霍夫在硅谷与从东京来的日本工程师会面。在与日方的讨论中，霍夫认为日本工程师提出的6套芯片设计方案都过于复杂，他曾回忆说："我凝视着PDP-8型计算机，凝视着客户的设计方案。我纳闷，他们这种计算器为什么要搞得这么复杂？"后来，霍夫有了灵感——把"仓库"、"工场"和部件都放在一块芯片上，这样既简单又成本低。然而，日本工程师却并不认同："离远点，别打扰我们。我们知道自己在做什么。"

在诺伊斯的支持下,霍夫开始了微处理器的研发之路,并说服从仙童半导体过来的斯坦·马佐尔(Stan Mazor)与其合作研发。在研发中,霍夫认为芯片组的结构才是关键:"真正的关键不一定是组件的数目,而在于组织、结构概念。你拿来一台通用计算机,并把它造在一个芯片系统上。"1969年10月,在看到霍夫的设计方案后,日本企业被说服了。不过,1971年初在收到Intel 4004产品时,计算器的市场价格已经下跌,日本企业要求重新协定价格。在谈判中,日本企业放弃了对"4004型"芯片的独占权,霍夫兴奋不已,对销售人员说"谢天谢地!你们从客户那里要回了将'4004型'卖给其他客户的权利"。

不过,由于当时微型计算机的概念还很难为人所理解,一开始英特尔自身的销售部门也并不看好微处理器的市场。"人们习惯认为计算机是一种巨型而昂贵的装置,因此一定要保护它,看守它,小心对待它,高效率地使用它,才合算,才值得。"在霍夫等人的努力下,英特尔才逐渐将微处理器开发出来。1973年问世的"8080型"微处理器首次使用了金属氧化物半导体(MOS)工艺技术,在市场上广受好评,为微型计算机的发展铺平了道路,而8080也成了工业标准。霍夫本人曾说:"我对微处理器在个人计算机中的应用也感到非常惊讶。我没有想到人们会仅仅为了业余的爱好而买微机,随着影像游艺机的发展,个人计算机成为人们又一种娱乐工具。任何一位发明家如果能够创造出什么来提供给人们娱乐,他就能获得成功。"

对于 Intel 4004,摩尔认为,这在人类历史上是最具革命性的产品之一。格鲁夫后来曾评价道:"这款微处理器在当时代表了英特尔产品的未来,但在最初面市的 15 年,我们根本没有意识到这一点。最终,这款微处理器成了英特尔商业领域的标志性产品。"后来的发展证明,标准更高、要求更严的产品,才是加快研究和掌握核心技术、把握全球竞争先机、引领全球竞争的关键。

系统级开发

1984 年,赛灵思发明了第一块 FPGA。FPGA 可以自行定义模式,这改变了传统集成电路的开发和验证的模式,为无晶圆厂的设计公司发展奠定了基础。与此同时,晶圆代工厂模式正在中国台湾探索。1987 年,台积电建立的那一年,大智、硅统、扬智等大批芯片设计公司成立,"Fabless + Foundry"模式得以确立。在垂直分工的要求下,无晶圆厂设计公司专门从事集成电路设计,大批没有制造能力的芯片设计公司不断涌现,台积电等企业得到了发展。此时,微处理器和专用集成电路逐渐取代了通用集成硬件大规模集成电路,提高了系统的可靠性与通用性。ASIC 更快速、灵活的开发特性,使其得到越来越多的用户青睐,而晶圆制造厂的发展则助推了其模式的确立。后来,总的来说,基于掩膜方法和现场可编程方法的 ASIC 制作快速发展,可编程逻辑器件——PLD 尤其是现场可编程逻辑器件——FPGA 被大量地应用在 ASIC 的制作当中，电子设计自动化 EDA 技术应运而生。

20 世纪 90 年代，随着计算机和互联网的发展，美国民用集成电路的市场比重才得以迅速扩展，而英特尔、德州仪器等企业也借此契机巩固了其全球市场地位。在此之前的 1989 年底，美国在与日本的动态存储器竞争中落败后，组建了"国家半导体咨询委员会"，力求发展高附加值、创新性强的集成电路产品，加上美国半导体制造技术科研联合体（Sematech）的组建，以及美国企业果断的战略转型，美国的集成电路行业再次腾飞。在此次转型中，美国的集成电路企业放弃了竞争激烈的动态存储器芯片领域，以各种门电路、组合电路、触发器、计数器等组成的数字集成电路等高附加价值为重点，其源头创新优势再次得到了发挥。其间，以 20 世纪 90 年代美国克林顿政府实施的"信息高速公路"计划为代表，美国政府在下游市场激励等方面的措施，对美国集成电路的发展起到了推波助澜的作用。

20 世纪 90 年代中期，在集成电路向集成系统转变的大方向下，系统级芯片研发成功，数字集成电路设计者将采集、转换、存储、处理和输入/输出（I/O）等多种功能集成到单个硅片上，而这些功能单元则由可重复使用的知识产权模块组成。系统芯片能够提高半导体器件的电性能，改善系统的可靠性，降低大多数应用所需的印制电路板（PCB）面积，成为业界的共同选择。

在系统级芯片的开发中，实现手段可分为软核实现（在数字集成电路中采用下载 IP 核的方式嵌入软核处理器）和硬核实现（在数字集成电路中嵌入硬核处理器）。SoC 内部单元在设计时都是以知识产权模块的形式集成在一起，大量复杂的 IP 需要投入大量的时间和精力才能开发，因而一批专业提供集成电路知识产权模块服务的企业应运而生。在这些企业中，典型的如 ARM 公司，其发展加快了产品设计的速度，缩短了产品的面市时间。

21 世纪以来，英特尔提出的"钟摆战略"（Tick-tock）模式、光刻机的发展等延续了摩尔定律的发展路径。与此同时，在半导体行业增速趋缓、先进工艺研发费用提升与大规模晶圆厂投入加大的背景下，一批垂直化企业投入了不以加工为主业的"轻晶圆厂"模式，其间的合作也日渐增多。其中，德州仪器、瑞萨、意法半导体等逐渐剥离其生产部门，选择了以"不以加工为主业"模式运营来减少投入、提高利润。2014 年，格罗方德收购 IBM 的微电子业务，更是这一趋势的延续。可以说，在 28 纳米以下，尤其是 10 纳米以下，"轻晶圆厂"模式将得到更多的青睐。

2010 年以来，全球的移动通信和智能终端快速发展，集成电路行业迎来了新一轮的发展高潮。此时，尽管不少企业已经涉猎"轻晶圆厂"模式，但是英特尔和三星则始终保有其自有生产线，虽然也涉及代工业务。

由此可见，在集成电路这个飞速发展的行业，产品迭代的过程日趋激烈。如果无法准确找到痛点和解决痛点并最终实现商业目标,就必然错失发展机遇;错失发展机遇,不仅仅意味着竞争力的下降,更意味着技术差距的不断扩大。对于一个国家、一个区域、一个企业来说,这或许意味着时不再来。

2. 产业的转移

百舸争流千帆竞,乘风破浪正远航。坚持系统思维,统筹国家战略和市场机制,统筹推进科技、管理、组织、商业模式升级,这也是美国、欧洲、日本和韩国集成电路发展的启示。

在全球集成电路产业链的垂直分工中,源头创新是集成电路发展的根本动力。在美国集成电路的早期发展中,美国国家科学基金会(NSF)、国防部先进研究项目局等通过超高

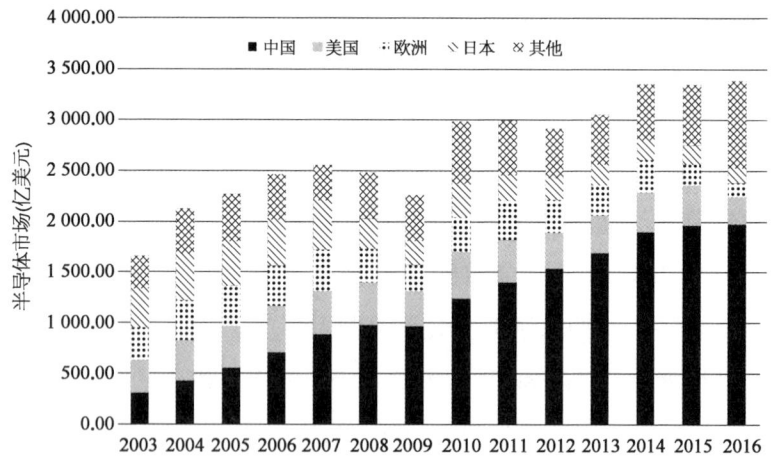

数据来源:国际半导体产业协会(SEMI)
注:中国台湾、香港地区未统计在内
图12 各国(地区)的半导体市场规模

速集成电路等项目，对集成电路的研发提供了大量资源。统计数据表明，1958—1976年美国半导体产业研发支出中的43%源于政府的财政投入，这成就了美国在集成电路领域的技术优势。后来，日本、韩国的先后赶超，核心还是技术的自主创新，攻克了精密制造的各个壁垒，实现了材料科学以及氧化、光刻、扩散、外延等工艺技术的有机集成。其中，仅以集成电路所使用的高精密材料为例，日本在光刻胶、溅射靶材、CMP材料、掩膜板、电镀液、封装基板、引线框架、键合丝等方面形成了全方位优势，为其之后在上游的布局奠定了基础。

美国东西海岸的竞争

美国是世界半导体工业的发源地，其中硅谷、得州和波士顿三大地区在早期的发展中较为典型。以硅谷为起点，风险投资在美国得到了快速发展，而美国从1958年的《小企业投资公司法》到1993年的《信贷担保法案》等推动和规范风险投资发展的法律出台，则进一步保障了美国的风险投资和集成电路行业的发展。同时，国防需求作为集成电路发展的源动力，催化了美国集成电路产业的早期发展。在早期阶段，美国军用集成电路市场占比高达80%以上，甚至直到20世纪90年代初期军用市场仍然占总市场的约40%。

硅谷的风险投资和产业集群发展历程，可以追溯至1939年。那一年，斯坦福大学的教授弗雷德里克·特曼

（Frederick Terman）在大学里选择了一块空地，鼓励学生在此"创业投资"（Venture Capital，当时的模式与后来的"风险投资"有一定的区别）。由此，特曼的学生威廉·休利特（William R. Hewlett）和戴维·帕卡德（David Packard）在车库里创建了惠普（Hewlett-Packard）。第二次世界大战后，特曼回到斯坦福大学当校长，他于1951年把部分校园区域划出成立斯坦福科技产业园，由此创立了全球第一个大学产业园。在仙童半导体发展之时，斯坦福科技产业园已初具规模。

20世纪60年代，在硅谷的风险投资和集成电路初步发展的同时，美国东海岸地区的环波士顿市外缘绕行的128号公路两侧已形成微电子、航天、国防等产业领域的企业集聚，被称为"美国的技术公路"。20世纪80年代前，"128号公路"的电子信息企业数量多于硅谷，再加上大波士顿地区的哈佛大学、麻省理工学院、波士顿大学、东北大学等60多所高等院校的支持，及其所培养的高水平科学家、工程师和技术人员，"128号公路"似乎更有理由发展成为美国电子信息发展的核心集群。

由于"128号公路"两侧的企业多由麻省理工学院和哈佛大学的教职员工创立，其技术转移和成果转化早在第二次世界大战前便开始，因而其底蕴也在与硅谷的竞争中不落下风。二战后，随着美苏争霸的到来，美国政府投入巨资进行军用技术研发，大批订单涌进了"128号公路"和得州地区，"128号公路"地区已经成为美国著名的电子信息重镇。在得州，美国的航天基地设于此，而当时航天科技是新的发展热点，因而德州仪器发展集成电路也是顺理成章的。

事实上，1980年以"128号公路"为核心的周边地区在美国计算机行业的市场份额还占34%。在此之前，随着王安实验室（Wang Laboratories）等著名企业或研发机构的入驻，"128号公路"迎来其在电子信息领域的"尖峰时刻"。然而，自此之后，"128号公路"在与硅谷的电子信息竞争中落败。从表象上看，这是因为军用订单的减少，但是还有更深的时代背景和文化根源。

从时代背景看，当时的个人计算机已经得到了快速发展，以军用订单为主的"128号公路"更侧重于大型计算机的开发，战略转型十分困难。事实上，日本当时在动态存储器领域实现对美国的赶超，也有这方面的原因。

"善其谋而后动，成道也。"战略转型之所以困难，有其更深层的文化原因。相比于硅谷的美国西部拓荒"牛仔文化"，大波士顿地区作为美国较早发展的贸易和工业基地，更崇尚"绅士文化"。相对来说，硅谷到处可见权威，却从不迷信权威，诺伊斯与肖克利的故事便能生动地说明这一点。在"仙童军团"的文化熏陶下，诺贝尔奖、图灵奖和香农奖的获奖者与初出茅庐的年轻人共事，而年轻工程师则很少会因此而循规蹈矩，企业内部较传统行业更注重扁平化。

面对这种局面，不少人对此进行了总结和反思。在戴维·兰普（David Lampe）编辑出版的文集《麻州奇迹：高科技与经济复兴》(*The Massachusetts Miracle — High Technology and Economic Revitalization*),及其与苏珊·罗斯格兰特(Susan Rosegrant)合著的《128公路:关于波士顿高科技社会的经验与教训》(*Route 128 — Lessons from Boston's High-Tech Community*)中,对"128号公路"的兴衰进行了反思。1994年安娜丽·萨克瑟尼安(Annalee Saxenian)所著的《区域优势:硅谷与128公路的文化与竞争》(*Regional Advantage — Culture and Competition in Silicon Valley and Route 128*)一书对此进行了更为深入的总结,该书一经发行便"一石激起千层浪",获"1994年度美国出版界、商界和管理界专业/学术奖项提名"。在书中,萨克瑟尼安发问"为什么硅谷的产业发展再度繁荣而麻州128地区却持续衰落?"并给出了答案,"虽然有着相近的历史和技术优势,硅谷培育出了既分权又合作的产业制度,128地区的企业却为单兵作战和自给自足的模式所主导。"在100多次的采访后,萨克瑟尼安认为硅谷鼓励开放、倡导分权、崇尚变革、宽容失败、支持冒险,"128号公路"垂直整合、强调忠诚、固守威权、缺乏合作、规避风险。因而,风险投资、智力资源、创新技术在硅谷转化为层出不穷的新企业,"128号公路"则固步自封。

硅谷与"128号公路"的竞争可谓是美国集成电路研发集群的缩影。与研发相比,美国的半导体制造工厂则相对分散:英特尔在美国的工厂设置于亚利桑那州、新墨西哥州和俄勒冈州,美国唯一拥有动态随机存储器工厂的制造商镁光将工厂设在爱达荷州、犹他州和弗吉尼亚州,德州仪器在缅因州和得克萨斯州设有制造工厂,格罗方德的总部设在加利福尼亚州。

东亚与欧美的竞争

与美国相类似,欧洲集成电路的发展也与其源头创新的投入分不开。自 20 世纪 90 年代以来,欧洲企业在面对东亚晶圆制造能力的竞争中趋弱,取而代之的是以其研发能力为基础,在集成电路设备、芯片设计、物联网芯片等领域的细分市场中形成特色。欧洲的特色形成,与其公共研究机构的科技积淀分不开,也与其产业政策密切相关。从公共研究机构的科技积淀来看,欧洲是较早开展半导体研究的地区,比利时的欧洲微电子研究中心、德国弗朗霍夫研究院集成系统与设备技术研究所(Fraunhofer IISB)、法国原子能委员会电子信息技术研究所等多家研究机构均具备了世界级的研究水平。其中,法国原子能委员会旗下的电子信息技术研究所是微纳技术与应用研发的领先机构,与无线、生物、医疗、光学等业界公司合作开发高端的芯片制造等技术。

在东亚向欧美的赶超过程中,日本率先发力。20 世纪 70 年代,英特尔公司成功研发了通用型微处理器单元,将半导体产品市场从专用型推向了通用型。通用型微处理器单元的研制,在使英特尔公司成为半导体行业领先者的同时,也为个人计算机的发展埋下了种子。个人计算机发展后,动态随机存取存储器需求快速扩展,而日本企业在超大规模集成电路计划的推动下实现了量产和升级。日本在动态存储器上对美国的赶超,除了技术上的集成研发因素外,还有其更深的市场背景。美国早期的集成电路市场以军用市场为主,而日本在战后协定的约束下以民用市场为主。所以,尽管日本的超大规模集成电路计划对标的企业是IBM,但是其所对标的下游市场实际上有着本质差异:IBM的客户主要是大型机构的核算和数据处理部门,这些机构往往不需要小型计算机;日本企业在实施超大规模集成电路计划的1976—1979年,以苹果为代表的小型计算机开发已经兴起,而日本集成电路企业也主要着眼于这类下游市场。

可以说,日本集成电路行业腾飞的起点,源于其在1976—1979年实施的日本超大规模集成电路计划。20世纪80年代,日本的存储芯片快速发展时,1929年出生的川西刚从半导体的开发工程师干起,直至任日本东芝公司半导体事业部的最高负责人。1982年,东芝投资340亿日元,由川西刚带领1 500人的团队开始实施了"W计划",3年后东芝量产了1 MB动态随机存取存储器,成为当时世界上容量最大的动态随机存储器芯片,为日本的集成电路产业开拓国际市场奠定了基础。此后,川西刚又协助东芝、IBM及西门子的联盟发展了动态随机存取存储器技术。川西刚后来所著的《我的半导体经营哲学》一书收录了川西刚的经验、观察和专业思考,是研究半导体产业历史和发展方向的经典之作。

1986年，时任东芝公司半导体事业部部长的川西刚，受到三星的邀请参观其新建的半导体工厂。在回访中，三星组织庞大的考察团对东芝进行了考察，并挖走了川西刚。此时，三星已在半导体领域有所积累，其在1983年建厂前用半年时间收集和分析的信息，已转化为企业的显性和隐性知识，而三星对技术和市场也已有了较为深入的理解。同时，1981年韩国发布《半导体工业综合发展计划》后，除三星外，现代、LG和大宇也加紧布局，四大集团逐步成为IBM、德州仪器和英特尔的竞争对手，并逐步掌握了动态随机存储器的基础制造能力，其中三星的动态存储器芯片技术已经达到了64 KB（1984年）和256 KB（1986年），与日本的差距正在缩小。川西刚到任后的时期，正值三星在韩国政府支持下的"逆周期投资"开始之时，三星借此于1989年量产4 MB动态随机存储器，与东芝成齐头并进之势。

1990年，美国、日本、联邦德国、法国和英国政府联合签订的干预外汇市场协议——"广场协议"（Plaza Accord）已有5年，日元大幅度地升值，对日本以出口为主导的产业产生相当大的影响。对此，日本从1986年起大幅下调基准利率，形成了经济泡沫。1991年经济泡沫破灭，日本陷入战后最大的经济不景气状态。作为应对策略，东芝、日本电气等日本企业大幅降低集成电路投资，并裁撤了多个部门。此前就已崇尚"逆周期投资"的三星自然不会放过机会，以此为契机大量引进日本的技术人员。1992年，三星超过日本电气成为全球最大的动态存储器生产商，在全面赶超日本企业的道路上越走越远。

总结这段历程可以发现，在韩国赶超日本的过程中，除了韩国的"逆周期投资"等战略因素外，实际上还有更深的时代背景：动态存储器技术通用后，日本原有的技术研发优势，为韩国规模经济下的价格优势所取代。20世纪90年代中后期，三星的"双向型数据通选方案"得到美国半导体标准化委员会的认可后，日本的集成电路企业原有生产线需要按新标准设计，从此让位于新进的韩国和中国台湾企业。

1985年，在韩日芯片公司激烈竞争的同时，最早进入美国大型公司最高管理层的华人、德州仪器的张忠谋博士回到中国台湾地区，并于1987年创办了全球第一家专业代工生产芯片的台积电。1997年，同样从德州仪器回到中国台湾的张汝京，创办了世大积体电路制造公司（简称世大）。台积电和世大均专注于垂直分工链条中的晶圆代工业务，以其为代表的中国台湾企业在国际集成电路行业竞争中已经站稳了脚跟。2000年，世大的股东中华世大，将世大出售给台积电，张汝京离职。在此之前的1999年，川西刚被提名为世大的董事长，后来在张汝京创办中芯国际时又出任中芯国际独立董事。

在这一年，美国加州大学的华人科学家胡正明领导的团队，发明了立体型结构的鳍型晶体管，从此集成电路芯片的制造技术由两维的平面技术发展成三维的立体技术。此后不久，台积电聘请胡正明出任首席技术官，此后台积电逐步成长为国际鳍型晶体管技术发展的重要力量。三维立体鳍型晶体管技术的发明和发展，解决了当时摩尔定律能否延续的难题，而台积电在国际芯片产业竞争中的实力也因此不断增强。

2000年，张汝京带着梦想来到中国大陆，在募资10亿美元后在上海浦东张江高科技园区创办了中芯国际集成电路制造有限公司（简称中芯国际）。中芯国际是中国大陆第一家拥有8英寸和12英寸生产线的专业晶圆代工厂，2001年9月25日，中芯国际第一片0.13微米技术的芯片顺利完成，创造了从打桩建厂房到产出第一片芯片只用了12个月的世界纪录。2003年，刚刚成立不到3年的中芯国际收购了摩托罗拉（天津）的8英寸生产线，创造了集成电路制造产业蛇吞象的经典案例。同时，中芯国际还在北京亦庄开发区建造了中国大陆第一条12英寸集成电路生产线，再次创造了历史。中芯国际在短短3年内，从无到有建立了3条8英寸、1条12英寸的生产线，初步完成了基础生产能力的积累，一跃而成为中国最大、世界四大集成电路芯片代工企业之一。自此，东亚地区的中国海峡两岸、韩国和日本已成为全球集成电路制造领域的重要集聚地，而东亚地区则成为全球集成电路最大的市场，2017年中国集成电路市场份额已占全球的55%以上。

整体上看，尽管20世纪90年代英特尔再次超越了日本企业，伴随着全球化进程的加快、垂直分工的日益深入，美国集成电路制造向东亚地区转移的态势已经显现。继日本后，韩国和中国台湾地区的集成电路行业不断发展，中国大陆也在加紧布局集成电路产业，这使得东亚地区的制造能力和市场份额均得到了提升。

3. 赶超与被赶超

在集成电路行业，全球范围内的每一次技术升级都伴随模式创新，谁认清了技术、投资和模式间的关系，谁才能掌握新一轮发展主导权，在全球竞争中占据更为有利的地位，超大规模集成电路（VLSI）计划便是例证。日本的集成电路产业发展较早，在20世纪60年代便已经有了研究基础，发展至今经历了从小到大、从弱到强、转型演变的历史，其中从1976年3月开始实施的超大规模集成电路计划是一个里程碑。

日本集成电路的起点

在超大规模集成电路计划实施前，日本的集成电路行业已经有了一定的基础。作为冷战时期美国抵御苏联影响的桥头堡，日本的集成电路发展得到了美国的支持。1963年，日本电气公司便获得了仙童半导体公司的平面技术授权，而日本政府则要求日本电气将其技术与日本其他厂商分享。以此为起点，日本电气、三菱、夏普、京都电气都进入了集成电路行业。在日本早期的集成电路发展中，与美国同期以军用市场为主不同的是，日本在引进技术后侧重于民用市场。究其原因，第二次世界大战后，日本的军事建设受限，在美苏航天争霸的过程中日本的半导体技术只能用于民间市场。正是如此，日本走出了一条以民用市场需求为导向的集成电路发展之路，并在20世纪70年代和80年代一度赶超美国。

日本政府为集成电路的发展制定了一系列的政策措施，例如1957年制定的《电子工业振兴临时措施法》、1971年制定的《特定电子工业及特定机械工业振兴临时措施法》和1978年制定的《特定机械情报产业振兴临时措施法》，加上民用市场的保护使日本的集成电路具备了一定的基础。

20世纪70年代，在美国施压下，日本被迫开放其半导体和集成电路市场，而同期IBM正在研发高性能、微型化的计算机系统。在这样的背景下，1974年6月日本电子工业振兴协会向日本通产省提出了由政府、产业及研究机构共同开发"超大规模集成电路"的设想。此后，日本政府下定了自主研发芯片、缩小与美国差距的决心，并于1976—1979年组织了联合攻关计划，即超大规模集成电路计划，计划设国立研发机构——超大规模集成电路技术研究所。此计划由日本通产省牵头，以日立、三菱、富士通、东芝、日本电气五家公司为主体，以日本通产省的电气技术实验室、日本工业技术研究院电子综合研究所和计算机综合研究所为支持，其目标是集中优势人才，促进企业间相互交流和协作攻关，推动半导体和集成电路技术水平的提升，以赶超美国的集成电路技术水平。项目实施的 4 年间共取得上千件专利，大幅提升了日本的集成电路技术水平，为日本企业在 20 世纪 80 年代的集成电路竞争铺平了道路，取得了预期的效果。

把握世界竞争大势、研判未来发展方向，需要凝聚力量、统筹协调的专业认知作为支撑。尽管事后看，日本的超大规模集成电路计划实施效果非常理想，但是实施过程却并不顺利。根据前期测算，计划需投入 3 000 亿日元，业界希望能够得到 1 500 亿日元的政府资助，后来实施 4 年间共投入 737 亿日元，其中政府投入 291 亿日元。其间，自民党信息产业议员联盟会长桥木登美三郎多次努力，希望政府追加投入，但是未能如愿。政府投入未及预期，参与企业的士气受到了一定程度的打击。当时，参与计划的富士通公司福安一美说："当时，大家都有一种被公司遗弃的感觉，而且并未料到竟然研制出向 IBM 挑战的产品。"投入不及预期，再加上研究人员从各企业和机构间临时抽调、各行其道，一时间日本的超大规模集成电路计划开发很不顺利，不同研究室人员间互相提防、互不往来、互不沟通的现象十分普遍。

此时，垂井康夫站了出来。垂井康夫 1929 年出生于东京，1951 年毕业于早稻田大学第一理工学院电气工学专业，1958 年申请了晶体管相关的专利，是日本半导体研究的开山鼻祖，1976 年超大规模集成电路技术研究会成立时被任命为联合研究所的所长。垂井康夫在当时的日本业界颇具声望，他的领导使各成员都能信服。垂井康夫对参与方进行积极的引导，指出参与方只有同心协力才能改变基础技术落后的局面，在基础技术开发完成后各企业再各自进行产品开发，这样才能改变在国际竞争氛围中孤军作战的困局。垂井康夫的努力，很快为研发人员所接受，各家力量得到了有效的融合，而历时 4 年的风雨同舟、协同努力成了日本集成电路产业发展的最好推力。

除垂井康夫外，当时已从日本通产省退休的根岸正人功不可没。当时，超大规模集成电路技术研究会设理事会，日立公司社长吉山博吉担任理事长，但是在真正的执行过程中，根岸正人发挥了很好的协调作用。根岸正人有多年推动大型国家研究计划的经验，他对计划各参与方的能力、利益诉求都颇为了解，在计划中通过其有效的沟通化解了冲突，为垂井康夫成功地凝聚团队做了背后的铺垫。

可以看出，在集成电路的研发攻关中，除了资金和资源投入外，团队协调和技术融合更是成功的关键。从超大规模集成电路计划的组织架构来看，除垂井康夫领导的联合研究所外，先前成立的两个联合研究机构也参与了超大规模集成电路计划，分别是日立、三菱、富士通联合建立的计算机综合研究所，以及由日本电气和东芝联合成立的日电东芝信息系统。三个研究所分别从事超大规模集成电路、计算机和信息系统的研发，其中联合研究所负责基础及通用技术的研发，另两个研究所则负责实用化技术开发（重点为 64 KB 及 256 KB 内存芯片的设计及开发）。

在各方的协同努力下，参与方都派遣了其最优秀的工程师。来自各地的工程师们肩并肩地在同一研究所内共同工作、共同生活、集中研究，在微细加工技术及相关设备、硅晶圆的结晶技术、集成电路设计技术、工艺技术和测试技术上取得了突破。其中，联合研究所主要负责微细加工技术及相关设备、硅晶圆的结晶技术的攻关，其他技术的通用部分也由其负责，实用化的开发则由另两个研究所负责。具体来看，六个研究室中，分别由不同企业负责协调：第一、第二、第三研究室主要攻关微细加工技术，分别由日立富士通和东芝负责协调；第四研究室攻关结晶技术，由工业技术研究院电子综合研究所负责协调；第五研究室负责工艺技术，由三菱负责协调；第六研究室攻关测试、评价及产品技术，由日本电气负责协调。

微细加工技术是计划的重心，从联合研究所的研究成果来看，日本当时开发了三种电子束描绘装置、电子束描绘软件、高解析度掩膜及检查装置、硅晶圆含氧量及碳量的分析技术等。垂井康夫评估说，计划实施完毕后日本的半导体技术已和IBM并驾齐驱。在计划中，日本企业对于动态随机存储器有了深入的理解，其更高质量、更高性能的动态随机存储器芯片为日本赶超美国提供了机遇。从1980年至1986年，日本企业的半导体市场份额由26%上升至45%，而美国企业的半导体市场份额则从61%下滑至43%。

1980年，联合研究所的研究工作已全部结束，而另两个研究所则追加资金（共约1 300亿日元）作进一步的技术开发，以1980年至1982年为第一期，1983至1986年为第二期。这些系统化的布局为日本的半导体行业腾飞发挥了至关重要的作用。从人员来看,计划开展期间的联合研究所研发人员数量为 100 人左右,计算机综合研究所的研发人员数量为 400 人左右,日电东芝信息系统则为 370 人左右。在后续投入阶段,研究人员数量减少,1985 年计算机综合研究所研发人员已减至 90 人左右,而日电东芝信息系统则减至 30 人左右。尽管联合研究所研发人员相对较少,但事关各企业的未来发展基础,因此各企业都派遣一流人才参与。在此过程中,垂井康夫对各企业都十分了解,点名要求各企业派遣其看中的人才。

在实施超大规模集成电路计划及后续的资助计划后,1986 年日本半导体产品已占世界市场的 45%,超越美国成为全球第一半导体生产大国。1989 年,在存储芯片领域,日本企业的市场份额已达 53%,与美国该领域 37% 的市场份额形成了鲜明对比。在日本企业的巅峰时期,日本电气、东芝和日立三家企业排名动态存储器领域的全球前三,其市场份额甚至超 90%,与之相比,美国德州仪器和镁光科技则苦苦支撑。

日本的转型

在互联网等新趋势来临的时候,抓住了就是契机,错失了就是危机。在英特尔向技术要求更高的微处理器的战略转型、三星的逆周期投资、台积电的垂直分工竞争中,20 世纪 90 年代后日本半导体行业在国际竞争中受到越来越大的挑战,其国际竞争力下滑。21 世纪以来,这种趋势更加明显。

在此情境下，大规模的业务重组和整合、专注细分市场成为了日本企业的应对策略。例如，日本电气和日立将各自的存储器业务剥离，整合成立了尔必达（Elpida）；东芝和富士通以汽车电子和数字家电为核心开展业务合作；2008年东芝和索尼成立合资公司，索尼将在长崎的半导体业务出售给新成立的合资公司；三菱电机和日立（非存储器的半导体业务）合资成立瑞萨科技（Renesas）。

这些战略合作的达成，有其内在的规律：在垂直分工、逆周期投资的大背景下，日本企业在与中国台湾、韩国的动态存储器产品竞争中已无优势，进而将产品重心转向了系统级芯片市场。21世纪初，尔必达是日本仅存的一家动态存储器企业，但还是在与三星的竞争中落败，于2012年2月破产后被镁光科技并购。在日本企业的这一轮转型中，东芝是较早开始转型的企业，2001年底便宣布退出通用动态存储器领域，次年四月成立系统级芯片研发中心，专注并加大系统级芯片的投资，此后还与索尼、日本电气、富士通、瑞萨等在系统级芯片开发方面采取了战略合作。在企业自身转向系统级芯片开发的同时，日本经济产业省还借鉴超大规模集成电路计划的联合研究所开发经验，于2002年推动东芝、日本电气、日立、三菱电机、富士通、松下、罗姆（ROHM）、索尼、夏普、三洋电机等11家企业成立尖端系统级芯片基础技术开发公司（Advanced SOC Platform Corp），共同推动系统级芯片工艺标准化和知识产权共享。

日本企业的转型战略有其合理之处：一方面，由于数字产品的普及和繁荣，系统级芯片市场前景广阔；另一方面，日本企业转向汽车电子等领域的系统级芯片市场，也可以与日本在汽车等领域的制造优势协调发展。在向图像传感器、汽车电子和功率半导体等专用集成电路领域的转变中，以三菱电机为代表的日本企业在全球绝缘栅双极型晶体管厂商中占据了优势，索尼在 CMOS 图像传感器领域占据了高端市场，信越化学等企业在硅晶圆、光刻胶、键合引线、模压树脂及引线框架等全球半导体材料市场中的份额占绝对优势。

以日本的材料企业为例，松下电工是世界半导体塑封料、PCB 基板材料大型生产企业，三菱化学的光学膜、记录材料处于世界前列，三菱综合材料是全球大型多晶硅生产企业之一，日立已成为异方性导电胶膜的世界最大生产厂家，住友电工是日本最大的电工材料企业并成为挠性印制电路板的重点生产厂，住友化学是世界偏光片的大型生产厂家、供应生产彩色滤光片及半导体工程用原材料的主要厂商之一，旭化成是半导体用光掩膜的主要生产制造厂商之一，凸版印刷是全球领先的光掩膜制造厂商之一，大日本印刷株式会社是全球最大的光掩膜和彩色滤光片制造商。在设备企业中，东京电子是沉积设备、涂布/显像设备、热处理成膜设备、干法刻蚀设备、清洗设备和测试设备的重要厂商，迪恩仕（Dainippon Screen）以核心图像处理技术为杠杆为洗净、刻蚀、显影、涂布等工艺提供设备，爱德万（Advantest）是全球最大的集成电路自动测试设备供应商之一，日立提供了玻璃基板表面检查设备、曝光机、湿制造工艺设备等产品。

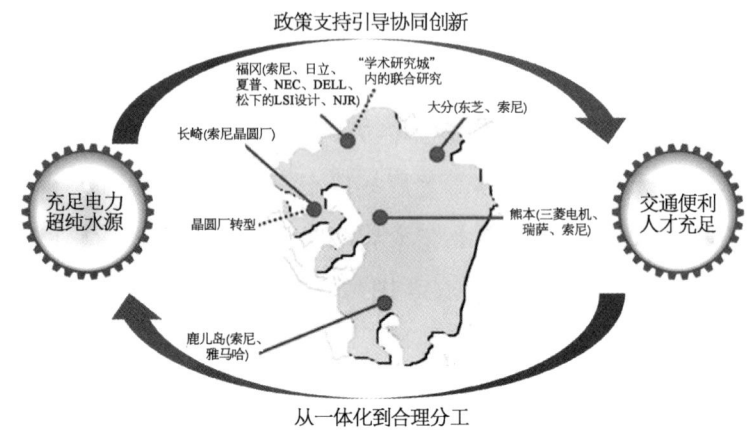

图 13　日本九州的半导体产业集群

日本企业的转型战略，也与其文化有一定的关系。在集成电路行业，以设备维护为例，日本半导体企业建立新的半导体工厂后一定会彻底清扫，再小心翼翼地搬入设备等待正常运转，所有设备安置妥当后才开始生产。与之相比，韩国半导体企业在厂房建成后粗略打扫便开始安装机器设备，让洁净室在全天候运转的同时使用高频的过滤器，以加快生产步伐。从洁净工艺的要求看，日本的做法似乎更为合理，然而这意味着"间隔期"内已有投入的折旧成本上升。旅日学者俞天任在《只能做汽车的日本人》一文中写道："和天生具备把复杂的事情简单化的美国人相比，日本人有一种把简单的事情复杂化的倾向，这种天性在制造业上的反映就是日本人设计的产品特别复杂，而习惯了复杂的日本人也确实有一种把复杂的东西整合起来的本事。""把复杂的东西整合起来"，在日本九州岛的集成电路发展中可见一斑。

九州岛的启示

九州岛在日本被称为"硅岛"，1967年三菱电机在熊本县开始组建集成电路的生产体系，是日本九州地区的集成电路发展起点。此后，东芝、日本电气进入，在当地建设集成电路工厂。集成电路的生产需要高纯度的水、充足的电力供应和便捷的交通，九州阿苏山周边的山泉水、充沛的电力供给，以及九州岛的5个机场，再加上当地的人力资源、政策优惠等条件，吸引了日本企业集聚。20世纪80年代初，日本的集成电路发展迎来了高峰期，此时九州生产集成电路已近日本的40%。不过，当时九州以生产和组装为主，而研发与设计大多集中于东京、大阪与神户。

日本的九州加工区响应20世纪80年代日本政府的工业地产政策，加快了九州老工业基地的改造，逐步实现了从重化工业为中心到以加工工业为中心的转型。在此之前的20世纪60年代，钢铁、化工、机械、窑业集中的北九州市曾经历了严重的环境污染，许多市民患上了哮喘，1968年震惊世界的八大公害事件之一的米糠油事件（多氯联苯污染事件）就在这里发生。对此，北九州市通过主动立法、设立公害监测中心，以及与企业协作的策略，恢复被污染的生态环境。实践证明，绿色生产技术的开发不仅没有降低企业的经济收益，反而推动了企业的技术升级。在技术升级的过程中，北九州通过学术研究城的规划吸引大学和研究机构集聚，并出资成立北九州产业学术推进机构，推动大学、研究机构与企

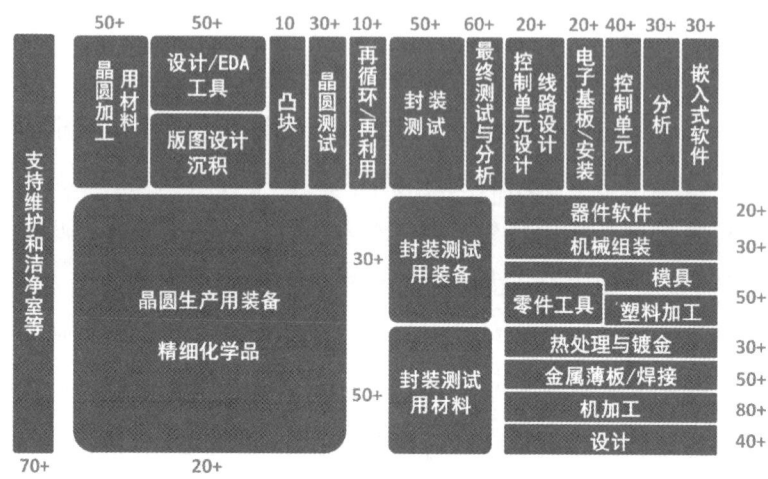

图 14 日本九州半导体产业集群中的各环节企业数量

业的合作。在此过程中,北九州通过完善知识产权和金融支持制度,保护知识产权,促进了技术转移。北九州还通过政府部门、企业和大学的协作,建立了废弃物处理技术、再生利用技术的"实证研究区"。这些努力使北九州得以突破原有的产业结构,实现从钢铁、造船等重工业向集成电路、汽车产业的转型,并成为"绿色城市"。可以说,北九州是日本从重工业向集成电路等产业转型的缩影。

在集成电路发展历程中,九州的第一大城市福冈利用人工填海得到的土地建立了硅岛高新科学园区,同时在大学、科研院所高度集聚的地区设立了"硅岛科学园地产基金"。在基金的支持下,园区进行了很好的规划,研发地区的医院、博物馆、居住区等设施一应俱全,减少了入园企业的科技开发风险,同时对技术含量高、市场前景好的中小企业进行扶持。后来，硅岛科学园模式成为日本工业地产所普遍采用的开发模式。

后来，日本企业在美国、韩国的竞争压力下转型，九州的半导体企业转向了图像传感器、汽车电子和功率半导体等领域。其中，索尼自 2012 年推出全球首款"堆叠式结构"CMOS 图像传感器以来表现抢眼，其应用已逐步延伸至汽车、安全和医疗等领域。在汽车电子领域，瑞萨在剥离冗杂业务后，以车用半导体为核心开展布局，研发和生产汽车微控制器、多用途微控制器等。在全球的功率半导体行业中，富士、日立、三菱、瑞萨及东芝与美国的仙童半导体、丹麦的丹弗斯、德国的英飞凌、瑞士的 ABB 等开展竞争，在绝缘栅双极型晶体管上具有一定优势。另外，三菱电机等也已开始引入新型的混合碳化硅产品。

在转型期间，2002 年 5 月日本九州半导体创新协议会作为经济产业省推出的《产业集群规划》在创新支持、技术研究、商务合作、人才培养等方面为企业提供了支撑。例如，九州半导体创新协议会设立了"创新支援团商务支援事业"，组建引领企业成长的商务支援的专家组，根据会员企业的发展阶段，针对面临的产品鉴定、市场评估和开拓、投资咨询等经营问题，派遣专业人士到各企业提供支持。创新支援的具体内容包括商业计划书的评价、总体经营的咨询、新技术和新产品的鉴定与评价、技术合作、市场开拓支持、市场信息提供、新产品新业务的企划、知识产权战略、投资资金支持等。

4. 再造三星

技术创新与逆周期投资的并进,是后来者进军集成电路行业时破解资源不足、提升发展能力的必然选择。然而审时度势并非易事,系统性、全局性的战略思维背后是坚定的定力。

图 15　李秉喆创立的三星商会

三星的雏形

如果问 21 世纪初谁是英特尔的对手,那么除了 AMD

外，很多人会将三星列为答案之一。随着半导体投资额的增长、技术难度的加大、规模效应的发挥，全球的垂直一体化芯片制造商已经较早期发展时明显减少，而英特尔和三星则是 IDM 中为数不多的杰出代表。

1938 年，毕业于日本早稻田大学政经科的李秉喆考察了朝鲜半岛和大半个中国后，创立三星商会，开始向中国东北出口农食产品的贸易。在朝鲜半岛，"三"意为大、多、强，"星"则意为清澈、明亮、深远、永放光芒，这是李秉喆创立三星的初衷。白手起家的李秉喆被韩国同行誉为"创业之神"，逐渐使三星具备了世界级企业的雏形。

20 世纪 70 年代，三星已经在家电领域有所积累。李秉喆发现，影响家电性能的核心便是芯片，由此萌发了进军芯片开发的想法。1983 年，李秉喆决定正式进军半导体行业，他说："这个项目，三星赌上了全部。"应该说，李秉喆的这个决定，是经过深思熟虑后做出的。此前的韩国在半导体技术上无任何优势，政府和李秉喆周围的人都不看好这个决定，只有从美国乔治·华盛顿大学学成归来的三子李健熙说："爸，就算只有我一个人，也要试试那件事！"李秉喆决定让李健熙放手一试，李健熙先后 50 多次前往硅谷引进技术和人才，最终还是未果。不过，经历两次石油危机后，李秉喆敏锐地意识到身处资源匮乏的韩国，半导体才是三星的未来："一定要在我闭眼之前开始这个事业，这样三星才会安然无恙。"

逆周期投资

把握发展方向和发展规律的前提下谋时、谋势，是三星的崛起之道。1987年，在经历了内存价格暴跌后，当时的三星半导体仍无任何盈利。这一年，李秉喆去世，李健熙接任三星集团会长。"越是困难，就越要加大投资"是李健熙的半导体经营理念。这一经营理念的来源，与李秉喆的教诲有关。李秉喆奉行"石桥也要敲一敲再过"的理念，而在父亲的熏陶下，"做一名好的倾听者"成为李健熙的座右铭。李健熙在管理中不轻易发言，做指示前会问6个问题："为什么要开创这个事业？为什么要选这个地理位置？为什么要在这个时期？为什么要选这个人？资金投入值不值得？这样做的目的是什么？"由此可见，逆周期投资也是李健熙深思熟虑后的决定。

后来的结果证明，李健熙的判断是对的。1987年，美国向日本发起半导体的反倾销诉讼，双方达成出口限制协议，内存价格回升，三星在这一轮的投资中崛起，实现了经营盈利、技术升级。20世纪90年代，三星面临被美国的倾销控诉时，李健熙敏锐地抓住时任美国总统克林顿重视硅谷的特点，向美国白宫、议会、贸易及科技部门人员进行游说："如果三星无法正常制造芯片，日本企业占据市场的趋势将更加明显，竞争者的减少将进一步抬高美国企业购入芯片的价格，对于美国企业将更加不利。"因此，美国仅象征性地向三星收取0.74%的反倾销关税，三星度过了危机，而三星也由此建立了全球化的公关团队。

后来，三星的动态随机存取存储器"双向型数据通选方案"被美国半导体标准化委员会认可，成为与微处理器单元匹配的对象。新标准再次对日本集成电路产业造成了冲击，需要按新标准设计动态随机存取存储器的日本企业失去了抢占市场的时机，韩国和中国台湾企业开始反超日本。

2008 年，全球性的金融危机爆发，动态随机存取存储器价格暴跌。此时，三星再次开启"逆周期投资"模式，将前一年的利润全部用于扩大产能。动态随机存取存储器价格跌破原材料的成本价，德国动态随机存取存储器厂商奇梦达（Qimonda）于次年破产，日本的尔必达在支撑 4 年后被镁光收购，日本东芝的闪存业务则于 2017 年被美国贝恩资本收购。奇梦达破产后，浪潮集团收购奇梦达中国研发中心，改制重建并更名为西安华芯半导体有限公司；2015 年，紫光集团旗下紫光国芯股份有限公司收购西安华芯半导体有限公司并更名为西安紫光国芯半导体有限公司。2017 年，韩国两大企业三星和海力士半导体占据全球约 3/4 的市场份额，而这一年三星超越英特尔成为全球最大的半导体厂商。

从某种角度上看，三星的逆周期策略也可以用"集中优势兵力、重点突破"来形容。在投资过程中，三星除了碾压对手外，还在低潮期大规模地招揽人才、提升技术，从长周期来看具有合理性。在具体的执行过程中，李健熙作为三星集团的会长拥有最高的决策权，但是各业务部高管也有独立的决策权。在会长与业务部高管间，三星还设立了搜集、分析信息和决策支持的秘书室，其概念源于第二次世界大战中日本的参谋组织。李秉喆曾留学日本，深受日本文化的影响，而三星的秘书室于1959年在曾任日军大本营作战参谋的濑岛龙三帮助下建立。20世纪70年代，李秉喆在业务扩张中参照三菱、三井等经验加强秘书室的职能，从早期的信息收集、财务等6个小组扩展至人事、经营管理等15个小组。李健熙任会长后，秘书室曾改组为结构调整总部、全球战略室、未来战略室，但是其信息收集与分析功能、人事调整权和资源分配权却始终具备，而三星也通过"会长—秘书室—业务部高管"的体系在业内成就了"决策快"的声誉。

  三星的这种决策体系，使其得以在多元化的经营中"全面开花"。在进军集成电路前，三星电子于1969年成立，1974年开始量产冰箱和洗衣机，而1983年开发的64 MB动态存储器则成为其在半导体领域的起点，其前期大量的调研、高效的组织为工程进度提供了保障。《三星的60年历史》一书中记载："半导体工厂需要生产满足以微米为单位的超精密产品的要求，而这样的工厂是第一次建立，并且必须保证高生产收益率，工程的要求可谓十分严苛。"此后，1987年三星在"逆周期投资"中在日本东京设立海外研究所。1990年三星开发出世界最早的256 MB动态存储器，宣告三星正式超越了日本企业的技术，而后在20世纪90年代在与日本的内存芯片竞争中占据全面主动。同时，三星开始了在显示器、手机等领域的赶超步伐：2006年三星超越日本松下电器成为全球最大的液晶电视供货商；2007年三星超越摩托罗拉在手机领域位居全球市场占有率第二；2010年三星电子营业额超越惠普；2011年三星电子在西欧首次超过诺基亚引领智能型手机和功能型手机市场。随着一系列的赶超，三星形成了半导体、移动通信、数字图像、电信系统、信息技术解决方案及数字应用七大事业群，还涉足金融、造船、免税店、主题公园等多个领域。

作为垂直一体化制造商，三星建立了动态随机储存器和NAND闪存领域的优势，同时还利用其晶圆生产线的高产能优势，自2005年开始大力涉足晶圆代工业务。在晶圆代工业务中，苹果一直与三星保持着战略合作关系。在双方因智能手机的专利诉讼等导致合作关系僵化后，苹果逐步牵手台积电，但三星仍然是晶圆代工厂商中的重要参与者。

5. 协同的力量

坚其志，一其心，既是魄力，更见智慧。历史发展经验表明，要在集成电路行业实现新突破、开辟新境界，离不开国家或区域层面的战略意志和战略协同。除日本超大规模集成电路计划、韩国三星的战略投资外，美国半导体制造技术科研联合体、欧洲信息技术研究开发项目战略计划、欧洲微电子研究中心的发展也都证明了国家（区域）战略意志和协同的重要性。

日本的集成电路计划

实现有机统一和协同发展，需要孜孜以求的心态。超大规模集成电路计划的成功，引起了日本和全球各界的共同关注。在后来总结该计划的成功经验时，当时任日本一桥大学商学院教授的榊原清则总结了七大成功要点：① 目标清晰，以当时 IBM 的"未来系统"（Future system，FS）技术为对标；② 集中优势人才，在短周期内全力以赴；③ 各成员有曾经大型研究计划的直接或间接合作经验；④ 在选准时间节点后，将各参与方的思路、技术有机地集成于一体，通过系统解析和试验保障进度；⑤ 设立联合研究所，实现良性互动、有效沟通和共同协作；⑥ 设备制造商合力参与合作，计划开展期间共有 50 多家设备制造商参与；⑦ 选择垂井康夫这位日本半导体的开创者作为研究所所长，他具有很强的协调能力和丰富的行政经验。

　　就超大规模集成电路计划对日本发展的意义而言，1992 年出版的相田洋著作《电子立国》一书中引用了丸红科技的木村市太郎的评价："日本半导体业的成功，得益于半导体制造设备的优异……通产省主导的超大规模集成电路计划贡献良多。通过该研发计划，半导体制造公司研发其必需的基础技术，并且引领了相关制造设备的开发。设备制造商因为得到主要半导体制造商的支持，得以开发出十分优异的设备，这是在美国所没有的……尤其值得指出的是，日本半导体制造商不惜成本派遣一流的工程师参与超大规模集成电路研发计划。只有政府资助是不够的，一流企业的一流人才全心全意地投入，才是计划成功的关键……这在美国，A、B 两家公司对等参与研发计划，几乎是不可能的。如果由 A 公司来主导计划，B 公司因为失去自主性，必然不愿意全心全意地投入，因此只派遣二流和三流的人员参加，形同搅局。"

从事后效果来看，计划完成后日本集成电路在全球市场中竞争力快速提升，日本超越美国成为 64 KB 内存最大的生产国；日本半导体设备企业打破了美国半导体设备的主导局面，在部分设备上甚至超越美国。更为重要的是，该计划掀起了日本民间投资集成电路的热潮，促进日本电气、日立等机电厂商把产品重心向集成电路及其衍生产品转移：此前，他们对于集成电路的重要性已经有所认知，但是始终未能下定决心把集成电路的开发作为企业发展的重中之重；在该计划的"催化"下，这些企业和其他民间企业不再犹豫，促成了日本的集成电路开发热潮。

超大规模集成电路计划的成功，让日本意识到该类计划的作用，后来又相继推出了"超尖端电子技术开发计划"、新一代半导体研究计划"飞鸟计划"、"未来计划"、"系统级芯片基础技术开发计划"等。尽管后续计划的影响力并未有超大规模集成电路计划那么大，但都在不同程度上推动了日本的集成电路关键基础技术开发、生产和测试工艺技术的发展。

日本超大规模集成电路计划的成功，在抢占美国企业所一度主导的全球市场份额的同时，也让美国重新审视自己的行业发展。美国人也认识到了技术研发的协同效应：个别企业所掌握的技术有限，需要在相互交流中更加明晰自身的研发方向，才能在协同发展中更精准地明确研发方向、开发出更好的产品。

这种协同，不仅仅是集成电路研发和生产企业间的协同，还包括设备制造商等开发企业的协同。例如，设备制造商需要了解用户的相关数据及技术，才能更好地开发产品；同样，集成电路研发和生产商也因为更准确地提出定制需求、了解各类设备性能，才能提升研发和生产能力。在汇集了各厂商的问题、解决开发瓶颈后，规模经济的效应也就得到了极大的发挥。

在日本的赶超下，美国的集成电路产业认识到必须求变才能生存，于是积极投入资源开发生产工艺技术、提高产品生产效率和良品率。其间，美国的集成电路产业中军用市场仍然占据相当大的比重，美国国防部牵头与IBM、英特尔、德州仪器等企业成立美国半导体制造技术科研联合体，促进元件厂与设备供应商的合作，加速集成电路和设备研发，加速生产工艺的标准化。1987年，美国正式组建了半导体制造技术科研联合体，共有约700名研发人员，当时代表着美国约85%的半导体制造能力。

美国的协同

与日本的超大规模集成电路计划一开始时面临的各自为战相似，美国的半导体企业谁也无法说服谁，因而摆在美国半导体制造技术科研联合体面前的困难就是协调问题。最终，美国集成电路领域的开创者诺伊斯站了出来，协同创新由此开始。美国半导体制造技术科研联合体是一个非营利的技术开发联盟，采取董事会负责下的项目管理制，其成员共同开发通用技术、共享知识产权成果，这与日本的超大规模集成电路计划十分相似。

在其后的发展中，美国半导体制造技术科研联合体开发了大量先进技术，使得美国集成电路的技术创新优势再次得到了发挥。曾有研究报告指出，美国半导体制造技术科研联合体的发展使美国半导体产业的研发支出减少了9%。事实上，更为重要的是，美国半导体制造技术科研联合体成了助推美国集成电路再次技术领先的里程碑。后来，随着战略调整，美国半导体制造技术科研联合体自1998年准许外国半导体企业参加到联合研发，韩国的现代、荷兰的飞利浦、德国的西门子等陆续加入。目前，美国半导体制造技术科研联合体已逐步演化成为跨国的半导体技术、工艺、设备、标准合作研发组织，成为美国集成电路行业开展国际合作的重要平台。

欧洲的协同

在日本的超大规模集成电路计划启示下，欧洲启动了欧洲信息技术研究与开发项目战略计划。1979年，欧洲共同体以微电子学为重点，开始了信息领域的研究计划新探索，这为欧洲信息技术研究与开发项目战略计划作了准备。在一年多的前期探索中，计划进展顺利，为欧洲层面的信息技术行业合作奠定了基础。

1984年，欧洲信息技术研究与开发项目战略计划的第一阶段启动，共投资15亿（以当时的欧洲货币单位计算），其目的包括三方面：推动欧洲信息技术行业在"预见性"研究与开发方面的合作（这里的"预见性"指带有一定的超前性质、其效果应在数年内体现出来）、为欧洲信息技术行业提供它们在20世纪90年代初所需的基础技术、为标准化工作铺平道路。从1984年至1986年，科研计划项目资助主要覆盖三方面——微电子学、信息处理系统（软件技术、高级信息处理技术）和信息技术应用（办公室自动化、计算机集成制造），要求每一个申请项目都必须多国合作、学术界与产业界合作，至少有两个欧洲共同体成员国的企业参与。欧洲共同体资助一半的研发经费，其余经费自筹，参与者共享研究成果。在资助中，欧洲共同体从各成员国邀集专家进行独立评议，拒绝了约五分之四的项目。最后，420家研究单位获得了资助，2 900余名研究人员参与研究。至1988年底，226个项目中已有130个项目获得了168项具体成果，数十项成果成功应用于市场开发品，46项成果通过技术转移给企业，同时大幅推动了欧洲参与国际标准的制订进程。

这一计划的实施，改变了欧洲信息技术企业间很少合作（更多寻求与美国企业合作）的局面，第一阶段计划实施期间欧洲信息技术企业在产品开发、市场开发和合资等方面的商业协议增加了7倍，规模达到了与美国企业签订的协议数量水平。在第一阶段计划成功实施的基础上，1988年欧洲开始了第二阶段的计划，投资总额为32亿（以当时的欧洲货币单位计算），其特征是基础研究与行业应用并重，合作范围扩展至欧洲共同体外的其他欧洲国家（奥地利、瑞士、瑞典、挪威、芬兰）。该计划第二阶段的目标包括建立欧洲新一代集成式信息处理系统、提高欧洲信息技术在众多领域的系统应用能力、在信息技术领域中开展基础研究以支持行业研发。可以说，欧洲信息技术研究与开发项目战略计划的实施为欧洲信息技术的发展奠定了基础，也为集成电路的应用铺平了道路。在计划实施后，欧洲又通过设立半导体协作研究开发项目推动协同研发，而欧盟第七期框架计划（FP7）、欧盟地平线2020（Horizon 2020）等则将目光聚集到更为前沿的领域。例如，欧盟第七期框架计划通过支持CMOS整合光电子技术研究、光子制造技术平台等计划，促进光子整合电路技术的开发，欧盟地平线2020计划则继续支持光子先进技术的协同开发。

欧洲微电子研究中心于1984年由曾在斯坦福大学留学的比利时高校教授倡议成立，首批大学教授来自鲁汶大学等多所高校，因而名为"大学校际微电子研究中心"。欧洲微电子研究中心与全球数十家机构开展合作，与英特尔、ARM、IBM、阿斯麦、飞利浦、三星等合作密切，并培育了一批当地的"隐形冠军"。欧洲微电子研究中心的研究重点是先进半导体制造和封装工艺、先进集成电路设计方法。

与其他研发机构相比，欧洲微电子研究中心的优势在于工艺模块的研究、新器件开发，以及系统和芯片设计、封装、CMOS工艺等技术的有机集成。其中，合作研究的特色最为明显：欧洲微电子研究中心有数十家合作研究机构，这些合作机构既有欧洲微电子研究中心与其中一家或两家的小范围合作，也有与很多合作伙伴共同建设的"欧洲微电子研究中心行业联盟项目"（IIAP）。该项目已被公认为是欧洲和美国在该行业领域中较为成功的合作研发模式，合作基础是费用和风险共担、人才和成果共享、知识产权规则明晰——正因如此，三星和英特尔等竞争对手能够与欧洲微电子研究中心共同开展合作研究。研究中心开发后的成熟技术，通过技术转移和技术许可的方式给行业使用，同时也经常孵化出子公司来发展。

自成立以来，欧洲微电子研究中心便成了学术交流、行业合作的重要桥梁。在合作体系中，研究中心设有微电子培训中心，向企业、研究机构和大学等提供培训课程，这些培训课程大多与研发实践紧密结合。在微电子领域，研究中心拥有先进的 CMOS 工艺，不少企业将尚未投入市场的原型机置于研究中心的超净室，与研究中心的科学家共同开展实验。例如，阿斯麦在其中试制了极紫外光刻的原型机 NXE: 3100。这种相对集聚的模式，促进了各界的交流，弥补了沟通短板。

吉尔伯特·德克勒克（Gilbert Declerck）曾参与了欧洲微电子研究中心创建过程，1999 年被任命为总裁兼首席执行官。在评价研究中心的合作时，他曾指出，"半导体制造工艺的进一步微细化需要技术上的突破，同时在资金投入上又必须可行。从 2001 年开始，一个很明显的现象就是全世界比任何时候都需要通过建立全球伙伴关系来达成这一目标。我们必须分享知识及分担成本和风险。有鉴于此,我们很高兴能够与中芯国际建立长期合作伙伴关系。"德克勒克的继任者、曾任研究中心微影组经理的卢克·范登霍夫(Luc van den Hove)则认为"在芯片技术上,没有哪家公司能完全独自开发"。对于摩尔定律能否延续,范登霍夫也给出了很多判断:"尺寸缩小还会继续,我不仅相信它将会继续,而且我认为它不得不继续。""我们需要更好地利用第三个空间维度,例如在构建3D SRAM单元的时候,你可以叠加多个单元。FPGA也是一样,你也可以构建一个标准单元再进行堆叠。""将晶体管堆叠与异构集成相结合,可以继续缩小尺寸,一直推进到3纳米工艺节点。"在应用方面,范登霍夫则将视线投向了精准医疗等领域,认为这些领域中半导体的应用空间巨大:"DNA测序已经赶超了摩尔定律的速度。"与之相对应,研究中心正在布局光子和电子相结合的芯片开发。

这些案例说明,政府主导、社会力量参与和市场机制的作用,是集成电路发展中调动各参与方积极性、主动性、创造性的根本路径。落实到项目上,就需要强化人才培养,激发创新活力,建立规模宏大、结构合理、素质优良的专业管理团队。

6. 分拆与整合

在欧洲的集成电路发展中,德国的专用集成电路、英国的芯片设计、荷兰的完整产业链、意大利和法国的半导体行业联合均极具特色。随着全球产业格局的变化，欧洲各国的产业也经历了转型的历程，英飞凌、意法半导体是其中的代表。

英飞凌的转型

德国集成电路产业的典型特点是，围绕德国的汽车工业、机械制造、化学等优势领域的企业提供产品或服务，这也是德国集成电路发展转型的基本背景。在德国集成电路行业转型中，英飞凌是典型。1999年4月1日，英飞凌科技由西门子半导体部门分拆而来。作为德国西门子的原半导体部门，英飞凌曾是存储芯片的重要厂商。1996年，西门子的半导体部门，与中国台湾的茂矽电子合资，在新竹园区成立茂德电子，建设8英寸晶圆厂，技术由西门子提供。从西门子分拆出来后，英飞凌继承了西门子在半导体领域的3万多项专利，一时规模仅次于三星、镁光。2001年，在DRAM芯片不景气的行业背景下，茂矽电子因巨额贷款而质押了大量的茂德股票，引发了其与英飞凌的矛盾。次年，英飞凌终止对茂矽的技术授权，停止采购茂德的晶圆，转而与南亚科技合作组建华亚半导体，建设12英寸晶圆厂。不过，由于存储芯片价格下跌、新厂建设投资巨大，英飞凌剥离出的奇梦达后来破产，被浪潮集团收购，英飞凌自此退出了DRAM业务。

在退出动态随机存取存储器业务后，英飞凌将重心转向高能效、移动性和安全性的车用半导体、功率半导体、芯片卡和安全应用。英飞凌在嵌入式控制等方面具有独特的技术优势，其产品以高可靠性著称。2015年，英飞凌收购电源管理技术行业的领先供应商——美国国际整流器公司，增强了其在电源管理系统节能技术领域的实力。

对于芯片的下一步发展，英飞凌有其自身的独特理解。英飞凌首席执行官莱茵哈德·普罗斯（Reinhard Ploss）曾指出："从28纳米向20纳米过渡的时候，我们第一次遇到了晶体管成本上升的情况。而对于一个商业公司领导人来说，必须去做利润的考量。""摩尔定律正在走向终点，需要从整个系统优化的角度来考虑，从而克服现有的技术挑战，实现进一步的增值……当工艺节点走到商业极限的时候，我们就需要一个突破性创新来改变这个局面……引入氮化镓可以显著减少功耗并实现功率密度的飞跃，而碳化硅和氮化镓都可以帮助实现高性能等。"

在英飞凌看来，虽然半导体制造技术还没有走到物理极限，芯片尺寸还可以进一步缩小，但已经到了商业极限。从技术节点上看，直到28纳米节点前晶体管成本一直沿摩尔定律的路径不断下降，但是在20纳米节点时第一次出现了成本反转：由于极紫外光刻技术的延迟实现，原本期待在22纳米节点就引入极紫外光刻技术的制造商不得不采取备选方案。但是，辅助的多重图形曝光技术等增加了掩膜工艺次数，导致芯片制造成本大幅度增加、工艺循环周期延长。同时，推进过程穿孔、光刻、隧穿、散热等方面都出现了技术瓶颈。

芯事 The big bang of the chip

意法半导体的整合

与德国的英飞凌分拆于西门子类似，意法半导体的发展源于法国汤姆逊公司的一次分拆，不同的是其分拆之后又做了进一步的整合。1987年法国汤姆逊公司的半导体分部（Thomson Semiconducteurs）、意大利 SGS 半导体公司（Società Generale Semiconduttori Microelettronica）合并后成立 SGS-THOMSON。在合并前，两家均是半导体领域历史悠久的企业。1994年，SGS-THOMSON 收购加拿大北电网络的半导体部门。1998年，汤姆逊撤股，公司更名为意法半导体（ST Microelectronics）。2002年，意法半导体收购阿尔卡特的微电子部门，同时收购了英国 Synad 科技有限公司等小企业，拓展了无线网络业务。也就在这一年，摩托罗拉和台积电加盟成为意法半导体新的技术合作伙伴。2007年5月22日，意法半导体和英特尔合资成立 Numonyx，新公司合并了 ST 与英特尔各自的闪存部门。2008年，意法半导体和恩智浦半导体（NXP）成立合资公司 ST-NXP Wireless，以集成 ST 与 NXP 各自的移动通信业务。次年，ST-NXP Wireless 又和爱立信手机平台（Ericsson Mobile Platforms）成立 ST Ericsson。

意法半导体是半导体产品线最广的企业之一，其产品覆盖了从简单的分立二极管、晶体管到复杂的系统级芯片，以及辅助设计、制造工具、应用软件和完整的平台解决方案，具有先进的知识产权模块、世界级的制造工艺和技术，在物联网、智能驾驶等领域具有一定的优势。不过，意法半导体总部既不设在意大利也不设在法国，而是在瑞士日内瓦。具体来看，意法半导体的业务包括模拟产品和传感器、汽车和分立器件、微控制器和数字集成电路。其中，模拟产品主要涉及通用和工业用功率半导体，传感器包括微机电系统、传感器和图像传感器等，汽车半导体包括数字、模拟、专用的汽车芯片，微控制器包括通用微控制器和安全微控制器，数字集成电路包括带电可擦可编程只读存储器系列和数字专用集成电路。

与意法半导体全资成立 ST-NXP Wireless 的恩智浦，2006 年由飞利浦的半导体业务分拆而来，当时侧重于移动通信、消费类电子、安全应用等领域的半导体业务。在分拆后的两年，恩智浦的半导体销售额下降幅度超过 40%。此后，恩智浦逐渐意识到其优势和出路在于汽车电子和识别业务，以博世、德国联邦印钞公司、金雅拓、G&D、欧贝特卡系统公司、斯迈达科技公司、索尼和伟世通等为重点开展业务。2009 年，恩智浦将目光投向高性能的混合信号产品，同时出售了晶圆厂，并重新制定了其运营策略。这一年，恩智浦在射频基站、照明、智能家电和智能电表、汽车电子、医疗电子、识别等领域取得了进展。在此基础上，恩智浦将其业务部门重组为四个部门，而后又逐渐向物联网进军。2016 年 10 月，高通宣布计划收购恩智浦，此时恩智浦已成为全球最大的汽车电子芯片制造商，其业务也实现了多元化发展。

此外，欧洲其他国家中还有一些特色的半导体厂商，例如，奥利地微电子（AMS），在传感芯片领域的客户包括苹果、三星、华为等。这些特色的厂商成为欧洲半导体的基石，也使欧洲在专业领域并购整合成巨头有了可能，如奥利地微电子曾一度有传闻要并购德国 Dialog 公司。

7. 全产业链定位

韩国的集成电路从"垂直分工"的下游环节起步，经历了从下游到中游再到上游的全产业链进军历程。

韩国的起点

1959 年，韩国 LG 公司的前身"金星社"研制生产出韩国的第一台真空管收音机，不过当时并没有集成电路的开发能力，对进口半导体元器件的组装是其起点。十余年后，三洋和东芝开始在韩国投资半导体业务，而韩国政府于 1975 年也发布了支持半导体产业发展、以实现电子配件及半导体生产本土化为目标的"六年计划"。此时韩国的半导体行业仍然处于简单的组装加工水平。

20 世纪 70 年代，三星从收购韩裔美籍科学家姜基东创立的半导体公司 50% 股份起步，进入了半导体领域。1974 年，姜基东设立了第一家本地的半导体公司，但是很快便发生了财务危机。姜基东在美国俄亥俄大学获得博士学位，曾在摩托罗拉公司从事过集成电路的设计工作。三星公司介入后，获得了很多隐性知识，并将这些技术知识推广至三星的工程师，为三星双极和金属氧化物半导体制造技术后来的发展奠定了基础。

这些知识的积累，为1982年三星谋划从5微米至2.5微米的电路、从3英寸至5英寸的硅片、从1 KB/16 KB大规模集成电路至64 KB超大规模集成电路奠定了基础。这些基础，使得他们在拜访美国专家的过程中，得以与其开展深入、专业、有理有据的研讨，从中辨别潜在技术供应商、市场特征和生产工艺结构。

在正式进军半导体领域（1983年三星在京畿道器兴地区建厂）后，三星从斯坦福大学、明尼苏达大学等招聘了5名分别在IBM、霍尼韦尔、英特尔、国民半导体、齐拉格公司从事过设计工作的韩裔科学家和工程师，以及数百名美国和日本的科学家、工程师。同时，三星在前期的完善布局基础上，从镁光科技公司获得了64 KB随机存储器芯片设计的技术许可，从日本夏普公司取得了夏普"互补金属氧化物半导体工艺"制造技术的许可协议并购买了密封技术，以200万美元从美国Zytrex公司购买了高速处理设备的技术许可。在此过程中，三星的信息收集和分析工作为其发挥了重要作用，如获得镁光科技公司的技术许可，便是在得知镁光科技公司因财务困难愿意授权技术后实现的。在此之前的1979年，三星曾与仙童半导体讨论64 KB随机存储器芯片技术转移的可能性，但无果而终。此外，三星还曾试图从德州仪器、摩托罗拉、日本电气、东芝和日立获得技术许可,但都遭到拒绝。

在获得技术许可后,三星派工程师到技术许可授权公司学习,加速了技术学习的进程。此外,三星的工程师也参与日本企业承建的厂房建设,从中积累知识。从各类招聘、合作、咨询的科学家和工程师以及从公开文献中转化而来的知识,加速了三星的技术学习进程。

在三星后,现代、LG和大宇均向大规模集成电路进军,这为后来韩国芯片全产业链的布局埋下了伏笔。以三星为代表,韩国公司的技术发展进程从最容易的技术入手,渐次复杂:一开始,三星从镁光科技进口3 000件64 KB动态随机存取存储器芯片进行组装,其生产率达到日本水平后,再开始研发工艺,最后制造和检测芯片。通过培训、联合研究和咨询、组织工程师协同研发等方式,培养了大量韩国本土工程师,甚至开发了多项新技术。

总体上看,20世纪80年代初韩国的集成电路产业还很薄弱,无论是集成电路的设计和制造,还是配套的设备企业都是如此。以配套设备企业为例,当时为数不多的企业中,申松(Shinsung)主要生产化学气相沉积设备和洁净室设备,DMS生产掩膜、湿法刻蚀设备和清洗设备,LG生产自动测试设备。三星下定决心加大投资,再加上韩国政府的大力支持,韩国的集成电路企业逐步打造了三星、LG等知名企业。1986年,由韩国电子通信研究所牵头,韩国政府联合三星、LG、现代和韩国6所大学将4 MB动态存储芯片作为国家重点项目进行研发,3年间研发投入1.1亿美元,其中57%

投资由政府承担。20 世纪 90 年代，韩国三大财阀重金投入 58 个研发中心，进一步在技术创新中掌握了主动权。

全方位的配套

韩国半导体产业集群发展所需的人才，有相当一部分从海外引进而来，其目标对象除了韩裔人士外，还包括美国、日本和中国台湾地区等地的人才。20 世纪 90 年代初，韩国企业趁日本经济泡沫破裂，东芝和日本电气等巨头大幅降低半导体投资时，加大投资力度引进日本技术人员。

1994 年，韩国推出了《半导体芯片保护法》，对集成电路的技术发展进行保护。1999 年，韩国通过"智慧韩国 21 工程（Brain Korea 21）"等计划对大学和研究的集成电路发展进行了精准扶持，政府与大财团的支持也为韩国集成电路的发展提供了足够的资源。由此，韩国逐步形成了以三星和 SK 海力士为龙头，制造、设备和材料企业互为补充的产业链，还形成了龙仁、化成、利川等集群。

其中，韩国半导体产业集群发展所需的设备，有相当部分从韩国半导体企业或其他企业中分拆而来，而韩国政府和企业对其进行扶持。2009 年以来，三星电子、海力士为了降低设备和原材料的海外依存度，通过股权投资、合作开发或产品采购等多种方式支持设备的本地化开发。例如，2009 年底，三星电子、海力士联合注册发展低压化学气相沉积、蚀刻设备，铜制造工艺化学机械研磨设备，关键点测量设备，离子掺杂设备等。

　　此外，韩国的设备企业还借鉴了设计和制造企业的国际合作经验，积极开展国际合作研发项目。例如，2007年韩国与美国达成的合作研发协议中，在设计上与加州大学伯克利分校合作，在制造工艺上与斯坦福大学合作，在设备材料上与得克萨斯州大学达拉斯分校合作。得益于技术上的进步，国际半导体设备研发合作、标准制定组织也开始吸收韩国的设备企业参与，从而又进一步助推了韩国的集成电路产业发展。

　　20世纪80年代至90年代，在日本与美国的半导体行业竞争中，英特尔向更高端的微处理器转型，而日本企业的对美出口则受到了贸易挑战。此时，以三星为代表，韩国集成电路企业找准了市场方向，以通用性强的动态存储器为重点，在"逆周期投资"等策略下集中优势对日本企业发起了赶超之势。20世纪90年代，三星的动态存储器"双向型数据通选方案"被认定为行业标准后，韩国的动态存储器产品全面超越日本。同时，在20世纪90年代的全球集成电路垂直分工历程中，韩国政府顺应趋势对芯片设计企业加以支持，加速了设计的国产化进程。其后，韩国企业在其产品系列向多领域扩展的同时，也逐步建立了上、中、下游完善的全产业链。

　　在该进程中，三星在进入初期用了半年时间收集和分析信息，对技术和市场有了成熟的理解，并且制定了可行的发展策略，做好了很多隐性的知识储备。除公开文献外，隐性信息重要来源是韩裔的美籍科学家和工程师，他们的建议为三星的显性知识、隐性知识的消化吸收奠定了基础。

这种"自上而下"的全产业链布局，与"自下而上"的从简单到复杂工艺的集成，是韩国集成电路启动时期的基本特点，其经验带给后来者诸多启示。这种组织模式，又与韩国文化背景有着千丝万缕的联系。在韩国，除三星电子外，由现代电子分离而来的海力士半导体（Hynix）也是全球动态存储和闪存芯片领域的重要厂商。在 2001 年从现代集团分离出来前，现代电子已经于 1999 年收购了 LG 半导体，分拆后则改名为海力士半导体。2004 年，海力士将系统芯片业务出售给花旗集团，成为专业的存储器芯片制造商。2012 年，韩国财阀 SK 集团宣布收购海力士，更名为 SK Hynix。

以韩国、中国海峡两岸为代表，东亚地区成了存储芯片领域的重心。在全球其他地区的发展中，收购了日本尔必达、总部位于美国爱达荷州的镁光科技（Micron Technology）公司是为数不多的竞争者。镁光科技成立于 1978 年，于 1981 年建立了晶圆制造厂，是全球内存和图像传感器芯片的有力竞争者，产品涉及动态随机存储器、NAND 闪存、CMOS 图像传感器、半导体组件以及存储器模块等。2013 年，镁光交付了世界上最小的 16 纳米 NAND 闪存，2014 年推出业内首款单片集成 8Gb DDR3 SDRAM。2015 年，镁光与英特尔联合推出当时密度最高的闪存三维 NAND，利用垂直堆叠多层数据存储单元实现了与二维 NAND 相比高 3 倍的容量，支撑产品的技术是镁光与英特尔联合研发的三维 XPoint™ 技术。

8. 欧洲的集群

在欧洲，爱尔兰，英国的苏格兰和康桥，德国的慕尼黑、德累斯顿和柏林，法国格勒和索菲亚工业区，瑞典隆德等地形成了半导体产业集群。

英国集群

英国有数十所高校从事集成电路研究，研发创新能力成为英国集成电路产业的支柱。从大学校园内孵化衍生的企业中，全球领先的集成电路知识产权供应商 ARM 公司于 1991 年成立，其前身是艾康电脑研发的 ARM。当前，ARM 架构已为全球绝大部分的智能手机和平板电脑所采用。成立于 1985 年的英国的 IP 供应商幻想科技集团（Imagination Technologies Group）也是业内颇具影响力的机构，其曾经服务的客户包括苹果、英特尔、三星和联发科等。幻想科技的典型产品包括 Power VR 图形处理器单元等，为苹果所采用。在幻想科技发展顺风顺水的 2013 年，该公司收购了采用精简指令系统计算结构的美国芯片公司 MIPS。其后，幻想科技又在欧美收购了数家从事 WiFi 和射频产品开发的中小规模企业。此外，一些英国企业在芯片设计的细分市场中具有较强的竞争力，例如，位于英国剑桥的 CSR 公司（Cambridge Silicon Radio），早期主要从事音频领域的技术开发，逐步发展成为世界知名的蓝牙芯片设计企业。

德国集群

除英飞凌外,德国还有 Dialog 等一批半导体企业。Dialog 公司是混合信号领域的设计公司,一度是增长最快的欧洲半导体上市公司,为全球客户提供领先的节能技术,致力于智能手机、平板电脑、物联网、LED 照明等应用,其产品主要包括高度集成的标准电路和定制混合信号处理集成电路,系列技术包括电源管理系统节能技术、音频技术、智能蓝牙技术、快速充电的 AC/DC 转化技术及多点触控技术等。此外,德国还有一批规模相对较小的企业,为德国提供了各行业所需的工业服务。例如,XFAB 是德国的一家晶圆代工厂,主要进行混合信号集成电路的制造,其业务中汽车电子约占一半,为宝马等德国汽车企业提供配套服务。

在德国,萨克森州首府德累斯顿是最大的半导体基地,格罗方德、英飞凌、AMD 等公司均在该地设立了机构,是欧洲最大的芯片制造基地之一。"萨克森硅谷"(Silicon-Saxony)是欧洲范围内最大、最成功的半导体、电子技术和微电子技术的行业联合会,为行业交流提供了组织服务。在欧盟范围内,德国、法国、荷兰、比利时四国组建了"欧盟硅谷"(Silicon-Europe),为欧盟范围内集成电路相关企业交流提供了服务。

法国集群

坐落于法国安提比斯西北部、尼斯西南部的索菲亚园区是法国创办最早、规模最大的电子信息园区，在政府推动下几乎从零开始兴建。在集成电路行业发展前，索菲亚园区只有尼斯大学，但是凭借地理上的优势，于1969年开始建设，逐步发展成为欧洲最大的高新技术产业基地，以SKEMA商学院为首的多家高等教育机构、万维网欧洲总部及欧洲电信标准协会在此落地，包括数百家信息技术企业在内的高技术企业入驻园区。这些信息技术企业主要从事高端、高附加值的产业研发，只有少量企业开展小批量生产。索菲亚园区已成为高校和研究机构最为集中的地区（包括很多招收留学生的国际学校），同时有各类孵化器和风险投资驻扎于此，再加上为各种交流提供服务的协会和俱乐部，每年有大量企业在此创立，同时多家跨国公司的研发中心和地区总部在此设立基地。在索菲亚园区，近一半的风险投资源于美国、新加坡、英国和德国等境外地区，而园区的技术人员则分别来自50多个国家。

格勒诺布尔科技园区位于法国东南部阿尔卑斯大区，位于阿尔卑斯山区、罗讷河支流伊泽尔河畔，集聚了格勒诺布尔综合理工大学、傅立叶大学的多家实验室以及十多家微电子企业。早期，该地是冶金、电机、纺织、造纸等工业基地。1967年法国原子能总署在当地设立Leti实验室后，实验室开发带动了当地的微纳技术发展。20世纪70年代，欧盟将中子加速器和分子加速器部署于此，当地的高新技术进一步发展。在20世纪80年代曾经涌现了约200家新兴企业，被誉为"法国的硅谷"。格勒诺布尔有近五分之一的工作人员参与科技研发，成为融合了教育、科研和产业的微技术和纳米技术研究基地，并扩展至微电子、人工智能、新材料、医疗健康等领域。在那里，从产品概念验证到生产均能实现，打通了基础研究到产品开发的全链条。在该地区的企业中，Soitec 半导体公司代表了先进的纳米级绝缘硅晶圆制造技术。

荷兰启示

以领土面积而言，荷兰只是个小国。然而，在全球的半导体产业中，有超过四分之一的半导体设备来自荷兰，由阿斯麦、恩智浦等企业领衔，荷兰建立了较为完整的半导体产业链——在欧洲，只有荷兰具备了这种实力。除恩智浦、阿斯麦、飞利浦等知名企业外，荷兰还有一大批中小企业围绕研发、设计、生产等环节开展集成电路的研发和应用。

荷兰的成功，在于高度活跃的开放式创新，而开放式创新背后则是荷兰人在科技发展上的务实、信任与合作。荷兰是全球人均专利数量最多的地区之一，每天都有不同的创新火花在这里碰撞。20 世纪 90 年代，荷兰的恩荷芬市是最早实行"三螺旋"（Triple Helix）模式的城市。"三螺旋"中的三方是指学术界、产业界和政府，三者密切合作、相互推动，同时每一方都保持自己的独立身份，每个"螺旋"不断自我完善、协同发展，促成纵向演化特征。在荷兰的三螺旋模式实施中，人员循环、信息循环和产品循环的横向循环，与三个"螺旋"的纵向演化得到了良好的结合，阿斯麦与各方的合作、恩荷芬理工大学的做法等即为典型。相互作用的结果是伴随着三股螺旋的横向循环实现的。

三螺旋模式带来的创新启示在于，传统创新模式中从基础研究向应用开发转化的链条过于简单，忽视了不断变化的市场需求。随着产品迭代周期的不断加快，"线性"模式的局限或将日益明显，取而代之的则是充分考虑复杂的市场情况、强调跨学科研究和并行开发的创新，这在集成电路及其应用开发中表现得尤其明显。荷兰的成功在于，产业界、政府和研发机构高效协作，从而使各类创意有效开发。例如，恩荷芬理工大学附近的高科技园区内，各类人员充分地交流创意，探讨合作空间。

荷兰的开放式创新，还可以从阿斯麦的团队成员、大学的国际化中看出。在阿斯麦的一个30余人的部门内，很可能就有来自10个以上国家的人员参与其中，每个人的不同思维和态度在这里碰撞，使得思维的火花得以转化成为创新的技术。虽然荷兰的大学不多，却是欧洲大学中国际化做得最好的，采取了聘请外籍教师、参与国际项目、设立跨文化课程等措施来培养国际竞争力和跨文化能力，而这或许可以诠释阿斯麦能够在"开放式创新"中领先的文化背景。

9. 迈向成功的定位

60年集成电路的发展，是被富有远见的科学家、工程师和管理者所共同推动的。坚持和梦想、勇气与魄力、远见和卓识，赋予了集成电路行业发展的文化内涵，而文化内涵又孕育着对集成电路产业链条和未来发展的战略认知。这些认知，支撑着技术发展转折点和商业发展新周期中的决断和执行力，推动着协同创新、垂直分工、商业应用的前行。

垂直分工的定位

对于垂直一体化企业来说，由于设计工程师和制造工程师在同一家公司工作，电路设计和工艺流程对接比较顺畅，从设计到制造完成所需的时间较短，其新产品从开发到面市的时间较短。由于具备资源内部整合、高利润率以及技术领先等优势，垂直一体化在集成电路的制造竞争中仍处于市场的主导地位，然而巨额的投资等因素使得成为垂直一体化企业十分不易，而很多垂直一体化也在往"轻资产"的方向转型。

在垂直分工模式深化的过程中，设计公司、晶圆代工厂、知识产权模块供应商、封装测试各有其成功之道。其中，设计公司是唯一直接面对客户的一方，准确地把握市场需求、迅速开发适宜产品是其生存的必然要求。这也意味着，除设计本身所需的技术融合、布图设计能力外，此类公司必须有完整的验证平台（在后来的发展中，主要表现为 SoC 验证平台），同时对知识产权模块具有较强的融合能力。

对于晶圆代工厂来说，先进制造工艺是竞争的关键要素：越领先的工艺，毛利率越高，也越符合市场需求。除技术先进性外，产能投放和产能利用率也是竞争的重要因素：扩产或产能不足，都会影响企业的毛利率和净利率，而产品良率和生产周期是晶圆代工厂的核心竞争力。预估客户的产能需求、制定合适的产能计划，是门深奥的学问。

对于封装测试企业而言，成本则是关键的要素。随着"超越摩尔"时代的到来，技术的作用或将日益突出。由此，对于集成电路产业链的各环节而言，技术的重要性都将日益增强。在封装尺寸接近极限的情况下，功能性发展逐渐成为制约芯片性能提升的主要因素，异质融合将成为先进封装技术的方向，与设计、材料设备相结合的一体化解决方案将成为制胜的关键。在膜厚测试、台阶测试、方块电阻测试、形貌观察及线宽测试等现有测试、测量外，或将需要有更多工艺效果的测试、测量。

对于处于最上游的知识产权模块供应商而言，从某种程度上看，设计公司构建了"基因组"，知识产权模块企业提供了"基因"。知识产权模块供应商主要通过授权费和版税两种模式获得收益。这些企业将设计用仿真模型组成的设计套件部分（Design Kit）授权给设计公司，将硬核（GDSII）部分授权给晶圆代工厂商，其业务代表着尖端技术，往往由少数企业形成技术垄断。除IDM、设计公司和晶圆代工厂自有的知识产权模块外，全球三大知识产权模块供应商ARM、MIPS和新思科技曾一度占据一半以上的第三方知识产权市场，其中ARM的物理库知识产权模块优势明显，对竞争对手形成了高技术门槛。

创新者的窘境

面对集成电路行业日益提升的技术需求，以及技术攻关的协同要求，欧洲、日本、韩国、美国与中国台湾地区于20世纪90年代末共同发起了绘制"国际半导体技术发展路线图"（International Technology Roadmap for Semiconductors, ITRS），以协同产业界的能力对未来15年内的研发需求作出预测，为企业、研发机构和政府决策提供指导。参与制定的组织包括欧洲半导体工业协会、日本电子与信息技术工业协会、韩国半导体工业协会、中国台湾半导体工业协会和美国半导体工业联盟。路线图的第一版于1999年问世，此后每隔两年做全面修订，其间的一年只做更新。为兼顾各半导体生产企业（英特尔、三星、台积电等）的核心技术秘密保护与研发需求分析，路线图的讨论侧重于整体的发展规划。国际半导体技术发展路线图组织主席保罗·加尔吉尼（Paolo Gargini）解释说："这样就可以使每家企业都能对自己需要在何时做何事有一个大致的规划，如果谁遇到了技术难题，就可以提前发出警报。"随着对摩尔定律的抛弃，该路线图2018年更名为"国际器件与系统路线图"（the International Roadmap for Devices and Systems）。

这些发展路径，必然伴随着巨头陨落、后来者居上的过程。在集成电路的发展历程上，20世纪领先的集成电路企业（如每一时期的全球前十大集成电路企业）中仍然活跃于当前市场的已然不多。对此，20世纪最有影响的商业书籍之一《创新者的窘境》（*The Innovator's Dilemma*）中的一段论述可以很大程度上解释其衰败原因："真正决定企业未来发展方向的是市场价值网，而非管理者；真正主导企业发展进程的是机构以外的力量，而非机构内部的管理者。管理者实际上只是扮演一个象征性的角色。"

对于集成电路行业来说，其下游对应的电子信息行业风云变幻：拥有集成电路发展的铺路者——贝尔实验室的美国电话电报公司（AT&T）对互联网的崛起、无线（移动）通信的普及反应迟钝，终究不再辉煌；世界无线通信的先驱和领导者——摩托罗拉也曾是半导体行业最具竞争力的企业之一，但是实施"铱星计划"时的战略错误，使其最终在计算机处理器业务上败给了英特尔，在数字信号处理器业务上输给了老对手德州仪器；再如，美国数字设备公司（Digital Equipment Corporation，简称DEC）开发的Alpha架构优势为后来AMD K 7和申威处理器所证明，但是DEC公司却因为市场经营不善、商业模式局限而走上被并购的命运。这些企业都曾在半导体的发展历史上留下了浓墨重彩的一笔，例如，贝尔实验室的肖克利团队发明了晶体管，开创了集成电路发展的新时代；贝尔实验室的香农提出的信息论为集成电路的下游应用铺平了道路。然而，这些企业最终以衰落而告终。

对于集成电路企业的竞争来说，在正确的赛道上是企业存活的前提，否则即便是再辉煌的巨头也难逃陨落的命运。只有战略方向上的正确，才能确保战术上的最终成效；否则，战术执行得越精确，只会导致偏离正确的战略"赛道"越来越远。《创新者的窘境》中，有一句让人十分伤感的描述："就算我们把每件事都做对了，仍有可能错失城池。面对新技术和新市场，换句话说面对新的价值网，导致失败的恰好是完美的管理。"

反摩尔定律也能在相当程度上解释这种困难。谷歌的原CEO埃里克·施密特（Eric Schmidt）在某次采访中指出，"如果你反过来看摩尔定律，一个信息技术企业如果和18个月前卖掉同样多的、同样的产品，它的营业额就要降一半"。反摩尔定律意味着，量变创新已经无法跟上集成电路的发展速度，只有质变才能突破瓶颈。也就是说，大企业的高研发投入，如果无法转化为"颠覆性"的技术转移，也有可能被淘汰。在这种压力面前，大企业的最好做法就是成立风险投资，通过外部创新弥补原有体系的内生动力不足。

格鲁夫曾在《只有偏执狂才能生存》一书中总结，所有的企业都根据一套不成文的规则来经营，但是这些规则有时却会变化，而且往往是翻天覆地的变化。然而，事前没有明显迹象为这种变化敲响警钟。因此，能够识别风向的转变，并及时采取正确的行动以避免沉船，对于一个企业的未来是至关重要的。在格鲁夫看来，偏执狂的行动准则与节奏，与以往有所不同：上一个小时成就你的因素，下一个小时就颠覆你。无论企业或个人，都必须掌握这个节奏，否则就必须接受没落的结局。"穿越战略转折点为我们设下的死亡之谷，是一个企业组织必须历经的最大磨难。"

在这个行业中，居安思危已是赢得未来发展、获得行业尊重的基本要求。

第三章

中国"芯"

虽然在早期，技术与科学研究是以未加计划的、个体的方式进行的，可是到了今天，在任何主要国家，这种研究都是受到认真调控的。

——钱学森

在芯片行业的开发中，产业链的经营，与自主创新的思维一样都是不可缺少的重要成分，是决定芯片开发成功与否的重要条件之一。这不仅已为国际经验所证实，也已为中国芯片行业60年的发展历程所证实。芯片产品的开发，除了设计师赋予芯片的"天赋"外，"后天"的产业链协同经营也举足轻重。在这个过程中，企业家需要调整战略、整合资源、凝练目标，针对芯片开发中的人才、技术、资金等资源进行有机的调配，对供应链、应用场景、竞争对手和合作伙伴等方面运筹帷幄，充分展开战略谋划的能力，只有这样，才能在国家战略支持下稳步前行。

1. 龙的传人

芯片巨大的成就源自持续奋斗，芯片创新的推进需要继往开来。

雁门萨氏

20世纪50年代，在中国大陆开始研发集成电路的时候，仙童半导体等企业已经逐步进入了大规模集成电路时代。祖籍福建的美国斯坦福大学博士萨支唐时任美国仙童半导体公司物理部主任经理（1959—1964年），带领64人的研究组从事第一代硅基二极管、MOS晶体管和集成电路的制造工艺研究，提出了半导体P-N结中电子-空穴对复合理论，和弗兰克·万拉斯（Frank Wanlass）等共同开发出互补式金属氧化物半导体场效应晶体管，还提出了金属氧化物晶体管模型。在20世纪60年代仙童半导体的"离职潮"中，萨支唐博士回到本科时的母校伊利诺伊大学香槟分校担任教授。从伊利诺伊大学香槟分校退休后，任佛罗里达大学电机和电子工程系教授、工学院首席科学家，1986年当选美国国家工程院院士，2000年当选为中国科学院外籍院士，曾获半导体工业协会（SIA）最高奖（1998年）等多项奖励。

萨支唐的祖上是著名的雁门萨氏，这是中国的一个以萨为姓氏的家族。第三世的萨都剌生于山西雁门，受元朝赐萨姓。1333年，萨都剌之侄萨仲礼迁基福建福州，其后人才

图 16　中山舰舰长萨师俊在武汉保卫战中牺牲

辈出，出现了大量历史名人。600 年来产生了 9 位进士、40 多位举人、10 位诗人，在近现代则出现了 6 位将军、12 位博士、数十位学者、1 位"中央研究院"院士和 1 位中国科学院外籍院士，包括海军名将萨镇冰、中山舰舰长萨师俊、计算机科学家萨师煊、物理学家萨本栋、化学家萨本铁、微电子学家萨支唐、数学家萨支汉等。1910 年，萨镇冰任清朝海军大臣时从日本购回了永丰舰（1925 年孙中山去世后改名为中山舰，意为"竟中山未竟之志，事中山未事之事"），1935 年萨镇冰的侄孙萨师俊被任命为中山舰舰长。1938 年 10 月 24 日，在武汉保卫战中，萨师俊与其他 25 名海军官兵面对日军飞机的轰炸，英勇无惧、顽强反击，与中山舰一同沉入长江而殉国。

萨支唐的父亲萨本栋于 1937 至 1945 年任厦门大学第一

任校长，曾开创性地将并矢方法和数学中复矢量用来解决三相电路问题，得到当时国际电工界的高度评价。1956年，萨支唐跟随肖克利在工业界从事固态电子学方面的研究，1959年进入仙童半导体公司。在伊利诺伊大学和佛罗里达大学执教期间，萨支唐桃李满天下，培育了一大批半导体科学家和工程师。他培养了100多位世界级半导体技术科学家和工程师，其中包括晶体管短沟道理论发明者、英特尔四大技术大师之一 Leo Yau 博士和现任英特尔资深技术大师马克·博尔（Mark Bohr）。

半导体激光器的先驱

萨支唐到伊利诺伊大学任教时，后来的"分子束外延技术之父"卓以和正在该校攻读博士学位。卓以和1937年出生于北京，1949年到香港，1955年赴美在伊利诺伊大学求学，1961年、1968年先后获该校的硕士、博士学位。卓以和对Ⅲ-Ⅴ族化合物半导体、金属和绝缘体的异质外延和人工结构的量子阱、超晶格及调制掺杂微结构材料系统地开展了研究，是国际公认的分子束外延、人工微结构材料生长和新型器件研究领域的奠基人与开拓者，当选美国国家科学院院士、美国国家工程院院士、美国科学与艺术学院院士、中国科学院外籍院士。

毕业后，卓以和初到贝尔实验室，实验室里有许多当时顶尖的科学家，有什么不懂都可以找到人请教，聊天时也能得到灵感。此后，卓以和在贝尔实验室做了37年的研究工作，他开创性地成功研发量子阱级联式新型激光器，这被认为是半导体激光器发展中的里程碑之一。卓以和后来曾回忆起这一发明："当时工业上没有技术生产均匀而极薄的薄膜，我就思考能否利用离子发射机产生分子束做这项技术，果然成功了！这个技术能生产仅有头发千分之一厚度的薄膜，原理是将一层层原子射上去。发明时是1970年，我只有32岁，这个年龄是科学家发明思想最旺盛的阶段。"对于研究和开发探索，卓以和有其自身的理解："很多成功的革新者就像冰球运动员一样，运动员要把握球的趋向：球往哪儿跑，运动员要往哪儿去；还有从统计学上来讲，如果你不射门的话，球永远不会进。但要预测科技发展趋势并不是一件容易的事。比如，1943年IBM总裁托马斯·沃森（Thomas Watson）预测'这个世界大概需要5台计算机'，而现在全球有多少计算机？1949年，还有人预测'计算机到最后可能会减少到1吨半重'，现在最轻的计算机重量是多少？1981年，比尔·盖茨预测'个人计算机存储空间640 KB就足够了'，现在家用计算机存储空间有多大？能否预测精确并不重要，关键是他们的预测方向是对的，并能按照这个方向去探索。"

20世纪80年代，受限于北大西洋公约组织禁运原料到中国的政策，卓以和回国只能为国内研究者修改技术蓝图，此后他把20世纪90年代发明的量子阱级联式新型激光器的材料构造与生长技术和方法带回国内。卓以和说，"我爱国并非是想要出名或者怎样，就是希望国家变得更强！"

芯事 The big bang of the chip

从二维到三维

20世纪90年代末，业界对于摩尔定律能否延续就已经有所怀疑：因为按照传统的经验，晶体管做小后就没办法关闭。美国加州大学伯克利分校的华人科学家胡正明领导的团队，在25纳米以下的CMOS技术研发中，分别于1999年发明了立体型结构的鳍型晶体管，于2000年发明了SOI的超薄绝缘层上硅体技术即完全空乏型晶体管，解决了电流控制能力急剧下降、漏电率相应提高的难题，使摩尔定律得以延续。新型的晶体管可以使单个电脑芯片的容量比从前提高400倍，对此胡正明曾解释："过去我们一直用平面结构来思考晶圆的发展，因此尺寸的缩小就有了极限，最后在发现晶体管不必是平面之后，既有的定律就会被打破。"

胡正明1947年出生于北京，成长于台湾。1973年获美国加州大学伯克利分校博士学位，1997年当选为美国国家工程院院士，2007年当选中国科学院外籍院士。在发明鳍型晶体管后，胡正明曾任台积电的首席技术官，带动了台积电的技术发展。这位新竹科学园区有史以来第一位获数理组院士的半导体业人士，当时被称为"中国台湾第一技术长"。2004年，胡正明回到加州大学任教，此后在学术领域屡创高峰，在晶体管尺寸及性能研发上屡次刷新世界纪录。

胡正明曾在多次访谈中谈及自己儿时的学习成长经验。胡正明曾说，自己的数学并不是很好，但喜欢琢磨事物：胡

图 17　胡正明院士在集成电路科技馆开馆仪式上接受采访

正明很小的时候,就在思考一张纸剪一半、再剪一半,可以剪到多小,终究会不会有无法再剪下去的一刻,这个问题始终困扰着他。或许,这些潜意识里的思考,正是其发明思想的源头。还有一次,胡正明的父亲告诉他闹钟会响,是因为有小人住在里面,他不相信便拆了闹钟来弄清楚。"很多人数学不好,因此便觉得自己不适合当科学家或发明家,其实如果有兴趣,也可以接受训练,可以投入研究,为世界解决问题。"

谈及国内的集成电路行业发展时,胡正明曾指出,"我们能够成功并购国外的企业,不光希望有技术的输入,对管理人才和公司文化的重视也是需要注意的"。如今,三维芯片的设计,颠覆了二维平面的存储,在垂直空间实现了材料、设备、工艺、结构、设计等方面的技术集成和有机融合,集成电路新发展可期。

华人科技工作者在芯片领域的辉煌成就,说明只要中国人坚定信心、选准目标、苦干实干、久久为功,便有能力走向引领芯片发展的世界舞台。

2. "芯"的摇篮

久经磨难的中华民族,在近代历史上几番努力,才终于迎来了伟大飞跃。中国芯片行业的发展,也在光阴的见证中见证了中国"心"的接力奋斗,而"中国芯"的摇篮则要从建国初期说起。

中国"芯"的奠基者

1951年,30岁的谢希德从麻省理工学院理论物理专业毕业。在李约瑟的担保下,归国心切的谢希德来到英国,与英国剑桥大学生物化学系博士曹天钦完婚。次年,谢希德和曹天钦从英国辗转印度等地,回到了祖国的怀抱。回国后,谢希德在复旦大学物理系任教,从无到有开设了固体物理学、量子力学等课程。

谢希德在复旦大学开设课程的同时,黄昆在北京大学开设了普通物理、固体物理和半导体物理课程。黄昆1945年赴英国留学,其博士生导师内维尔·弗朗西斯·莫特(Nevill Francis Mott)因非晶半导体的电子结构方面的贡献在1977年获诺贝尔物理学奖。黄昆于1951年10月回到中国,其后在北京大学任教，其课程颇受学生的欢迎。在1956年"向科学进军"号召之下，黄昆参与了为期12年的《1956—1967年科学技术发展远景规划》制定，提出要尽快培养半导体专业人才，以适应行业发展需要。当时，《1956—1967年科学技术发展远景规划》将半导体、无线电、自动化、计算技术列入了四项紧急措施（原子能和导弹技术因属国防项目当时未公开）。规划制定的过程中，高等教育部决定自1956年暑假起将北京大学、复旦大学、南京大学、厦门大学和东北人民大学（后改名为吉林大学）的物理系部分教师和四年级本科生、研究生集中到北京大学物理系，建立我国第一个半导体专业化培训班。当年，北京大学创建了我国第一个半导体物理专业，由黄昆任半导体教研室主任，谢希德任教研室副主任。

在教学的过程中，黄昆和谢希德历时一年，潜心编著了《半导体物理》一书，该书成为我国半导体领域第一部系统性著作，至今仍是半导体领域的经典教材。在黄昆、谢希德、高鼎三、林兰英、王守武、黄敞、朱贻玮、王阳元、许居衍、俞忠钰等人的努力下，新中国的集成电路人才培养和工业建设由此起步，为中国半导体和集成电路事业的发展夯实了根基。在1956—1958年两年的培养中，300多名青年科技工作者得以成长起来，不少人才后来成为我国半导体领域发展的中坚力量，例如中国科学院院士王阳元、中国工程院院士许居衍、微电子专家俞忠钰等人。

1958年，为培养固体物理专门人才，谢希德调回复旦大学，任复旦大学与中国科学院上海分院联合主办的技术物理研究所副所长，坚持应用技术和基础研究并重的策略，和同事一起为上海半导体工业发展和基础研究奠定了基础。面对实验技术人员非常缺乏的现实，谢希德建立了上海技术物理中专，培养的实验员后来又补齐了大学课程，成为半导体行业发展的重要力量。

源自黄昆、谢希德等人的努力，中国大陆早期集成电路发展走的是自主研发的道路。在国际的技术封锁下，中国大陆的研究人员、技术人才和产业工人自力更生、从无到有奠定了集成电路的发展根基，这与日本、韩国和中国台湾地区的以技术引进起步的模式有所不同。凝视改革开放前的中国大陆集成电路自主研发历史，在今天仍然有很强的启示意义。在这一发展历程中，集成电路产业链条所需的材料、装备、设计和生产同步配套、集中攻关、多点突破、全面开花。

抗美援朝开始后，以国防电子通信为主要管理领域的电信工业管理局成立，此后北京电子管厂、北京电机总厂、华北无线电器材联合厂（下辖 706、707、718、751、797、798 厂）、北京有线电厂（738 厂）、上海元件五厂、上海电子管厂、上海无线电十四厂，以及华北光电技术研究所、华东计算技术研究所、由时任中国科学院数学研究所所长华罗庚负责的电子计算机科研小组、中国科学院半导体研究所、河北半导体研究所（后为中国电子科技集团第 13 所）等成立。第四机械工业部成立后，国营东光电工厂（878 厂）、上海无线电十九厂又于 1968 年组建，1970 年建成投产。20 世纪 70 年代，"电路热"的背景下全国又兴建了甘肃天水永红器材厂（749厂）、甘肃天水天光集成电路厂（871厂）、北京东光电工厂（878厂）、贵州都匀风光电工厂（4433厂）、湖南长沙韶光电工厂（4435厂）等40余家集成电路工厂。

从这个角度上看，中国早期的半导体行业发展，走的是与美国类似的"源头创新"道路。从应用上看，中美两国的早期半导体发展也走的是类似的路径——以国防应用为主。在中国大陆，早期的半导体产品主要用于航空、航天、导弹、雷达、国防通信、国防的电子计算机等领域，而民用产品则以收音机为代表。

尽管中国大陆早期的集成电路发展与美国有差距，但是这些努力都是从无到有的起步，因而殊为不易。1957年，中国通过还原氧化锗拉出了锗单晶，并相继研制出锗点接触二极管和三极管，这距离美国贝尔实验室发明半导体点接触式晶体管约10年时间。仙童半导体发展平面工艺技术5年后，

图18　441-B-I计算机

中国同样发展了平面工艺技术，制成了硅平面型晶体管。仙童半导体发明集成电路 6 年和 7 年后，中国分别成功研制二极管-晶体管逻辑电路、晶体管-晶体管逻辑电路。美国开发首台全晶体管计算机 RCA 501 6 年后，中国的首台全晶体管计算机 441-B-I 问世。德州仪器为美国空军研发出首台基于集成电路的计算机 7 年后，中国研制了首台采用二极管-晶体管逻辑型数字电路的计算机。美国无线电分别制成金属氧化物半导体晶体管、金属氧化物集成电路器件 6～8 年后，中国先后制成了 P 型金属氧化物半导体电路、N 型金属氧化物半导体电路和互补金属氧化物半导体电路。英特尔推出 1 KB 动态随机存储器一年后，中国自主研制的大规模集成电路开始起步，并于 1975 年设计出第一批三种类型的（硅栅 NMOS、硅栅 PMOS、铝栅 NMOS）1 KB 动态随机存储器。

此外，这一时期的集成电路生产用设备也大多依赖于自主开发。在"消化吸收、融会贯通、推陈出新、举一反三"的路线下，20 世纪 50 年代末引进的苏联技术、20 世纪 70 年代尼克松访华后通过特殊渠道购买的少量欧美单机设备，也成为了自主发展的借鉴，其技术由此融入了自主体系。例如，这一时期中国科学院上海冶金所开发了离子注入机，在改革开放初还曾出口到日本。

白手起家的中国集成电路

这些中国"芯"的成就，凝结了无数自力更生的中国

"心"。自力更生的意识,使得引进苏联技术的过程中,中国团队自主研发的意识始终没有松懈,创新突破的脚步没有停滞。这才使得1957—1960年苏联逐步撤走专家的过程中,中国的半导体和集成电路发展事业不仅没有停滞,还突破了一个又一个技术难关。让我们重温一下1957年8月23日的国务院通知:"各部门聘请苏联专家必须严格贯彻少而精的原则,只有工作上确属需要的新技术、新专业和薄弱环节才可聘请专家,同时,要注意凡能聘请短期专家解决的,就不要聘请长期的专家,凡能够几个单位合聘的就要合聘。"

在这样的时代背景下,黄昆、谢希德等科学家培养的人才茁壮成长,例如康鹏发明"隔离-阻塞振荡器"(后被称为"康鹏电路")的历程就是最为生动的说明。1958年,我国开始研制109乙晶体管计算机,然而安装完成后的109机通电几分钟便重复出现故障,此时国外同行断言中国5年内研发不出晶体管通用计算机。1961年,国防科委决定安排哈尔滨军事工程学院参与晶体管计算机研制,时任哈尔滨军事工程学院电子工程系主任慈云桂找康鹏谈话:"你有胆量,也有才能,研发半导体计算机的任务交给你。"慈云桂之所以看重康鹏,除了康鹏在清华大学的自动控制专业进修经历外,还因为他未毕业就成功开设了新课程《脉冲技术与数字电路》,并且编写了40万字的讲稿。1962年,哈尔滨军事工程学院的晶体管计算机设计组成立,慈云桂负责设计组的管理工作,康鹏担任副组长。摆在新成立的设计组面前的首要难题就是:合格的晶体管短缺,已有的晶体管不稳定、寿命短。在慈云桂的支持下,时年25岁的康鹏采用"用国产的参数不一致的晶体管,构建出一致的、波形宽度标准的电路",发明了"隔离-阻塞振荡器",解决了晶体管产品不稳定的难题。1964年,四机部发文称康鹏电路"是一种具有良好整体特性,并且除了能完成通常变压器二极管组成的'与'、'或'逻辑外,还有阻塞功能的单元电路。尚未见过具有类似功能和特点的电路,同意列为发明"。在康鹏电路的基础上,哈尔滨军事工程学院成功开发了我国第一台晶体管计算机"441-B",在"两弹一星"、海军和空军、大庆油田等诸多领域中应用,发挥了巨大作用。

在"文化大革命"中,中国的集成电路研发并未止步。1972年,我国自主研制的P型金属氧化物半导体大规模集成电路在永川半导体研究所诞生。1975年,王阳元在北京大学设计出第一批1KB动态存储器。1978年,王守武带领徐秋霞等人在中国科学院半导体所成功研制4KB动态随机存储器,次年在109厂量产成功。由此可见,中国的集成电路是从无到有建设起步的。

在自主研发的同时,中国也曾试图引进国外技术。美国总统尼克松访华后,1972年中国从欧美引进技术,建设了40多家集成电路厂,包括第四机械工业部下属的甘肃天水永红器材厂(749厂)、甘肃天水天光集成电路厂(871厂)、贵州都匀风光电工厂(4433厂)、湖南长沙韶光电工厂(4435厂)和航天691厂等。这一年,中日邦交正常化。1973年,我国的集成电路考察团参观访问了日本的日立、东芝、日本电气、松下、三菱、富士通、夏普的半导体设计、生产、制造和设备等。此时，日本已采用 3 英寸硅圆片开展生产，而考察团的成员对于如何赶超开展了争论，主要有引进技术和只引进设备两种观点。但是，在当时的时代背景下，引进措施并没有得到执行。

尽管白手起家、道路坎坷，但是老一辈的科学家仍以其坚韧不拔的精神努力为中国集成电路发展打下基础，仍然闪耀着智慧的光芒，彰显着探索的勇气，这是后来中国大陆集成电路发展的起点。

3. 转型的困难与出路

市场倒逼的压力如何成为转型升级的动力，需要行业认识的深化、技术能力的提升和经营模式的转变。站在历史的峰峦之上，才能够看清来时的道路、前行的方向。

固体电路

作为苏联援助我国建设的 156 项工程之一，1956 年 10 月 15 日，位于酒仙桥工业区的北京电子管厂开始建设。1957 年，北京电子管厂开始筹建半导体实验室。此外，当时酒仙桥还建起了北京电机总厂、华北无线电器材联合厂、北京有线电厂（738 厂）、华北光电技术研究所等单位。1957 年，北京电子管厂拉出锗单晶，并研制出锗晶体管。次年，中国科学院的王守武、王守觉兄弟研制出我国第一批锗合金高频晶体管，并成功应用至当时的 109 厂（现中国科学院微电子所）的 109 乙计算机上。1959 年，林兰英带领团队拉出了硅单晶，李志坚则带领团队拉出了高纯度多晶硅。1960 年，中国科学院半导体所和河北半导体研究所正式成立。这一年，黄昆、王守武、王守觉、林兰英开始了平面光刻技术的研发，并于 3 年后开发出 5 种硅平面器件，成功应用于 109 丙计算机上。1965 年，王守觉在约 1 平方厘米大小的硅片上刻蚀了 7 个晶体管、1 个二极管、7 个电阻和 6 个电容的电路，标志着新中国第一块集成电路由此诞生。

其间，德州仪器和仙童半导体已经开始了集成电路的发展历程，从美国回来的黄敞将"集成电路"的概念带回到国内。黄敞的父亲黄修青毕业于上海交通大学，母亲袁韵琴毕业于上海知名高校。出身于书香门第的黄敞勤奋好学，考取了西南联合大学电机系，抗战胜利后跟随清华大学回到北京，1948 年留学美国。黄敞获得哈佛大学博士学位后，就职于雪尔凡尼亚半导体厂，先后担任了高级工程师和工程经理，获得了 10 项专利，已小有成就。然而，此时生活条件已经颇为优越的黄敞，毅然决然地放弃在美国的永久居留权，与杨樱华申请环球旅行，辗转约 10 个国家和地区回到祖国的怀抱，把当时国际上最前沿的研究带回国内。此时，北京大学物理系的半导体团队已经组建，黄敞先是在北京大学任副教授，后来又到中国科学院计算技术研究所任 11 室主任、副研究员。1965 年，黄敞在中国科学院 156 工程处

（后来改为第七机械工业部的 771 所）开始了航天微电子的探索，在做出了巨大贡献后于 1986 年任航天部科技委常委。在航天微电子事业的探索期间，黄敞扎根当时地处"三线建设"的骊山，率先在国内探索了硅集成电路的工艺研究和生产线的建设，研制成功了国内首台图形发生器、晶体管-晶体管逻辑小规模集成电路和 CMOS 集成电路系列产品。他发明的"载流子总量分析方法"可用于各种集成电路与器件分析，开创了我国器件模拟和仿真、工艺优化的新路径。在开创存储器等研发先河的同时，黄敞等人在 771 所的成就，还将集成电路发展的新"火花"传播至北京、上海等地的半导体工厂，促进了我国半导体事业的崛起。改革开放后，黄敞一边继续半导体行业的探索，一边培养人才，其中包括张兴、武平等一大批专业人才，可谓桃李满天下。

在黄敞将"集成电路"的概念带回到国内时，国内当时将"集成电路"称为"固体电路"，新中国的第一块固体电路就此从文献研究中起步。一开始设计的固体电路是二极管晶体管逻辑型与非门电路，这是电子计算机布尔代数里最基本的电路。在生产过程中，正如"两弹一星"的研发还运用了算盘这些最为基础的工具，20 世纪 60 年代中国仍买不到国际上的半导体专用设备，用于半导体生产的扩散炉、光刻机、蒸发台、外延炉等设备还靠大学生完成工艺画图后，再到机械加工车间加工，这便是最早的硅平面管开发所用设备。

北京电子管厂的第一个用户是华北计算技术研究所（15 所），双方在研发过程中密切合作，华北计算技术研究所

图 19　北京电子管厂

协助完成试制样品的测试和分析。除了北京电子管厂外，中国科学院半导体研究所、中国科学院计算技术研究所 156 工程处和北京市无线电器件研究所（沙河研究所）、河北半导体研究所（13 所）、上海元件五厂等也开展了研发。1965 年年底，河北半导体研究所召开新产品设计定型会，在国内第一家鉴定了固体电路产品：采用介质隔离的二极管-晶体管逻辑型数字逻辑电路。由于河北半导体研究所和北京电子管厂采用相同的工艺，因此华北计算技术研究所研制的第三代电子计算机样机就由前两者共同作为供应商，分别负责技术难度大和规模大的电路供应。1967 年，华北计算技术研究所采用这些固体电路的成果展出，成为我国自主研发的第一批第三代电子计算机之一。上海元件五厂则与华东计算所开展合作，在1966年底召开晶体管逻辑型电路产品鉴定会。

1963年，中央政府组建主管全国电子工业的第四机械工业部（1982年改组为电子工业部），由通信专家王诤中将任部长。1967年，第四机械工业部开始规划在大后方三线地区新建三座固体电路工厂（877厂、878厂和879厂），但是又觉得在山沟里新建工厂太慢，于是1968年第四机械工业部决定在北京筹建国营东光电工厂（878厂），而877厂和879厂则分别在陕西和四川建设。在抽调北京电子管厂的技术人员后，东光电工厂开发出第一块固体电路样品：二氧化硅介质隔离的二极管-晶体管逻辑型与非门电路。此时，国内的半导体专用设备已较之前有所进步，而在学习上海元件五厂的开发经验后，东光电工厂也生产出晶体管逻辑型与非门电路。就在这样的艰苦摸索中，北京大学电子仪器厂在1972年研制成功我国第一台100万次大型电子计算机。就这样，北京电子管厂建成了专业化的集成电路工厂，为我国的国防和工业提供了早期的集成电路产品。同时，该厂还开展了电视机电路、录音机电路的早期研发，建成了我国第一个用于半导体集成电路生产的洁净厂房。

1980年，东光电工厂从国外引进3英寸芯片生产线，并在此后加快了金属氧化物半导体的研发，我国第一条3英寸工艺线上生产了双极型线性电路工艺和金属氧化物半导体型数字电路工艺。后来，CMOS电路也得到了开发。20世纪80年代中期后，由于多种原因，东光电工厂逐渐退出了集成电路行业。同时，北京电子管厂在"三七"工程总体整机计划进展不顺利的情况下，也逐渐退出了集成电路行业。此后，原北京电子管厂的年轻厂长王东升带领员工自筹 650 万元资金进行股份制改造，创办了北京东方电子集团股份有限公司，后更名为京东方科技集团股份有限公司。

与北京电子管厂相对应，上海元件五厂则是南方地区的集成电路发展摇篮，在计划经济时代专注于双极型数字电路的生产。1968 年，上海组建无线电十九厂，并于 1970 年建成投产，以生产二极管-晶体管逻辑、晶体管-晶体管数字集成电路为重点，与东光电工厂形成了当时中国集成电路产业中的南北两强。此时，1968 年国防科委在四川永川成立了模拟集成电路研究所——固体电路研究所（即永川半导体研究所，现中国电子科技集团第 24 所）。

海外引进之路

1973 年，中日邦交恢复一周年之际，中方组织了 14 人的电子工业考察团赴日本企业考察集成电路产业，但是由于政治和资金方面的原因，考察过程中全线引进日本电气生产线的计划未能实现。改革开放后，位于江苏无锡的江南无线电器材厂（742 厂）从日本东芝公司全线引进了黑白电视机和彩色电视机的集成电路生产线投产，这是中国第一次全面地投产海外引进的集成电路生产线。江南无线电器材厂引进的生产线，包括 3 英寸的硅片生产线和封装线，当时计划年产 2 648 万块双极型消费类线性电路（用于电视机和音响）。

1984年，江南无线电器材厂年产3 000万块集成电路，成为当时中国大陆技术最先进、规模最大的集成电路企业。

回顾江南无线电器材厂的发展历程，就不得不提起原厂长王洪金。1960年，江南无线电器材厂成立，当时有200多人，以生产军品半导体仿苏二极管为主要产品。1963年，江南无线电器材厂归属国家第三机械工业部第十管理总局（代号"国营第742厂"），并被要求停止小商品生产、重点攻关半导体。这一年，王洪金来到742厂工作。王洪金参加过解放战争、抗美援朝战争，在部队里学习了无线电通信技术。在担任742厂厂长期间，王洪金带领全厂贯彻"军品第一""质量第一"的思路，提升了工厂的技术水平和生产能力，同时规范了生产管理，742厂先后9次荣获国家金牌产品、8次荣获国家银牌产品、国家级企业技术进步奖、国家一级企业称号等。

20世纪70年代，江南无线电器材厂及时调整方向，将其产品从军品拓展至半导体收音机、录音机等民用晶体管。当时，在国内的"电路热"中，王洪金认为需要在与大厂的电路竞争中，另辟蹊径地主攻分立器件。于是，分立器件成了江南无线电器材厂的特色产品，最高时其国内市场占有率高达60%～70%。

1977年，我国决定从日本引进彩色显像管生产线，同时也计划引进配套的线性集成电路生产线，其中集成电路生产线定点在江南无线电器材厂。1980年5月，3英寸的硅片生产线开始建设，并于1982年10月投产。1982年10月14

日中日双方举行验收交接仪式，后道工序投入试生产，1985年6月25日全面通过国家验收正式投产。总投资2.7亿元，设计年生产能力集成电路2 648万块。

在引进线的产品生产上，江南无线电器材厂曾经产生了分歧：有的人认为需要完全按照日方的产品标准进行产品生产，有的人则认为要以当时国内用户要求为导向来加以生产。最后，江南无线电器材厂作出了探索以用户标准为导向的生产决策，这在当时来说已是很有"市场意识"的抉择。回顾历史可以发现，也正是因为有了这样的意识，才使得江南无线电器材厂得以在全国的工厂中脱颖而出，建成国内第一座现代化的集成电路工厂，使微电子工业开始实现规模经济。江南无线电器材厂的这一决策，也能看出江苏集成电路行业为什么能够在20世纪80年代从以军工、电子计算机和仪器仪表配套为主的数字集成电路，向以彩色电视机、收录机（音响）、通信机（无线电通信和程控电话）、机电仪器等产品配套为主的专用集成电路转型。

1987年，江南无线电器材厂的产量已近全国同类产品的40%。此时，江南无线电器材厂响应电子工业部"一家引进，多家受益"的号召，向国内其他企业推广集成电路生产技术，带动了人才支持、技术资料和管理经验。这一年，无锡微电子工程科研中心开工建设，其背后则是我国"七五"期间微电子产业的布局。在"七五"布局中，我国认识到与国际先进水平的巨大差距，因而立项开始建设无锡微电子工程，并落户于江南无线电器材厂。1983年，电子工业部决定由永川半导体研究所（即后来的中国电子科技集团公司第 24 研究所）抽调 500 人在无锡建立分所，组建无锡微电子科研生产联合体，攻关 2～3 微米工艺大生产技术等。科研生产联合体成立后，先后研制和生产了 64 KB 和 256 KB 动态随机存储器。

在联合攻关的模式下，无锡微电子联合公司于 1985 年注册成立，1989 年以该公司为基础的中国华晶电子集团公司成立，而科研中心则更名为华晶公司中央研究所。1989 年 2 月，机电部在无锡召开"八五"集成电路发展战略研讨会，提出了"加快基地建设，形成规模生产，注重发展专用电路，加强科研和支持条件，振兴集成电路产业"的发展战略。

在 20 世纪 80 年代和 90 年代初，先是日本在存储芯片领域赶超了美国，后是韩国又赶超了日本。在邻国的产业发展经验启示下，1990 年 8 月国家计委和机电部在北京联合召开了座谈会，1992 年国务院决定实施"908 工程"。"908 工程"集中投资 20 多亿元，其目标是在无锡华晶建成一条月产 1.2 万片、6 英寸、0.8～1.2 微米的芯片生产线。但在"908 工程"正式批复前的 1990 年，华晶 MOS 生产线开工建设已经启动。在多种因素的综合作用下，"908 工程"投产较慢，此时国外的竞争对手已沿着摩尔定律的路径实现了四五代的技术领先，华晶投产当年出现了亏损。1998 年 1 月，"908 主体工程"华晶项目通过对外合同验收。1998 年 2 月，华晶将部分设备租给我国香港上华半导体公司，后者引进美国和中国台湾地区的团队。在改造华晶的过程中，曾经创办茂矽电子的陈正宇求助于刚从德州仪器退休的张汝京。不过，由于身份限制，不到三个月张汝京便被台湾当局硬拉回去。尽管如此，在张汝京等人的协助下，华晶在 1998 年 2 月至 8 月完成了改造任务，并于 1999 年 5 月实现了盈亏平衡。1999 年，上华持股 51%、华晶持股 49% 的无锡华晶上华半导体公司成立，2002 年华润集团完成对华晶的收购。

从江南无线电器材厂到无锡微电子联合公司，再到华晶电子集团，是改革开放以来中国微电子企业转型发展的缩影之一。20 世纪 80 年代初，在电子厂自己找出路的大背景下，大量工厂出国购买技术和生产线，自主研发的思路逐渐被引进所替代。1980 年，在航天 691 厂（后来并入航天 771 所）工作的侯为贵被派往美国考察生产线，他于 1985 年到深圳创办了中兴半导体。然而，在巴黎统筹委员会（简称"巴统"）的技术限制下，中国引进的只能是发达国家淘汰的二手设备，并未形成核心技术的优势。

南北基地

20 世纪 80 年代初，美国和日本的微处理器和存储芯片快速发展，个人计算机正在快速兴起。面对这一形势，1982 年，国务院成立了以万里副总理为组长的"电子计算机和大规模集成电路领导小组"，制定了中国集成电路发展规划，提出"六五"期间要对半导体工业进行技术改造。1983 年，国务院大规模集成电路领导小组提出"治散治乱""建立南北两个基地和一个点"的措施,其中北方基地主要指北京、天津和沈阳,南方基地主要指上海、江苏和浙江,一个点是指为航天配套的西安。

在国务院成立大规模集成电路领导小组的那年,国家还决定成立电子工业部。1986 年,电子工业部在厦门举办集成电路战略研讨会,提出"七五"期间我国集成电路技术"531"发展战略——"普及 5 微米技术,研发 3 微米技术,攻关 1 微米技术",并出台了集成电路"七五"行业规划(1986—1990年),在上海和北京建设南北两个微电子基地。

1987 年北京燕东微电子联合公司成立,1988 年由上海市仪表局、上海贝尔公司合资设立上海贝岭公司。北京燕东微电子由北京器件二厂的技术改造而成,上海贝岭则引进了全新工艺设备,新建了洁净厂房。此后,在首都钢铁公司拓展企业经营范围的背景下,燕东公司划归首钢。1998 年,上海贝岭改制上市后更名为上海贝岭股份有限公司,成为国内集成电路行业的第一家上市公司。1999 年,上海仪电控股将持有的上海贝岭国家股划拨到上海华虹(集团)有限公司,华虹集团成为公司第一大股东。燕东公司则自 1997 年开始,将产品重心由集成电路转向分立器件,在分立器件领域立足后回头积极开发双极型模拟电路产品,并于 2012 年实现了集成化整合。

1988 年,上海的半导体企业开始了合资模式的探索。这一年,上海无线电十四厂引进技术项目、建设新厂房,成立了中外合资的上海贝岭微电子制造有限公司。同年,上海无线电七厂和荷兰飞利浦公司合资成立上海飞利浦半导体公司（1995年更名为上海先进半导体制造有限公司，2004年改制为上海先进半导体制造股份有限公司），生产大规模集成电路。

上海无线电十四厂成立于1960年7月21日，由一亚电工厂和交直电工厂合并而成，建厂初期的硅器件产品主要包括整流管、稳压管、高压硅柱、可控硅。随着平面技术的应用，上海无线电十四厂又确立了金属氧化物半导体的主导方向，生产的场效应管有金属氧化物半导体型、结型、光敏、氢敏场效应管等，一时成为国内主要的场效应管生产厂。1988年，上海贝岭微电子制造有限公司成立，当时的主要业务是为上海贝尔电话设备制造有限公司配套提供通信用大规模集成电路。在合资的过程中，占股40%的上海贝尔电话设备制造有限公司是中国邮电工业总公司和阿尔卡特贝尔及比利时王国政府合作基金会合资经营的企业（中方占股60%），成立于1984年，以数字程控机系统为主要产品。

1995年，上海贝岭微电子为满足S1240局用数字交换电路升级的需要，建设了1.2微米生产线。同年，面对交换机市场的激烈竞争，上海贝岭微电子成立新产品研发设计中心，积极开发各种新产品，包括卡拉OK电路、遥控器电路、微控制器等，自此其产品结构已从程控交换机电路扩展至其他多种电路。1997年，上海贝岭微电子已经拥有4英寸生产线，年产能16万片。当年，公司的程控交换机电路占国内市场的30%，主要客户为上海贝尔；卡拉OK混响电路占国内市场的 55%，客户包括长虹电视机厂以及广东、江苏、上海等地的 80 余个；彩电、音响遥控器电路占国内市场的 20%，客户包括康佳、青岛海信等 30 余个；电子电度表电路占国内市场的 90%，客户包括宁夏宇光、南京三能、上海恒通等 40 余个；金卡芯片占国内市场的 8%，客户包括上海长丰、北京华旭等 40 余个；电话机拨号电路占国内市场的 3%，客户包括深圳创维以及广东、福建等地共 20 个。

上市后，上海贝岭一直坚持垂直一体化发展模式。2007 年，以上海贝岭的先进电源事业部为基础，成立了上海岭芯微电子有限公司，由此贝岭开始了新模式的探索。此前的 2003 年，先进电源事业部通过结合华虹集团的工艺工程师团队成立了贝岭的设计和生产线。2006 年，贝岭与海外回国的电源管理团队签署孵化协议，孵化条件比原计划提前两年实现，因而上海贝岭开始探索孵化模式。在上海岭芯微电子有限公司成立后，上海贝岭还向上海韬井微电子有限公司、苏州同冠微电子有限公司、上海阿法迪智能标签系统技术有限公司等企业进行了投资。

2009 年，华虹集团通过分立方式重组后，中国电子信息产业集团有限公司成为公司第一大股东。2010 起，上海贝岭的主要产品为电力计量芯片、液晶显示器驱动芯片、射频识别芯片、微控制单元芯片、电源管理芯片。此时的上海贝岭，仍然以垂直一体化模式为主，建有 4 英寸的模拟集成电路制造产线。

2012 年 9 月，上海贝岭子公司上海贝岭微电子制造有限公司生产车间发生火灾，直接导致公司当年停产。意外的火灾发生后，上海贝岭的业务重心转向集成电路设计业务。2015年7月，中国电子信息产业集团有限公司将持有的上海贝岭股份有限公司26.45%股份无偿转给华大半导体有限公司（中国电子信息产业集团有限公司的全资子公司），由此华大半导体有限公司成为上海贝岭第一大股东。此后，上海贝岭不再坚持垂直一体化业务模式，在2016年将8英寸生产线转至上海华虹NEC后，转型至垂直分工领域中的无晶圆生产线的集成电路设计模式，其晶圆制造环节主要外包给上海华虹宏力半导体制造有限公司、上海先进半导体制造股份有限公司、中芯国际集成电路制造有限公司，封装环节则外包给通富微电子股份有限公司和天水华天科技股份有限公司等企业。作为集成电路设计企业，上海贝岭的产品领域主要有计量及系统级芯片、电源管理、通用模拟、非挥发存储器、高速高精度模拟数字转换器，主要目标市场为电表、手机、液晶电视及平板显示、机顶盒等各类工业及消费电子产品。2017年，上海贝岭共实现营业收入5.62亿元，较上年增长10.37%；归属于上市公司股东净利润1.74亿元，同比增长358.75%。

4. 芯的征程

从量的积累向质的飞跃，集成电路企业的破茧成蝶，往往需要经历痛苦的抉择。时间见证了中芯国际等国内芯片企业的接力奋斗历程，见证了超常规、跨越式发展的强劲步伐背后深层次的挫折教育和成功启示：系统性的战略眼光、专业性的实践经验和整体性的协调能力。

中芯国际的开创

在中国大陆的芯片制造企业中，中芯国际作为国内规模最大、技术最先进的制造企业之一，在中国北京、上海、深圳、天津和意大利拥有生产8英寸和12英寸的晶圆厂，率先在中国大陆进行14纳米工艺技术的研发。

2000年4月，张汝京博士与王阳元院士等人一道，带领着300多位台湾同胞和100多位来自欧美日韩等地的同事和朋友组成的团队，在上海创办中芯国际集成电路制造（上海）有限公司。包括谢志峰（本书作者之一）在内的许多中国大陆海归博士加入了中芯国际的艰苦创业中。张汝京的父亲张锡纶毕业于中国第一所矿业高等学府焦作工学院，毕业后进入上海的一家炼钢厂工作。抗战爆发后，张锡纶随着上海工业的西迁到了重庆，其所工作的炼钢厂被编入了兵工厂。战火中，张锡纶先生指挥炼钢，刘佩金女士（张汝京的母亲）钻研火药，为前方源源不断地输送抗战物资。抗战胜利时，张锡纶已成为著名的炼钢专家，与刘佩金女士在南京安家、成婚、生子。张锡纶的大儿子张汝翼后来曾参与了无锡华晶上华的建设，张汝京是张锡纶的第二个儿子，于1948年出生。淮海战役结束后，张锡纶带着张汝京等家人启程前往台湾高雄。在台湾，张汝京以优异的成绩毕业，后来前往美国攻读工程学硕士、电子学博士学位，并于1977年加入德州仪器。在邵子凡的领导下，张汝京成长为芯片制造工厂建设专家：经历了前8年的研发职业生涯后，张汝京开始负责运营，成功主持了德国仪器在美国、日本、新加坡、意大利和中国台湾地区10座半导体工厂的建设与运营，成为了全球半导体业"建厂高手"。

在邵子凡、张锡纶的感召下，张汝京萌生了到祖国大陆建设芯片制造工厂的想法。1989年，德州仪器在多重评估后决定在中国台湾建厂，当时张汝京便设想招聘祖国大陆的工程师到宝岛上培训，以便未来建厂时解决人才难题。不过，由于台湾当局不允许，张汝京只得作罢。1992年至1994年，张汝京在新加坡建设芯片制造厂。在得到新加坡政府允许后，张汝京在内地招聘了约300人，后来中芯国际成立时有数十人追随张汝京到上海投身建设。

1995年，张汝京受邵子凡之托，时隔46年后回到祖国大陆作演讲。此次大陆之行中，张汝京了解到贵州地区的贫困学生状况后，便于1996年在贵州正安县的碧峰乡捐赠了平生的第一所希望小学，此后陆续在贵州、云南、四川、甘肃等地捐赠兴建了约20所希望小学。

1997年，张汝京从德州仪器提前退休后，回到中国台湾创办世大半导体。2000年，台积电并购世大半导体，张汝京把在中国台湾的股票市场上获得的盈利捐于慈善事业后，带着"中"国技术第一"芯"片代工厂的梦想来到了上海，将企业取名为"中芯"。张汝京在上海获得了各级政府部门的大力支持，时任市长徐匡迪亲自带张汝京考察了浦东后，中芯国际选址张江。

在中芯国际的早期发展中，作为奠基人之一的王阳元院士同样功不可没参与创建了中芯国际集成电路制造有限公司。王阳元于1958年毕业于北京大学物理系，是我国自主培养的第一批半导体人才之一。1975年，王阳元主持研制成功具有自主知识产权的硅栅P沟道、铝栅N沟道、硅栅N沟道三种技术和我国第一块1 024位MOS动态随机存取存储器，开拓了我国硅栅N沟道MOS技术，其成果荣获1978年全国科学大会奖。1978年，王阳元在北京大学建立微电子学研究室并任室主任，成为北京大学微电子学科的创建者。1986年，北京大学微电子学研究所成立，王阳元任所长。王阳元主持创建了SOI新器件研究室、我国第一个国家级微米/纳米加工技术重点实验室、北京大学多功能芯片制造服务中心，并与杨芙清院士共同创建了软件与硬件协同设计北京市高技术重点实验室等机构。在北京大学的研究历程中，王阳元还提出了多晶硅薄膜"应力增强"氧化模型、工程应用方程、掺杂浓度与迁移率之间的关系；研究了多种硅化物薄膜及亚微米和深亚微米CMOS电路的硅化物/多晶硅复合栅结构；发现了磷掺杂对固相外延速率增强效应以及$CoSi_2$栅对器件抗辐照特性的改进作用；提出了SOI器件浮体效应模型和通过改变器件参量抑制浮体效应的工艺设计技术；领导研制成功了我国第一个大型集成化的ICCAD

系统。20世纪90年代后期开始，王阳元研究微机电系统，后来又致力于研究亚纳米集成电路新器件结构、新工艺及其集成技术。此外，王阳元院士还十分关注集成电路的发展战略研究，《我国集成电路产业发展之路》《绿色微纳电子学》《战略——生存与发展之本》《后摩尔时代微纳电子学科发展战略研究》等著作就是其代表性的成果。

信心是实力的前提，实力是信心的体现。2000年8月1日，中芯国际打下了第一根桩，在2001年9月25日正式建成投产，前后仅历时13个月，创造了当时最快的建厂速度。

张汝京的专业、朴实和眼光很快吸引了一批国际化的专业人才集聚到中芯国际。建厂时，张汝京事事亲力亲为，初期每天在厂里巡视数次，每次要花约两小时。开工第一天，张汝京带领高层主管到无尘室，亲自用酒精沾布，蹲在地上擦地板。张汝京的做法，自然而然地凝聚了中芯国际员工的向心力，而中芯国际对于人才的第一要求是"操守"和"诚信"。这或许就是除了专业之外，"建厂高手"能够创造震惊业界纪录的又一法宝。在中芯国际任董事长的十年期间，王阳元院士则集长远发展的战略思维、切合实际的经营策略于一道，为中芯国际设计行之有效的运行和融资体制，使中芯国际广纳天下英才的同时，又能适应中国国情顺利发展。在他们的共同努力下，中芯国际引入了上海实业、摩托罗拉、张江高科、北大青鸟、高盛、华登国际以及新加坡淡马锡控股等一批投资者，开启了中国大陆晶圆代工发展的新征程。

逆水行舟，不进则退。肩负起民族集成电路行业的发

图 20　中芯第一芯

展使命，不仅要创新，还要加快创新、多创新。张汝京建厂中芯国际，正值行业发展的低谷期，这一时机与三星的"逆周期投资"做法不谋而合。在低谷期，中芯国际以相对较低的价格购入了二手设备以及位于天津的摩托罗拉工厂。同时，改革开放后一批海归人才相继创业，或者回到中国大陆工作。在中芯国际的发展中，上海市政府积极响应中央政府的政策，全力支持中芯国际的发展。有此基础，加上上海实业、高盛、华登国际、汉鼎亚太和祥峰等的投资，中芯国际在"天时地利人和"中起步。仅仅3年时间，中芯国际已经拥有4条8英寸生产线和1条12英寸生产线，在当时绝无仅有，震惊了业界。

看似一切顺利的背后，实则凝聚着张汝京的建厂智慧。尽管获得了10亿美元的投资，再加上银行4.8亿美元的融资，但是当时10亿美元仅够一条8英寸生产线的费用，留给中芯国际的施展空间十分有限。经过慎重考虑，鉴于资金有限、人才不足，中芯国际认定必须要做大规模，而生产工艺则依靠合作联盟来实现。再加上当时适逢行业的低谷期，中芯国际得以迅速做大。

在中芯国际建设过程中，张汝京带着妻子和儿子迁往上海定居，张汝京的母亲刘佩金也前往上海（此时张锡纶已经仙逝）。1949年张锡纶来到台湾地区后，担任一家冶金工厂的厂长，而刘佩金女士以教书为业，直到近70岁。刘佩金一直给孩子们以《史记》等中国文化的教育，而张汝京也在父母的熏陶下种下了刻骨铭心的中国心。不过，在中芯国际初创之时，台湾当局要求张汝京在大陆撤资，张汝京则以宣布放弃台湾地区的户籍作为回应。张汝京的以身作则，是当时中芯国际独特的企业文化魅力。在张汝京的感召下，中芯国际的员工家属也大多支持家人投身上海基地的建设。

迎难而上

在中芯国际聘请世大半导体的老员工、台积电的工程师后，台积电于2003年在美国加州起诉中芯国际不当地使用了台积电的商业秘密，要求中芯国际赔偿10亿美元。2005年，中芯国际与台积电达成和解协议，赔偿1.75亿美元。这一年，中芯国际销售收入超越新加坡特许半导体公司，在全球的晶圆代工行业排名第三。然而，2006年台积电再次于美国加州起诉中芯国际，指责其在最新的0.13微米工艺使用了台积电的技术。对此，中芯国际在北京高院反诉台积电。

2009年，北京高院驳回了中芯国际的诉讼请求，而台积电则在后来开庭的美国加州法院审理中获胜,之后中芯国际和台积电达成和解,和解协议包括支付台积电2亿美元和10%中芯国际股份。3天后,张汝京辞职,离开了凝聚其无数心血和智慧的中芯国际。然而,张汝京和中芯国际的"中国芯"梦想并未就此停止。

离开中芯国际后,张汝京继续追求芯片梦想,先是进入发光二级管的研发、制造和应用领域,后来又于2014年在上海新昇半导体科技有限公司开始了300毫米晶圆片(即12英寸硅片)研发及量产的新征程。上海新昇半导体科技有限公司成立于2014年6月,总投资68亿元,一期投资23亿元,公司的目标是致力于在我国研究、开发适用于40/28纳米节点的300毫米硅单晶生长、硅片加工、外延片制备、硅片分析检测等硅片产业化成套量产工艺;建设300毫米半导体晶圆的生产基地,实现300毫米半导体晶圆的国产化。2017年,张汝京决定不再担任新昇总经理职务,但继续担任新昇董事。张汝京的艰苦奋斗,给新昇半导体科技有限公司和中国晶圆产业带来了希望。新昇在致全体员工的信中写道:"张汝京博士为新昇做出了伟大的贡献,他领导新昇团队在创纪录的时间内建成了一个现代化的工厂,在极短的周期内拉出了第一根晶棒(硅晶锭),目前已经把论证样品送至我们的潜在客户,并取得了阶段性认证成果。我们坚信,这些成就标志着张汝京博士在国际半导体行业中辉煌职业生涯达到的顶峰。"此后,70多岁的张汝京又开始了协同式垂直一体化模式的探索,2018年5月18日,首个协同式集成电路制造企业——芯恩（青岛）集成电路制造有限公司在青岛西海岸新区启动。

张汝京从中芯国际辞职后，2009年6月江上舟临危受命出任中芯国际董事长。2010年，中芯国际首次实现全年盈利。然而，壮志未酬之际，江上舟在中芯国际董事长任上，因肺癌复发于2011年6月27日辞世。2002年，江上舟曾罹患肺癌，尽管当时已经治愈，但是操劳过度的江上舟还是在2010年再次肺癌复发。

江上舟是上海芯片产业的奠基人、国家大飞机项目的启动者之一，他与电子信息领域的接触从1965年就已经开始。这一年，江上舟考入清华大学无线电系，但是不到一年便到工厂学工，到农村学农。1978年，中国恢复研究生招生，已结为夫妻的江上舟和吴启迪双双考回母校。后来，江上舟夫妇又前往瑞士留学，并在20世纪80年代回到祖国。1987年，留学8年的江上舟获得博士学位后，到国家经委的外资企业管理局任职。此时，正值海南建省，江上舟参加了海南的考察、调研与规划。国家经委撤并后，江上舟留在海南，参与了从县级市升格的三亚市筹建工作。1991年，江上舟高票当选海南省三亚市副市长，建立了全国第一个土地交易中心，实行土地公开拍卖，激活了土地市场，为三亚争取了基础设施建设需要的资金。此后，江上舟于1993年出任海南省洋浦开发区党工委书记、洋浦开发区管理局首任局长，1997年调往上海工作并先后担任上海市经济委员会副主任、市工业党委副书记等职，2001年任上海市人民政府副秘书长兼上海化学工业区领导小组办公室主任，2003年成为国家中长期科学和技术发展规划领导小组办公室成员兼重大专项组组长。

1997年转任上海市经济委员会副主任后，江上舟便开始了集成电路等高科技产业项目发展的调研，并且认定21世纪上海必须发展知识密集型的信息产业。江上舟判断，国内集成电路需求旺盛、供给薄弱、设备的进口依赖明显，要增强集成电路供给能力、突破半导体生产和试验关键设备瓶颈、占领技术和市场高地。通过对中国台湾地区的发展历程，以及国际资料的精读后，江上舟认定华人有能力在全球的半导体产业竞争中占据一席之地，集成电路是中国必须发展的工业。1998年底，江上舟向上海市领导建议，在浦东规划面积22平方公里、3倍于新竹工业园区的张江微电子开发区，"十五"期间引资100亿美元建设10条技术水平等于或高于华虹NEC"909工程"8～12英寸集成电路生产线。2000年，张汝京和王文洋分别在上海创办中芯国际和宏力半导体有限公司，江上舟力推的集成电路发展进入了新阶段。这一年，中芯国际一厂主厂房上梁时，张汝京花了20元人民币放了1 000响鞭炮贺喜，前去祝贺的江上舟认定张汝京能将事业做成。再到后来，上海浦东张江、松江和漕河泾"两江一河"产业带得到发展。由此，江上舟对上海有能力发展集成电路的判断得到了验证。

2006年3月，江上舟出任中国残疾人福利基金会理事长，与同事一起运筹了"爱心永恒"行动与"启明"行动。

同年，他被委任为中芯国际的独立非执行董事。2009年，江上舟接替王阳元出任中芯国际董事长。担任董事长职位不足4个月时，中芯国际在与台积电的诉讼中失败，张汝京离职。临危受命后，江上舟相继邀请王宁国、杨士宁等业内人士加盟，剥离了非核心业务，于2010年带领中芯国际扭亏为盈。在江上舟的任上，中芯国际的托管公司曾经面临被对手接连并购的困局，其中包括台积电试图并购武汉新芯的12英寸工厂。江上舟带领团队协同努力，化解了困局，向武汉市政府承诺注资新芯，将其变为子公司。

大约两年后，江上舟带领全体高管，对外宣布了新的五年战略规划，开始寻求新的战略投资。张汝京也曾表示，江上舟为中芯国际开创了新局面。然而，战略型科学家江上舟的生命在64岁戛然而止。

几经调整后，中芯国际树立了继续坚持江上舟提出的独立化、国际化的方针，稳定了公司内部，也稳定了客户。同时，中芯国际快速提升了产能利用率，为客户做得更细心、更精准、更快速，中芯国际开始扭亏为盈。2015年，工业和信息化部总经济师周子学接替张文义出任董事长，此时中芯国际已经实现了11个季度的持续盈利，向全球客户提供0.35微米到28纳米的晶圆代工与技术服务。现在的中芯国际总部位于上海，在上海建有一座300毫米晶圆厂和一座200毫米超大规模晶圆厂，在北京建有两座300毫米超大规模晶圆厂，在天津和深圳各建有一座200毫米晶圆厂。2016年，中芯国际销售总额达到29亿美元，收入同比上升

30.3%，几乎 3 倍于代工行业平均成长率；经营利润达到新高，为 3.392 亿美元，经营利润率约为 12%；净利润率和中芯国际应占利润均创新高，分别为 11% 和 3.766 亿美元。税息折旧及摊销前利润首次超过 10 亿美元，年度净资产收益率从前一年的 7.6% 上升至 9.6%。这一年，中芯国际成功收购了 LFoundry，向汽车芯片市场迈出了坚实的一步，同时北京合资厂和深圳厂营运，维持了整体上的高产能利用率。

2018 年初，中芯国际发布公告，与国家集成电路产业投资基金、上海市集成电路产业投资基金合资成立的中芯南方集成电路制造有限公司，计划总投资 102.4 亿美元，在中芯国际上海厂区保留地块上，建设两条月产能均为 3.5 万片芯片的集成电路生产线，生产技术水平以 12 英寸和 14 纳米为主，产品主要面向下一代移动通信和智能终端。

由此可见，找准集成电路的发展目标，落实集成电路的发展战略，部署集成电路的发展措施，必然要求将诸多方面整体思考，把互联互通的各行业引擎全速、全面、全力发动起来。

5. 自主创"芯"

无论是发达国家的集成电路发展历程，还是中国从无到有的集成电路发展历史都表明，统一目标、奋发有为，是集成电路行业提质增效、持续健康发展的重要依托和动力源泉。与之相反，如果忽略自我创新能力的建设，就会越来依赖竞争对手的"施舍"。在 21 世纪,中国在超级计算机芯片、存储芯片和制造设备的开发上,再次证明了中国人有能力自主创"芯"、一定要自主创"芯"。

太湖之光

斗转星移,气象更新。百亿亿次超级计算机,被公认为"超级计算机界的下一顶皇冠",是人类解决能源、健康、环境和气候变化等问题必不可少的工具。在向百亿亿次超级计算机进军的过程中,中国不仅向世界证明了可以领先全球制造出最快的超级计算机,也可以"以我为主"制造出其配套所需的芯片。

2016 年,采用"中国'芯'申威 26010"的"神威太湖之光"计算机系统在国际超算大会发布的超级计算机榜单中一举夺冠。"神威太湖之光"峰值性能达每秒 12.54 亿亿次,成为世界首台运行速度超 10 亿亿次的超级计算机。"神威太湖之光"设计稳定运行的最大浮点运算速度为每秒 9.3 亿亿次,功耗从 17 808 kW 降至 15 371 kW。

与"天河二号"采用英特尔处理器芯片不同的是,"神威太湖之光"使用申威 26010 众核处理器芯片。申威 26010 采用 64 位自主申威指令系统,采用 28 纳米节点工艺,主频 1.45G,拥有 260 个核心,双精浮点峰值高达 3.06 TFlops。申威 26010 的研制,为使用众核处理器构建超算系统开辟了途径。此前的 2012 年,神威蓝光超级计算机使用 8 704 片申威1600处理器芯片和神威睿思操作系统,实现了计算处理器芯片和操作系统的国产化。

回过头看,1951年成立的无锡江南计算技术研究所于2003年开始自主设计高性能芯片,其技术源头可以追溯至美国数字设备公司的Alpha 21164。美国数字设备公司于1992年推出Alpha架构,1995年开始研发21164芯片,1998年推出新型号21264。尽管美国数字设备公司由于经营不善被康柏收购,但是Alpha架构却仍值得开发。当年,AMD试图开发重整数、轻浮点、高频率、高功耗、高价格的K6-3架构,但在市场中一败涂地。研发部门不知所措之际,AMD的行政部门作出了正确的决定:并购美国数字设备公司的芯片研发部门,以Alpha 21164为基础开发K7-Athlon。K7-Athlon一经推出,便以其出色的浮点计算能力,在与英特尔处理器的竞争中占据游戏处理器的性能优势。一时间,"办公Intel、游戏AMD"成为公众的认知。此后,AMD的K7至K10核心架构未变,而英特尔直到推出酷睿I处理器才得以改变局面。

不过,原美国数字设备芯片研发部门的员工,由于研发方向和条件不认同等原因,先后离开了AMD。美国数字设备被康柏收购后,惠普和康柏于2001年合并,此后Alpha架构被束之高阁,指令集和微结构都不再更新。20年过去后,只有申威仍在继续自主扩展Alpha架构的指令——申威1、申威2、申威1600、申威1610、申威5等均是其产品,而申威在多年的开发中已形成了发展路线的自主权,同时开发了神威睿智编译器，研发了基于 Linux 的神威睿思操作系统，从此走上了自主开发的新路。

2018 年 5 月的第二届世界智能大会上，国家超算天津中心对外展示了我国新一代百亿亿次超级计算机"天河三号"原型机。"天河三号"原型机采用我国自主研发的飞腾 CPU、天河高速互联通信、麒麟操作系统，综合运算能力与采用英特尔处理器的"天河一号"相当。

长江存储

在处理器芯片取得突破的同时，存储芯片进展也证明了中国人可以自主创"芯"。武汉新芯项目始建于 2006 年，于 2008 年开始正式量产，是华中地区唯一的 12 英寸芯片生产线，总投资超过百亿元，是湖北省历史上最大的单体投资项目。武汉新芯是中国大陆存储器芯片的拓荒者，其产品覆盖主消费类、工业物联网、汽车电子等各类终端市场。武汉新芯生产的图像传感器芯片兼具高性能和低功耗的优势，已成功打入国内主流智能手机品牌供应链。

武汉新芯刚成立时，由于湖北省和武汉市政府没有集成电路制造管理经验，便将其交由中芯国际管理。初期，武汉新芯计划以动态存储器为主要产品切入全球市场，然而不久后全球动态存储器市场的价格暴跌，使武汉新芯不得不将其产品线转向闪存。2008 年 9 月，武汉新芯联手飞索半导体，这家当时全球最大的专门从事闪存开发、生产和营销的高科技跨国企业成为了武汉新芯的主要客户。2003 年，飞索半导体由 AMD 和富士通整合各自的闪存业务合并成立，并且继承了双方长期以来的技术创新和市场领先地位，其 NOR 型闪存的市场占有率处于世界领先地位，于 2005 年完成分拆并在纳斯达克成功上市。

在武汉新芯联手飞索半导体的过程中，飞索半导体向中芯国际转移 65 纳米、43 纳米相关生产工艺及技术，武汉新芯则作为重要生产基地为其提供存储器产品代工，2008 年其 12 英寸生产线正式完工并开始投片。然而，在 2008 年金融危机中，飞索半导体遭遇经济危机濒临破产，武汉新芯几无订单，台积电、镁光等企业都曾试图入股或收购武汉新芯。武汉市政府坚持自主发展，放弃了合资计划。2011 年，中芯国际与武汉市政府达成协议，双方合资成立中芯国际集成电路制造（武汉）有限公司。

2012 年，武汉新芯实现销售收入 1.62 亿美元，但仍处于亏损状态，其产能离盈亏平衡点还有不小的差距。2013 年，武汉新芯从中芯国际完全独立出来，而原中芯国际首席运营官杨士宁博士接受武汉东湖开发区的邀请，加入武汉新芯任首席执行官。掌舵武汉新芯后，为了实现跻身国家队目标，杨士宁立即着手组建了具有国际视野、实践经验的管理团队，进而建立了完整的国际化企业管理体系、相对完善的企业运营体系，实现了以运营结果为导向的企业运营机制。

2012 年，兆易创新成为了武汉新芯的重要客户，次年由武汉新芯为兆易创新代工的闪存芯片出货量已超过 10 万片。

在杨士宁博士的带领下，武汉新芯的团队在与飞索半导体的合作中，成功地将 NAND 存储器工艺由 55 纳米推向 32 纳米，并于 2014 年底与飞索半导体组建联合研发团队开始三维 NAND 的研发。武汉新芯与飞索半导体均从 NOR 型闪存起步，飞索半导体直到 2012 年才携 SK 海力士进军 NAND 闪存市场，因而这次合作也可以看出两者的协同攻关之举。

2016 年，国家存储器基地在武汉启动，近 4 个月后长江存储科技有限责任公司正式成立，它是在武汉新芯集成电路制造有限公司的基础上建立的。长江存储由紫光集团控股子公司紫光国器、国家集成电路产业投资基金股份有限公司、湖北国芯产业投资基金合伙企业和湖北省科技投资集团有限公司共同出资，其中紫光国器占 51% 的股份。长江存储注册资本为 189 亿元，法定代表人是赵伟国，从事半导体集成电路科技领域内的技术开发，集成电路及相关产品的设计、研发、测试、封装、制造与销售等。长江存储的注册资本分两期出资：一期由国家集成电路产业投资基金股份有限公司、湖北国芯产业投资基金合伙企业（有限合伙）和武汉新芯股东湖北省科技投资集团有限公司共同出资。二期由紫光集团和国家集成电路产业投资基金股份有限公司共同出资。

在长江存储控股武汉新芯后，长江存储将继续拓展武汉新芯的物联网业务布局，并着力发展大规模存储器，武汉新芯的首席执行官杨士宁出任长江存储首席执行官。杨士宁曾分析，从半导体存储器技术分类来看，目前动态存储和 NAND 闪存储存的总产值占全球存储器产业的绝对主体，其中动态存储市场的增长需求变得相对缓慢，而NAND闪存储存的需求量还将随着云端运算、智能终端机的发展而持续增长10倍，大陆市场的内在需求庞大，占全球市场的一半以上。中国大陆在人才汇聚、国际合作机遇和产业生态支持方面均面临最好的时机，此时长江存储的投入面临着市场、资金（国家"大基金"的资金和政策支持）和人才三方面的大好机遇。

与二维NAND相比，三维NAND不论是在物理特性还是架构上都具备成本优势，向三维NAND领域的进军也将成为厂商的共同选择。根据长江存储的目标，长江存储将会通过跳跃式的发展，在2019年实现与世界前端差半代技术，2020年与世界领先技术"并跑"。杨士宁认为，"我们必须从决策到实施等各方面实现真正的创新，打破旧的发展模式，才能顺应新的形势，抓住难得的历史机遇。武汉新芯目前作为国内领先的集成电路制造公司，也根据自身的特色制定了一条创新发展之路。"

对一个企业、一个团队而言，执行力不仅是不断向前的强大引擎，更是不容有失的生存基础。杨士宁在美国伦斯勒理工学院获材料工程学专业博士，后来曾在英特尔从事研发工作14年，是英特尔第一技术研发中心的领军人物。作为英特尔技术研发中心的核心人才，杨士宁深知执行力的重要性。有实干精神、有胸怀有勇气、有创业成功的经验是其成功的根本动力。在英特尔工作期间，杨士宁曾经因为解决了奔腾芯片的关键技术问题，获得了英特尔最高成就奖。在

图 21　杨士宁（左）、白鹏（英特尔副总裁，中）和谢志峰（右）的合影

担任新加坡特许半导体公司的首席技术官和副总裁期间，他带领团队将高端技术代工的市场占有率从不足 1% 提升至超过 10%。2010 年 2 月，在中芯国际的邀请下，杨士宁任中芯国际的首席运营官。在担任中芯国际的首席运营官期间，杨士宁精简了各部门的组织与管理层，明确制定了工厂营运的五大指标，同时为中芯国际制定了"三级跳"战略，将技术、产能、市场、营运的发展规划融为一体，组建了中国大陆第一个国际化的先进逻辑技术开发队伍，完成了具有独立知识产权的 0.13 微米铜互连技术开发，使中国大陆的芯片技术首次与国际尖端水平的差距缩小至一代之内。2012 年 8 月，杨士宁赴任武汉新芯后，制定了人才、知识产权、企业管理等方面的一整套实施方案，组建了具有强大执行能力的管理团队，使企业实现了从依附到独立的稳定过渡，开启了跨越式发展的新历程。在企业的运营体系中，服务于国内外

客户的销售部门、自律系统管理部门、采购与质量控制部门和研发部门等有机衔接,并在信息管理系统的支撑下高效运行。在企业的对外合作中,武汉新芯与中国科学院微电子研究所、清华大学、复旦大学、中国科学院上海微系统所签署了知识产权联合授权协议,引入其专利技术。

"用一贤人而群贤毕至,相一良马而万马奔腾。"杨士宁赴任后,武汉新芯和长江存储先后集聚了一批英才,这为后来的新基地建设提供了保障。2016年12月,长江存储的三维NAND闪存厂房动土,项目总投资金额约240亿美元,建成后月总产能将达30万片。2017年2月,总投资300亿美元的紫光南京半导体产业基地正式开发。该基地一期投资100亿美元,建成后的月产能达10万片,主要产品为三维NAND闪存、动态随机存储芯片等,占地面积约1 500亩。此外,福建晋华与联电签订技术合作协定,合肥长鑫也在合肥探索建设新工厂以生产存储器。由此,中国存储企业与三星、SK海力士角逐的大幕已经拉开。

国产设备

申威、飞腾、兆芯、龙芯、魂芯以及云端人工智能芯片的开发,标志着中国的国产化芯片之路已经启航。而中微半导体等企业的发展,则证明了中国也完全有能力自主开发集成电路生产所需的设备。2004年,曾任应用材料公司副总裁的尹志尧博士回国创办中微半导体设备公司。年已60岁的尹志尧，看到了中国芯片制造设备与国际的差距，带领30多人的团队从零开始，很快开发了65纳米等离子体刻蚀设备。其后，中微半导体逐步将设备做到了45纳米、32纳米、28纳米、16纳米及至5纳米，并在业界首次开发了双反应台介质刻蚀除胶一体机——将双反应台介质等离子体刻蚀和光刻胶除胶反应腔整合在同一个平台。在技术突飞猛进的同时，中微半导体还在面对跨国竞争对手的知识产权诉讼中接连获胜，为其获得订单扫除了知识产权障碍。在这些成功的开发背后，意味着物理、化学、机械、工程、管理等诸多专业能力的融合，创新突破也由此开始。

尹志尧曾举例说："我们不能从头到尾开发全套技术以抵抗40年的全球技术成果，而是要建一个类似于美国硅谷的人才磁场，吸引国际精英投身于中国。"在"2016年集成电路产业发展高峰论坛"上，他在题为"中微和产业的发展至关重要的是人才、团队、公司管理和文化"的演讲中指出：公司在不同的发展阶段应该有不同的侧重点，比如，在公司启动初期，技术和产品最重要；当公司发展成一家成长型公司，运营管理则变得尤其重要；而当公司发展成一家龙头公司，企业文化、管理营运、产品技术、人才等则是公司发展的几大因素。

"千磨万击还坚劲，任尔东西南北风"，自主创新是战略定力的根基。超级计算机芯片、存储芯片和制造设备的开发表明，以自力更生、自主创"芯"的发展引擎带动产业升级，就一定能积蓄强劲而持久的动能，展开波澜壮阔的画卷。

6. 奋斗者的接力

在集成电路的不断发展中求创新、求突破，需要统筹谋划、加强组织、全盘布局，这也是发达国家集成电路发展的基本经验。

向科学进军

中国"芯"从无到有，既离不开"一代人吃两代人的苦"的努力，也离不开政策层面的统筹协作。在20世纪50年代末至20世纪70年代的中国大陆集成电路发展历程中，全球各地的研发和生产力量互帮互助、交流合作、协同攻坚的理念十分一致。从某种程度上看，这与后来日本的超大规模集成电路研发计划、美国半导体制造技术科研联合体、欧洲微电子研究中心等模式有异曲同工之妙。

1956年，周恩来总理代表中共中央提出了"向科学进军"的口号，随后主持制定了《1956—1967年科学技术发展远景规划》，将半导体、无线电、自动化、计算技术列入了四项紧急措施。此后，一批研究机构和工厂建立。1961年5月，中央军委批准组建军事无线电电子研究院——国防部第十研究院。1963年9月，从第一机械工业部中分离出第四机械工业部（1982年改组为电子工业部），主要负责电子工业。中国人民解放军无线电通信事业创建者王诤中将任第四机械工业部首任部长。

王诤原名吴人鉴，1909年出生于江苏省武进县，1928年考入南京军事交通技术学校学习无线电通信技术，1929年被分配到国民党军第九师任无线电台报务员，1930年12月龙岗战斗后参加中国工农红军，其后负责组建红一方面军总部无线电队并任队长。曾任红军总司令部无线电台大队长、红一方面军无线电总队总队长兼通信主任、军委通信联络局局长、军委三局局长兼作战部副部长和电信总局局长、邮电部副部长和党组书记、军委通信部部长兼电信工业局局长、中国人民解放军通信兵部主任兼军事电子学研究院院长等职。

在王诤上任第四机械工业部部长之时，当时国内对于发展方向上的认知还存在争议。这与当时国际上对于电子行业的认知有关：欧美已经认为集成电路是未来的发展方向，但是苏联仍有不少人认为电子管的小型化才是发展方向。对此，1963年王诤担任第四机械工业部首任部长后，反对"思想方法上的片面性，技术上的一边倒，对资本主义的成就熟视无睹"，反复强调半导体的重要性。例如，他在一次党组会上指出："要下最大的决心，集中人力、物力、财力形成优势……加强科研，开发新技术、新产品，研制军事电子尖端技术，保证军事电子装备适时更新换代，要跳出单纯仿制的模式，不受制于人……要艰苦奋斗，自力更生。要发展新产品，就必须厂所结合，研制改进产品。同时，必须抓好基础产品——元器件、仪器仪表、专用工艺设备，以及基础的基础——专用原材料等对国民经济建设、邮电、通信、广播、医疗、地质、矿藏勘探、遥控与遥测，以及人民文化生活所需要的电子产品，根据市场需要组织好生产。以'寓军于民'，储蓄力量，培养技术队伍。要积极发展地方电子工业，把电子技术及产品推广应用到各条战线各个方面。现在，半导体技术是国际上一种新兴技术，西欧各工业强国只注重发展电子管技术，而美国、日本以发展半导体器件为代表的微电子技术为主，进而形成了两大发展趋势。目前，我国与日本在半导体技术方面的水平已有差距。我认为：应成立一个专门机构'全国半导体器件专业委员会'，同若干研究所、工厂认真研究协调，并强调注重半导体技术的发展与应用。"

针对半导体元器件初期性能不稳定等情况，王诤强调半导体技术的发展需要以时不我待的思路推进："现在已经到了非定下来的时候了，不能总是议而不定，丧失先机就要落后，落后就要挨打。有人说半导体不可靠，电子管技术稳定。我们对于得失大小要权衡清楚，任何一件新事物，在开始的时候，总不会十全十美，有一个完善的过程，半导体化的机器，一开始，你也不能把很多的功能要求都压上去，要求太多，它就出不来了。"

在王诤的主持下，第四机械工业部历时数月，对海、陆、空三军以及国民经济各部门的电子工业发展需求进行了调查研究，形成《关于现代无线电电子工业的作用和我国无线电电子工业发展建设问题的报告》，报送中共中央、国务院、中央军委，首次明确提出电子工业为四个现代化服务的方针。

在国防应用中，王诤反复向通信兵部、科技部解释为什么必须要发展半导体，并亲自到 20 多个研究所和工厂组织具体生产，抓住部队换装加速的时机，带来整个集成电路产业链的良性互动。1963 年 3 月至 9 月，国民党空军的美制 U-2 型飞机屡屡深入西北地区侦察，王诤判断敌机之所以能避开地面导弹，是因为飞机上的机载雷达接收机发挥了作用。击落飞机后，王诤亲自组织研究飞机上的通信电台，指示南京无线电厂"消化吸收国外先进技术不要死搬硬套，要结合我国的实际，充分利用我国的技术成果和元器件条件；整机厂要与元器件厂、研究所相结合，实行基础先行，以整机带基础，推动全行业的技术进步；在时间上要分秒必争；要号召全厂职工学大庆、学铁人，为改变国家落后面貌而苦干、实干、巧干"。在王诤的亲自带领下，几十家研究机构和工厂联合攻关，10 个月内便试制出了国产的第一台全半导体 400 瓦短波单边带航空电台。

其间，王诤从陆军通信装备改进出发提出"系列化、小型化、半导体化"，并提出研制与设计需要同步进行，已有产品开发与半导体器件等新型基础产品的配套要同步进行。后来，他曾总结："必须建立独立的工业体系，只能一盘棋，不能几盘棋，军民必须结合，中央地方必须结合。大中小必须结合，土洋并举。尖端必须加速突破，常规还应加强。科研、生产必须结合。"

"文化大革命"开始后，王诤一度受到了冲击和迫害。后来，毛泽东在政治局会议上指出："王诤是我国通信事业的开山鼻祖，是功臣，要尽快安排他的工作。"1972 年，王诤重新出任第四机械工业部部长的职务，组织实施了国家重点科技攻关项目"计算机汉字信息处理系统工程"（即 748 工程）等工作。1978 年，操劳过度、罹患癌症的王诤，亲赴武汉指挥中国人民解放军总参谋部组织的电子对抗演习。病重后，王诤仍然用其最后的心力写就了《关于电子工业 28 年重要经验教训》。"不把电子工业搞上去我死不瞑目！"这是王诤生前最后一次主持第四机械工业部党组会时的重托。

蝴蝶效应

20 世纪 80 年代和 90 年代初，先是日本在存储芯片领域赶超了美国，后是韩国赶超了日本。在邻国的产业发展经验启示下，1990 年 8 月国家计委和机电部在北京联合召开了座谈会，其后中央决定实施"908 工程"。"908 工程"集中投资 20 多亿元，其目标是在无锡华晶建成一条月产 1.2 万片、6 英寸、0.8～1.2 微米的芯片生产线。

1995 年，原电子工业部向国务院提交了《关于"九五"期间加快我国集成电路产业发展的报告》，党和国家领导人对集成电路发展给予了支持。此后，"909 工程"确定实施，由国务院和上海市财政按 6∶4 出资共拨款 40 亿人民币开始建设。1996 年，国务院决定由中央财政再增加拨款 1 亿美元。这一年，上海华虹微电子正式成立。

1997 年 7 月，上海华虹集团与日本电气合资组建的上海华虹 NEC 电子有限公司成立，总投资为 12 亿美元，注册资金 7 亿美元，承担"909 工程"超大规模集成电路芯片生产线项目建设。同时，服务于"909 工程"的上海虹日国际、上海华虹国际、北京华虹集成电路设计公司等企业成立。时任电子工业部部长胡启立以 66 岁的年龄兼任华虹集团董事长，带领上海华虹 NEC 克服了重重困难后，于 1997 年 7 月 31 日开始工程建设。1999 年 2 月 23 日，上海华虹 NEC 电子有限公司建成试投片，主要产品为 64 MB 同步动态存储器。上海华虹 NEC 投产的当年，全球的半导体行业正值繁荣时期，当年即实现了盈利。

2001 年，美国互联网泡沫破灭，曾经的半导体巨头日本东芝全面收缩半导体业务，当年上海华虹 NEC 巨额亏损。此后，上海华虹 NEC 在摸索中不断前行。随着上海华虹 NEC 的发展，国内集成电路受制于人的局面已经打开了缺口：上海华虹 NEC 成立前，中国的客户识别模块全部依赖进口，平均价为 82 元。上海华虹 NEC 打破海外依赖后，国内的 SIM 卡平均价已降至 8.1 元。"909 工程"实施的过程中，1996 年 7 月发达国家出台了《瓦森纳协定》的限制（尽管此时巴黎统筹委员会已经解散），使得工程所需的高端设备和技术、元器件无法引进，产业配套的重要性得到了充分体现。胡启立在后来所著的《"芯"路历程》自序中写道："立了项，但迟迟找不到合作伙伴，外国人嘲讽说'中国人以为有了钱就能搞半导体'，搞'错位'了；工程开始建设了，恰逢半导体市场低迷；和日本 NEC 谈成了，却又招来批评；

有人说'中国人买个炮仗让日本人放'……"

就在这样艰难的局面中,"909工程"得以实施。"909工程"实施的意义,其带来的"蝴蝶效应"撬动了上下游产业的发展,已经超越了工程本身。"909工程"所提出的发展集成电路设计行业的思路,成为中国自主创新道路再一次探索的新起点,带动了产业发展所需的理念、人才、设备积淀,这也为后来海外集成电路制造商在中国大陆的投资作了铺垫。其中,"909工程"带来的认知,是最为宝贵的财富。正如胡启立在《"芯"路历程》所总结,"真正的核心技术很难通过市场交换得来,引进不是目的,目的是发展自己,为我所用,最终实现自主创新,走自己的路,企业必须从引进之日就要制定消化吸收的具体措施和今后创新的长期战略规划,并积极努力加以实施。""引进某高科技项目,往往首先导向为填补国内该领域的空白,容易导致从技术出发,忽视市场导向。""如果与市场不合拍,即使技术水平再高,也得不到市场的回报,就会被淘汰出局。"

在"909工程"建设的基础上,2010年"十二五"期间国家电子信息产业的重点项目"909工程"升级改造建设启动,其目标是在张江建设一条12英寸、90-65-45纳米工艺等级、月产能3.5万片晶圆的集成电路生产线。项目竣工验收时,实际建成的生产线为55-40-28纳米工艺等级。2016年,"十三五"期间国家集成电路生产力布局的重点项目"909工程"二次升级改造启动,其目标是建设28-20-14纳米工艺等级、月产能4万片晶圆的12英寸生产线。这些努力，进一步撬动了中国集成电路的发展。

作为"909工程"建设的承担主体，上海华虹 NEC 于 1999 年成功试产动态存储器生产线，2003 年开始其代工服务，2005 年开始用嵌入式带电可擦可编程只读存储器工艺技术生产中国居民身份证芯片，2007 年开始用 0.35 微米双极型-CMOS-DMOS 工艺生产芯片，2008 年开始用 0.13 微米氧化硅氮氧化硅技术生产嵌入式闪存芯片，2010 年开始用 0.18 微米 BCD 工艺技术生产芯片，2011 年开始用 600V 超结 MOSFET 及 1200V 非穿通型绝缘栅双极型晶体管工艺技术生产芯片。

2011 年底，华虹半导体和宏力半导体完成合并交易。合并后的华虹半导体有限公司股东及股份构成为：上海华虹国际有限公司持有 43.52% 股份；日本电气株式会社持有 12.30% 股份；香港海华有限公司持有 7.95% 股份；联和国际有限公司及其他股东共持有 36.23% 股份（原宏力的股东）。合并后的华虹半导体有限公司持有上海华虹 NEC 电子有限公司和宏力半导体制造公司 100% 的股份。合并时，华虹拥有两座 8 英寸芯片代工厂，晶圆总产能为每月 8.6 万片；宏力拥有一座 8 英寸芯片代工厂，晶圆产能为每月 4.4 万片。此前，宏力生产过的产品包括计算器芯片、独立逻辑或非门（NOR）非易失闪存芯片、嵌入式闪存芯片、逻辑与微控制器等。合并后的 2012 年，上海宏力与华虹 NEC 用 0.13 微米工艺技术生产用户身份识别卡（SIM 卡）芯片年出货量达到约 18 亿张。2013 年，宏力与华虹的集团内公司间重组基本完成，重组后的企业当年交付了移动应用磁力传感器样品。2014年，华虹半导体在香港联合交易所主板上市，华虹宏力SIM卡芯片出货量达26.6亿张，占全球50%市场份额。2015年，华虹宏力开始用0.11微米超低漏电嵌入式闪存工艺生产芯片，用0.2微米射频绝缘体上硅工艺生产芯片。2016年，华虹宏力的90纳米嵌入式闪存工艺平台成功量产，采用嵌入式非挥发性存储器技术制造的金融卡芯片产品分获信息技术安全评价通用准则普通民用安全等级的最高标准认证、国际芯片卡及支付技术标准组织安全证书。2017年，华虹宏力的深沟槽超级结工艺平台累计出货量超过25万片晶圆，功率器件平台累计出货量超过500万片晶圆，基于95纳米一次性编程工艺平台的首颗微控制器开发成功。

如今，占全球一半以上市场规模的中国大陆，必须有集成电路上自我供给的能力，而自我供给需要技术能力与各种能力的统筹协调。从这个角度上看，"908工程"、"909工程"等带给我们的"蝴蝶效应"启示，已经超越了工程本身，指向了"唯创新者强"的道路。

回过头看，1996年邮电部电信科学技术研究院创办集成电路设计中心，第二年中心主任魏少军决定开发集成电路卡（IC电话卡）用的芯片都是那个时代的缩影。1998年，研究院的集成电路设计中心转制成为大唐电信微电子公司，并且成功推出国产集成电路卡芯片，使当时的中国摆脱了IC电话卡芯片的进口依赖，这便是进口替代之路的较早期探索。

7. 宝岛的园区

就在中国大陆的集成电路行业在改革开放的大潮中转型之时，台湾地区的集成电路迎来了发展的新起点。

宝岛的半导体产业起点

台湾地区的集成电路从20世纪70年代的封装环节起步，发展于20世纪80年代末的晶圆代工厂，逐渐成为全球集成电路产业的重要力量。台湾地区的集成电路发展，与其20世纪70年代开始的非营利性质的工业研究院铺垫密切相关。在此之前的1966年，台湾地区在高雄市前镇区设立了高雄出口加工区，这是当时台湾地区的第一个出口加工区，美国通用仪器在此设厂装配晶体管，成为发展的起点。此后，鉴于当时台湾地区低廉的人工成本（不及当时发达国家的10%），美国的德州仪器和艾德蒙、荷兰的飞利浦、日本的日立和三菱均在台湾地区设立了工厂，由此拉开了技术转移带动电子行业代工的序幕。

在1969年参观韩国科学技术研究院后，台湾当局从韩国聘请美国韩裔研究人员回国创业的经验中获得启发，于1973年将当时几家石化类研究所整合成为"台湾工业技术研究院"（简称"工研院"）。20世纪70年代，工研院看到当时台湾并无电子产业的研究基础，便于1974年成立了电子工业研究中心，并在1975年推出了"积体电路示范工厂设置计划"("积体电路"即为通常所称的集成电路)。在计划实施过程中,在曾任美国无线电公司微波研究室主任潘文渊的推动下,工研院从RCA公司购买了专利技术后,同时向美国IMR公司购买掩膜制版,建设生产线,并改造升级再转让技术,以推动行业进步。其间,工研院还组织40多名留学人员到RCA公司培训,后来的联发科董事长和联发科创始人蔡明介、前世界先进董事长章青驹、创惟科技董事长王国肇、华邦电子创办人杨丁元,都在其中。1977年10月29日,工研院的3英寸晶圆中试生产线落成,采用7微米CMOS制造工艺。

在台湾地区的集成电路发展中,被誉为经济奇迹的重要推手李国鼎,是业界公认的标志性人物。李国鼎1910年出生于南京,1926年进入东南大学学习物理学,后赴英国剑桥大学留学,1937年抗日战争全面爆发后辍学回国。20世纪60年代至70年代,李国鼎在台湾当局经济部门担任主要负责人,草拟过投资奖励条例,推动过出口加工区,并力推建立新竹开发区。

经过20世纪50年代至70年代的进口替代、出口替代后,台湾地区的小商品、小家电等劳动密集型产业有了很大的发展,钢铁、造船、石油化工等重化工业也已经有了很大的起色。然而,随着土地和劳动力价格的快速上涨,不少人意识到低工资、低成本的模式无法延续,需要产业转型。"应集中力量发展微型计算机及其外围设备和中文计算机软件",这是李国鼎当时的判断。1976年开始,李国鼎支持多所大学研制半导体各阶段的技术。1978年,李国鼎赴美招揽外籍专家学者作顾问，同时开始制定政策吸引人才回到台湾地区。1979 年，李国鼎推动成立财团法人资讯工业策进会，随后实施了信息技术人才推广教育计划，以普及先进的信息技术知识和软件研发。

李国鼎等人考察美国后，认为信息将成为未来社会发展的重要资源，台湾地区适合电子信息产业的发展。"从工业产品的特点来看，将来发展的趋势可以大体上描述如下：原料工业趋向于能源密集型；系统设备和部件工业趋向于技术密集型；最终产品工业趋向于脑力密集型。由于台湾缺乏原料和能源，所以必须利用它的脑力资源来发展非能源密集型工业。微电子技术及其相关工业的发展就属于这一类。"这是李国鼎的看法。由此，台湾地区的集成电路行业起步。

与李国鼎一起推动的，还有时任台湾当局行政部门的负责人孙运璇。孙运璇曾于 1973 年推动台湾地区仿效韩国的"科技研究院"，成立以当局资金为主的工业技术研究院，突破已有的限制高薪聘请留学人员，从事产业技术的研究和开发。后来，孙运璇又推动了美国无线电公司向台湾地区的集成电路技术转移，与李国鼎共同促进了新竹科学工业园区的成立。新竹科学工业园于 1976 年便开始筹建，1980 年底正式成立，主要位于新竹市东区与新竹县宝山乡，与中部科学工业园区、南部科学工业园区构成台湾地区的"西部科技走廊"。在筹建期内，全球范围的金融危机、粮食危机与石油危机使台湾地区的出口导向型经济体经济大受冲击，转型升级迫在眉睫。在调整过程中，台湾地区遵循"二高二低二大"

（技术密集度高、附加价值高，能源密集度低、污染低，关联度大、市场潜力大）的原则，选择机械工业和信息产业作为重点工业，并将科技园区作为落实重点工业的发展措施之一，而新竹科学工业园区则成为从"出口导向"向"科技导向"转型的节点加以布局。初期，台湾当局投入大量资源开展园区的基础设施建设，并设立了《科技园区设置条例》《科学工业园区外汇管理办法》《科学工业园区贸易管理办法》等配套的政策，建立了专业的园区管理机构，引进海归人才创业。

1979年，工研院电子中心升级成为电子工业研究所，开始了筹建商业公司的步伐。不过，在筹建联华电子公司的过程中，其所邀请的声宝、大同、东元、裕隆等民营企业并不积极。1980年，联华电子成立后，进驻新成立的新竹科学园区，从美国引进4英寸晶圆生产线，此后几年内联华电子的项目进展顺利，而工研院也将新开发的3.5微米CMOS制造工艺转让给联华电子。在联华电子的带动下，一批民营企业进军电子行业，同时也有一批海外留学人员回归创业——例如曾在仙童半导体工作过的陈正宇，在将16 KB/64 KB SRAM技术转让给韩国现代电子后，回到台湾创办了茂矽电子。同时，在日本超大规模集成电路计划的成功经验启示下，台湾当局经济部门于1983年启动了"电子工业研究发展第三期计划"，计划目标是1988年前将工艺提升至1.25微米。在计划实施过程中，工研院借鉴三星在硅谷设立合资企业的做法，于1984年并购了硅谷的亚瑞科技。

新竹园区起步后，李国鼎多次前往硅谷招揽人才，仅1983年5月就在硅谷约见了约2 000多名华裔科学家与工程师，邀请他们到台湾地区发展。同时，他还推动了《创业投资事业管理规则》和《创业投资事业推动方案》，以促进创业投资的发展。1985年，时任工业研究院院长徐贤修找到张忠谋后，张忠谋答应了邀请，出任工研院院长。

新竹科学工业园区

张忠谋出任工研院院长后，针对当时台湾地区缺少晶圆工厂的困境，推动了晶圆代工厂的发展。从1987年全球首家专业晶圆代工厂台积电发展开始，一批中小企业走上了专业代工的道路。1995年，垂直一体化制造商（IDM）联电公司也进行转型，进军专业的晶圆代工，以晶圆代工为支柱的垂直分工产业链不断发展。在台湾地区集成电路企业展露锋芒的进程中，新竹科学工业园（简称新竹园区）逐步形成了覆盖芯片设计、掩膜制板、芯片制作、封装、测试等环节在内的产业集群，例如在设计环节衍生了茂矽、矽统、威盛等企业。

在张忠谋出任工研院院长的同时，新竹科学工业园的基建工程基本完成，但是新竹科学工业园仍然是以大学科技园为主，品牌影响力有限，企业入驻数量增长缓慢。在接下来的5年，园区实施"科技生根、市场拓展"战略，在全面规划的同时与硅谷形成了良好的互动，并从美国大规模地引进人才、技术和项目，企业数量快速增长。此后，集成电路的垂直分工在台湾地区发端，园区创新创业的环境得到了极大改善，民间投资大批渗入，园区影响力日渐增加，各种跨国联盟已从"引进来"到逐步"走出去"。

可以说，新竹科学工业园是台湾地区以关键组件或模块、外围设备等为切入点，先向垂直分工转型，再向自主创新和自有品牌建设转型的缩影。新竹科学工业园的晶圆代工厂模式发展后，台湾地区于1990年启动了"次微米制程技术发展五年计划"，以发展8英寸晶圆、0.5微米工艺技术，计划发展过程中一批留学人员归来，为技术发展贡献了力量。1994年，为落实次微米计划的研发成果，由台积电占30%股份，华新丽华、矽统、远东纺织等13家公司参股的世界先进积体电路股份有限公司在新竹园区组建，并建设了台湾地区第一座8英寸晶圆厂。世界先进积体电路公司的主要产品为动态存储芯片，但是在激烈的竞争面前多年亏损，被迫退出行业竞争，最后在台积电主导下转型成为晶圆代工厂。同样在1994年，精英（力捷）电脑的董事长黄崇仁在获得日本三菱电机的技术授权后，在新竹园区成立了力晶半导体。不过，力晶技术储备有限，再加上资金链未能跟上，出现了严重亏损。后来，世界先进向力晶注资，成为力晶的最大股东，而力晶也自此向晶圆代工转型。

21世纪以来，园区的土地、水电、劳动力成本、环保、效能等各方面已经承受了巨大的压力，因而新竹园区开始了从制造为主向研发创新主导的转型，但是并未达到理想的效果。在 2008 年全球金融危机中，内存价格暴跌，新竹园区的力晶、茂德等出现了巨额亏损。回顾新竹园区乃至整个台湾地区的动态随机存储器业务发展历程，可以发现没有核心技术研发能力、依赖欧美日的技术授权，使其失去了发展的根本驱动力。这种技术局限，不仅表现在产品设计上，也表现在其生产线所需的设计研发上，因而一旦遭遇订单萎缩或是价格下跌，这些通过技术授权和设备引进扩充产能的"快进快出"企业便立刻陷入了困境。

8. 筚路蓝缕

从总体上看，我国集成电路行业的发展，正处在跨越发展的关键时期。放眼全球，战略协同已成为提高区域集成电路行业国际竞争力的关键。然而，集成电路的行业升级是个循序渐进的过程，不可能一步到位、一蹴而就，必须有持续创新的战略定力和久久为功的耐力。如果没有准确地把握发展规律，就无法最终赢得市场。

设计与制造的配套

20 世纪 80 年代以来，全球集成电路经历了从欧美地区向以日本、韩国和中国台湾地区为代表的东亚地区转移过程。当前的集成电路发展中，中国大陆则又成为了发展的重心，东亚地区的集成电路转移正在发生。在中国大陆的集成电路发展历程中，长三角成为集聚度最高、产业链最为完整的地区。

"909工程"的建设，成为上海集成电路发展的又一个新起点。在上海的集成电路发展中，张江成为集聚度最高的区域。1992年7月，上海市张江高科技园区成立，规划面积25平方公里。1999年8月，上海市委、市政府决定实施"聚焦张江"战略，集成电路成为重点集聚的产业之一。不久后，一期投资14.76亿美元的中芯国际集成电路制造（上海）有限公司和一期投资16.3亿美元的宏力半导体制造有限公司先后开工，迅速提高了我国集成电路产业的工艺水平，大幅缩小了与世界先进水平的差距。

这一时期，上海贝岭浦东集成电路生产线投资5亿美元、泰隆半导体（上海）有限公司投资4亿美元、宏一半导体封装测试（上海）有限公司投资3亿美元、英特尔科技芯片封装测试基地扩建投资3亿美元、上海IBM微电子产品有限公司投资4亿美元、艾克尔科技（Amkor Technology）封装测试（上海）有限公司投资3亿美元、上海阿法泰克电子有限公司投资4亿美元等，很多项目在上海集聚。此外，浦东还引进了光掩膜企业福尼克斯、设备企业应用材料公司、专业气体企业普莱克斯、引线框架企业三井高科技公司等集成电路产业发展所需的配套企业。

以中芯国际和宏力半导体等大企业为依托，上海向集成电路的上下游环节延伸，培育引进了展讯等设计企业、日月光公司等封装企业，构建了集设计、制造、封装测试和设备制造的完整产业链，产学研合作、风险投资等模式则为产业生态系统的建设提供了支持。2004 年，张江园区已集聚约 70 家集成电路设计企业。

在这些设计企业中，展讯的坚持与努力，是上海芯片设计企业发展的一个缩影。"以持续的创新与服务，成就行业领先"，这是展讯愿景中的使命之一，也是芯片设计行业发展的生存法则。2000 年，《鼓励软件产业和集成电路产业发展若干政策》发布后，2001 年，武平、陈大同、范仁勇等人满怀着梦想和期望，从硅谷回国创办了展讯。当时，中国大陆对集成电路行业的投资还很少，初创的展讯面临着严重的募资困难，甚至后来的主要竞争对手之一联发科还曾经投资过展讯。就在这样艰难的起步中，展讯通过近两年的努力，在 2003 年开发出世界首颗全球移动通信系统（GSM）（2G）/通用分组无线服务（GPRS）（2.5G）基带单芯片 SC 6600B，一举打开了市场，与当时的市场领先者联发科相抗衡。2004 年，展讯又开发出全球首款时分同步码分多址（TD-SCDMA）（3G 标准之一）/GSM 双模手机基带单芯片，但是当时国际应用最广泛的却是宽带码分多址（WCDMA）标准，展讯的巨额研发投入并未取得预期效果，而联发科则主导了国产手机的芯片市场。

经历了初创期的募资困难、双模手机基带单芯片开发带来的资金亏损后，2006 年展讯终于实现了盈利，并在次年成为中国大陆首家在纳斯达克上市的芯片设计企业。2008 年初，展讯以 7 000 万美元并购了美国射频芯片企业 QUORUM。

但是，好景不长，2008年金融危机悄然来临，全球的芯片行业风雨飘摇，而展讯的营收和股价也是快速下滑：2008年第三季度展讯的亏损额度达到3 130万美元，股价跌至1美元以下。在昔日的创业团队中，陈大同、范仁勇等纷纷离开，而坚守阵地的武平也于2009年初辞去首席执行官。

苦苦的坚持中，持续的创新仍然是展讯的生存之道和翻身的法宝。2008年5月，李力游加入展讯担任第一副总裁。2009年2月，李力游接替武平出任展讯首席执行官，随后兼任董事长。风雨飘摇之际，临危不惧的李力游带领团队力挽狂澜，上任之初将展讯的重心转向2G市场，在加强展讯内部沟通协调的同时强调客户关系管理和质量控制：在内部管理上，李力游从研发团队中挑选技术人员组成产品质量攻关小组，限定时间、责任到人地解决产品质量问题，同时广纳贤才提升执行力。在客户关系维护上，李力游身先士卒地拜访客户了解产品定位和质量不好的原因，不厌其烦地向客户解释展讯改进芯片质量的方法、展示测量数据、保证质量问题百分百包换，为赢得客户信任打下基础。这一年，展讯量产了高性价比的2G芯片6600L，该芯片被当时的业内认为性能优于联发科的主打产品6225，且成本比后者低。由此，展讯单芯片双卡双待方案获得了三星手机的订单，在与联发科的竞争中重拾了用户信心。此后，展讯还成功研发了TD-SCDMA/HSDPA/EDGE/GPRS/GSM射频多模单芯片，在全球范围内推出了单芯片三卡三待、四卡四待手机方案，大幅提高了市场占有率。由此，展讯打入三星等国际手机厂商的供应链，产品销往全球数十个国家和地区。2011年1月，展讯发布了全球首款40纳米低功耗TD-HSPA/TD-SCDMA多模通信芯片，直接从150纳米跳到40纳米。不到两年时间，展讯的股份从低谷时的0.67美元涨了20多倍，在技术、产品以及市场上全面突破，实现了凤凰涅槃。2013年，展讯的营收增至10.7亿美元，相比2009年的约7 000万美元大幅增长。这一年，紫光集团对展讯进行私有化退市，展讯由此成为紫光集团的子公司。

2013年，紫光集团收购展讯后，展讯仍然坚持其自主研发的"法宝"。不到3年时间，展讯迅速改变了单一产品（2G/3G功能机）、单一市场（集中在中国的TD-SCDMA市场）的局面，成为拥有全面产品线的手机芯片设计企业。2016年，展讯的3G WCDMA产品出货量约2亿套。4G产品在2015年实现量产，2016年的出货量约1亿套，约占全球4G手机市场总量的11%。同年，还实现了约2.6亿套的智能手机芯片出货，约占全球智能手机市场总量18%。除基带及射频芯片外，展讯还向无线连接芯片进军，将北斗芯片作为其产品开发对象。

紫光集团在收购展讯通信后，还收购了锐迪科，并对展讯和锐迪科进行了有效整合及重新定位。两家公司利用各自在技术和产品上的优势与差异，战略布局差异化的目标市场。展讯的业务更加聚焦于移动终端，锐迪科则更侧重物联网产品。由此，紫光展锐的产品涵盖了移动通信和物联网领域，包括2G/3G/4G移动通信基带芯片、射频芯片、无线连接芯片、安全芯片、电视芯片、图像传感器芯片,向全球前三的手机基带芯片设计企业、中国最大的泛芯片供应商、中国领先的 5G 通信芯片企业进军。

2016 年,上海集成电路设计业销售收入首次超过封装测试业,其在产业链中的比重提升至 34.7%,而设计的芯片已涉及移动智能终端、无线通信及互联网、智能卡、电源管理、显示驱动、电能计量及电力线载波通信、音视频多媒体、数字电视及机顶盒、微控制器、存储器配套芯片、信息安全及安全防护、I/O 接口及保护电路等 15 大类。自此,上海集成电路产业链已初步实现了从封装测试业为主,向以集成电路设计业和芯片制造业为主的转变。至 2018 年初,仅张江就已聚集了国内外知名集成电路企业 200 余家。在上海,展讯通信、锐迪科微电子、芯原微电子、澜起科技等设计企业,与中芯国际、华虹宏力、台积电(上海)、上海先进等制造企业,以及日月光封装测试(上海)等其他企业形成了集设计、制造、测试、封装、材料、技术服务等于一体的完整产业链。随着华力微电子 12 英寸先进生产线、中芯国际新产线等项目在张江科学城的建设,张江集成电路产业能级进一步提升,引领着中国集成电路的升级。

封装测试的突破

作为长三角城市集成电路产业发展龙头的上海在不断突破的同时,长三角其他地区的集成电路产业也在向纵深挺进。历史上，江苏集成电路的发展较早，1968年江苏省便根据中央和主管部门的指示部署集成电路的研制，当时曾拨款150万元组织南京大学、南京工学院、江苏无线电厂、华东电子管厂、南京电子管厂、江南光学仪器厂等研制关键设备，其中华东电子管厂还曾建了一条集成电路生产线并试制出样品，南京电子管厂则试制出全国第一台自行设计的离子注入机样机，而江南光学仪器厂则试制出电子束制板与光刻机样机。不过，后来研制工程被搁置，而江苏省的集成电路和电子计算机协同攻关在1977年才得以启动。为此，江苏省于1978年2月发布了江苏全省发展大规模、超大规模集成电路和大型电子计算机的规划（草案），并为此专项拨款1 000万元作基建费、省科委拨科研费200万元，在南京、扬州、南通、苏州建立四座大净化厂房，在南京工学院建立集成电路制版中心并安排多个科研项目，但是由于各种原因，于1979年暂缓执行。

1980年，江南无线电器材厂的电视机集成电路引进工程建线破土动工，是江苏乃至全国当时集成电路发展的新探索。后来的无锡微电子联合公司、中国华晶电子集团公司的成立和建设，是无锡的集成电路得以集群发展的源头。当时，以无锡为代表的江苏集成电路发展，基于前道芯片集中生产、后道封装适当分散的原则调整了厂点，逐步形成了中国华晶电子集团公司、常州半导体厂、南京半导体器件总厂、苏州半导体总厂、江阴晶体管厂、南通晶体管厂、扬州晶体管厂、常熟半导体器件厂、南京电子器件研究所、南京集成电路研究所的苏南地区集群。

江苏集成电路此后的发展中，封装测试企业的集聚已是一大特色。2005年，江阴长电科技股份有限公司、南通富士通微电子股份有限公司等封装测试企业的销售额超过10亿元。江苏省半导体行业协会统计的数据显示，2015年江苏集成电路产业营收1 192.2亿元，其中封装测试业为512.7亿元，配套产业为316.1亿元，而设计业和晶圆制造业则分别为153.7亿元和209.7亿元。2015年江苏省集成电路企业约450家，其中集成电路设计企业260家，晶圆制造企业20余家，封测企业65家，半导体分立器件企业40余家，配套企业近60家。

在发展的过程中，无锡逐渐发展成为全国集成电路产业的重镇，不为风险所惧、不为困难所阻正是其发展的文化动力。2000年，无锡成为继上海、西安后第三个获科技部批准的国家级集成电路设计产业化基地。如今，长电科技、华润微电子、SK海力士等企业已在该地集聚。

在无锡的集成电路发展中，长电科技的发展颇具启示。长电科技的历史可追溯至1972年江阴政府创办的长江内衣厂。长江内衣厂成立后，在全国建设晶体管厂的小高潮中，也往晶体管的生产进军。1984年，江阴晶体管厂因在同步卫星发射中所作的贡献受到了中共中央、国务院和中央军委的表彰。尽管如此，江阴晶体管厂的市场之路并不容易。20世纪80年代，在海外集成电路产品的冲击下，大多数晶体管厂的业务举步维艰，而江阴晶体管厂的客户也只剩下了江南无线电器材厂一家。

1988年，江阴晶体厂陷入了经营困境，时年32岁的王新潮担任厂党支部书记兼副厂长。在赴江阴晶体厂上任前，初中毕业的王新潮还在江阴第一织布厂当机修工。尽管他通过努力完成了自学考试，但是在当时江阴晶体厂的唯一客户江南无线电器材厂看来，从纺织厂的机修工到管理好晶体管厂，实在是差异太大。经过再三沟通，王新潮在客户的质疑中以党支部书记兼副厂长的身份上任。王新潮上任后不久，便在江阴晶体厂推进以质量为核心的责任制，一年内便将成品率从50%提升至70%～80%，由此也打消了客户的质疑，于1990年升任厂长。

面对巨额亏损的江阴晶体厂，王新潮任厂长后抓文化、抓质量、抓产品。其中，王新潮在产品研发上把目光投向了发光二极管指示灯，这个新产品的研发对于当时来说还有很大的风险。在无法获得银行贷款的情况下，王新潮借钱筹集了5万元的研发经费，产品开发后又亲自带人骑自行车推销。很快，新产品开发取得了成功，江阴晶体管厂也在拓展市场中扭亏为盈。1992年，江阴晶体管厂更名为长江电子实业公司。

此后，长江电子实业公司的业务顺利发展，但是1997年的东南亚金融危机影响了整个半导体行业。在行业的冲击中，王新潮认为电子元器件的发展未来可期，长江电子实业公司可以先做好分立器件的封装。为了拉开与同行的差距，王新潮力排众议，将封装规模大幅扩展。2000年，长江电子实业公司依法变更为长电科技。此后,国产分立器件的市场不断扩张,而长电科技又由此迎来了新一轮的发展高潮。2002年12月3日,原中国华晶电子集团公司正式变更为无锡华润微电子有限公司。此后,中国华晶电子集团进出口公司董事长、无锡华润微电子联合公司副总经理于燮康接受长电科技的邀请,出任长电科技总经理。2003年6月,长电科技在上海证券交易所成功上市。

长电科技上市后,曾经试图以规模优势打价格战,但是以失败告终。于是,长电科技开始了新技术的探索,希望能在行业里取得先机。2004年,长电科技投资6亿元改造直插式元器件生产线,建设了贴片式生产线。在当时,直插式仍然是市场主流,而长电科技的贴片式生产线可以大幅减少分立元器件数量,并用机器取代了大量人工操作。由此,长电科技再次得到了快速发展,技术创新和结构调整之路相得益彰。

在整个封装技术的转型中,20年代70年代的主流技术是双列直插式封装(简称双入线封装)技术。20世纪80年代的主流技术是小外形封装技术和方型扁平式封装技术。20世纪90年代的主流技术为球状引脚栅格阵列封装(Ball Grid Array, BGA)技术。2002年前,长电科技掌握以双入线封装和小外形封装技术为主,2003年长电科技的QFP技术趋于成熟,但是长电科技发展新技术的脚步并未就此停下。2003年9月8日,江苏长电科技第一次临时股东大会召开,通过了关于对外投资组建中外合资公司的议案:同意投资

700万美元（占合资公司注册资本的53.85%），与新加坡先进封装技术私人有限公司共同组建江阴长电先进封装有限公司。当时，江阴长电先进封装有限公司发展了用于裸晶（Bare Chip）封装的前道工序凸块加工业务，该类封装主要用于液晶显示器等当时的高端电子产品，而长电科技由此建立了中国大陆首条国际水平的晶圆片级封装生产线。在此基础上，长电科技开发了方形扁平无引脚封装技术、晶圆片级芯片规模封装技术，跻身先进封装厂商的行列。对此，王新潮曾总结："我们以前是靠规模求生存，现在是规模加技术求发展。"

2014年长电科技与中芯国际联合成立了中芯长电半导体有限公司。同年，长电科技与淡马锡开始谈判并购星科金朋的事宜。得益于刚刚成立的国家集成电路产业基金，长电科技得以与新加坡方面达成协议。2015年长电科技正式并购新加坡的星科金朋，其后对星科金朋原有架构进行了有效整合，走上了进军全球领先封装测试厂商的道路。

历史的细节，常常内有乾坤。说到无锡，值得一提的还有至今仍能为解决人才瓶颈提供启示的"星期日工程师"。20世纪70年代末期至80年代中期，无锡在创造"苏南模式"的同时，也创造了"星期日工程师"。"星期日工程师"在苏南地区的乡镇企业起步、发展中曾经发挥了重要作用。改革开放后乡镇企业发展工业的积极性高涨，但是懂技术、会使用生产设备的人才稀缺。于是，苏南地区的乡镇企业通过种种关系从上海、南京、无锡、苏州等城市工厂和科研机构借脑借智，聘请工程师、技术顾问和师傅利用"八小时以外的周末业余兼职，在完成本职工作、不侵害国家和单位技术、经济权益的前提下，提供技术指导，并依照协议收取劳动报酬。由此，"星期日工程师"成为了科企合作的"桥梁"和"纽带"。2013年，无锡出台《关于柔性引进外国专家、海外智力为企业服务的行动计划》，鼓励海外留学人才和外籍工程师短期来无锡开展科技研发、技术创新、项目合作，以此打破国籍、地域等人才流动的刚性制约，形成"不求所有、但求所用"的升级版、海外版"星期日工程师"引才机制。

垂直一体化的探索

继无锡之后，杭州成为长三角第三个、全国第六个获科技部批准的国家级集成电路设计产业化基地。2017年出台的《杭州市集成电路产业发展规划》显示，浙江省85%以上的设计企业和95%以上的设计业务收入集中在杭州。杭州士兰微电子股份有限公司是国内为数不多的垂直一体化企业之一，于1997年由陈向东等7位原绍兴华越微电子的高管成立，而绍兴华越微电子的前身则可追溯至1983年甘肃天水的国营第871厂在绍兴筹建的871厂绍兴分厂。陈向东毕业于复旦大学物理电子半导体专业，1982年毕业之后被分配到了国营第871厂从事芯片设计，1984年绍兴分厂建立时任车间副主任，1988年绍兴分厂改制时被任命为常务副厂长主持日常工作，1992年绍兴华越微电子公司再次改制为有限责任公司时出任代理总经理。1993年，陈向东、范伟宏、郑少波、江忠永、罗华兵、宋卫权、陈国华辞职。此时，台湾友顺科技的董事长高耿辉正准备投资50万美元，在大陆成立主营集成电路的企业杭州友旺电子有限公司，由陈向东等7人负责研发、生产和销售。高耿辉承诺给陈向东等7人以40%的股份，但是由于当时个人不能占有台资企业股份的政策，承诺无法落实。在7人的努力下，杭州友旺电子发展顺利，自1995年友旺电子的委托订单甚至使得濒临困境的丹东、福州两条国有生产线得以盘活产能，这种"设计+制造"的模式为后来的垂直一体化模式埋下了伏笔。

不久，陈向东等人萌发了自己注册企业的想法，7人商量后筹措了350万元于1997年9月25日注册成立杭州士兰电子有限公司。次月，士兰电子接受赠送的友旺电子40%的股权（经1996年底审计为324万元）。同时，高耿辉要求陈向东在经营士兰电子的同时，继续经营友旺电子。

尽管成立杭州士兰电子有限公司的初衷是接受友旺电子的股权，但是企业成立后就得经营。在7人的努力下，士兰电子和友旺电子都获得了长足发展。1999年年底，士兰电子召开年度股东会通过决议，以未分配利润转增注册资本。此时，陈向东在竞争中把目光投向了集成电路生产线的建设，鉴于周期长、风险大，寻求上市融资、收购现有生产线成为了合理的选择。在考察中，陈向东把目光投向了当时大陆的集成电路骨干企业之一——绍兴华越，但是收购计划以失败告终。收购计划未果，陈向东只能选择自己建设生产线。此时恰逢全球芯片业低谷时机，2001年在银行融资的资助下开工建设集成电路生产线，2002年底6英寸、5英寸兼容0.8微米的生产线建成投产，由此初步建立了芯片设计与制造的协同优势，同时也为上市之路奠定了基础。在此谋划期间，杭州士兰电子于2000年整体改制为杭州士兰微电子股份有限公司（简称士兰微），准备上市之路。

2003年，士兰微成功在上海证券交易所上市，成为第一家在国内主板上市的集成电路芯片设计企业。2004年，士兰微在杭州建设测试工厂并投产，由此完成了芯片设计、制造和测试三个基地的建设，垂直一体化的雏形已经具备。此后，士兰微又开始了新生产线的建设，并于2005年建立了6英寸芯片生产线。其后，士兰微又在8英寸生产线、封装测试领域不断拓展，其与标准COMS工艺的外包、芯片的自主设计，形成了特色的垂直一体化模式，既保障了合理利润，又使得其在功率半导体模块和传感器等方面得以更快拓展。从5英寸、6英寸到8英寸、12英寸，士兰微具备了设计、制造、封装等的完整能力，与国际领先厂商的差距也正在缩小。

由点串线

在长三角的集成电路产业发展之时，全国其他地区的集成电路产业也在不断发展，其中总部位于深圳的海思半导体是中国大陆芯片设计行业的领先企业。海思半导体有限公司成立于2004年10月，前身是创建于1991年的华为集成电路设计中心，于1993年开发成功第一块数字专用集成电路，2001年开发成功WCDMA基站套片，2006年推出H264标准的视频编解码芯片，2008年推出全球首款内置正交振幅调制的数字有线电视机顶盒单芯片，2012年发布四核手机处理器芯片K3V2，2014年发布四核麒麟910 T（即kirin910 T）芯片和八核海思麒麟芯片，2015年发布64位八核的海思麒麟930芯片。此后，海思在高性能的麒麟系统级芯片解决方案上不断进军，提供了从高速通信、智能设备、物联网到视频应用的芯片组解决方案，在全球100多个国家和地区得到实地验证，在移动通信行业建立了技术领先地位。如今，海思已在北京、上海、成都、武汉与新加坡、韩国、日本、欧洲等其他地区设立了办事处和研究中心，建立了强大的集成电路设计和验证技术，成功开发了200多种芯片，并申请了5 000多项专利，成为领先的集成电路设计企业。

聚焦制约战略的瓶颈，聚力引领发展的市场，聚合技术升级的动力，通过增长极的引领带动和点极之间的协同联动，促进区域内经济布局和要素配置优化，终将转化成为我国集成电路产业集聚发展、蓬勃发展的未来。

9. 战略的导向

国家战略的支持，是推动集成电路行业持续健康发展的强大动力。在强化战略导向的基础上，以绳锯木断、水滴石穿的努力，才能破解集成电路行业发展的共性难题。

战略产业

2000 年,《国务院关于印发鼓励软件产业和集成电路产业发展若干政策的通知》(国发〔2000〕18 号)印发,通知指出"软件产业和集成电路产业作为信息产业的核心和国民经济信息化的基础,越来越受到世界各国的高度重视。我国拥有发展软件产业和集成电路产业最重要的人力、智力资源,在面对加入世界贸易组织的形势下,通过制定鼓励政策,加快软件产业和集成电路产业发展,是一项紧迫而长期的任务,意义十分重大"。

通知还明确了集成电路产业的投融资政策、税收政策、产业技术政策、出口政策等,鼓励集成电路产业发展。同年,配套规定《财政部国家、税务总局、海关总署关于鼓励软件产业和集成电路产业发展有关税收政策问题的通知》(财税〔2000〕25 号)下发,明确了软件产业和集成电路产业的税收政策及税务管理的细节。2002 年,信息产业部、国家税务总局下发《集成电路设计企业及产品认定管理办法》(信部联产〔2002〕86 号),规定了集成电路设计企业认定、集成电路产品认定的原则、条件、审批程序等,明确了集成电路设计企业和集成电路产品享受国务院《鼓励软件产业和集成电路产业发展的若干政策》的审定办法和认定程序。这一年,更多鼓励软件产业和集成电路产业的政策规定出台,由此,支持集成电路发展的税收支持不断完善。

与此同时,鼓励软件产业和集成电路产业发展的其他配套政策也得到了落实。例如，2001年《集成电路布图设计保护条例》以及《集成电路布图设计保护条例实施细则》（国家知识产权局令第11号）发布，由此保护集成电路布图设计专有权的知识产权保护措施也已出台。在国家"863"、"973"计划的大力支持下，国产处理器作为重点攻关领域在多个单位同时研发。

加入世界贸易组织（WTO）后，国际化视野、专业化运作的理念在我国的半导体行业越来越深入。2001年，方舟、中星微、展讯三家公司开启了成长、突围的新征程。这一年，倪光南与方舟科技公司合作研发了"方舟一号"处理器；中星微自主开发主攻笔记本电脑摄像头的数字多媒体芯片"星光一号"，并且拿到了飞利浦和三星的订单，但是却在索尼碰壁；武平、陈大同等人从海外归来后创立了展讯通信，带着手机芯片的梦想出发；胡伟武带着师生成立了"龙芯"课题组，开始了国产化处理器开发的新路径，次年采用MIPS指令集的32位微处理器的"龙芯一号"在中国科学院计算技术研究所问世。

弘扬创业精神，才能培育符合集成电路持续创新发展要求的人才队伍。在政策和多种因素的综合驱动下，中国大陆的集成电路产业规模迅速扩大，"十五"期间芯片设计业和芯片制造业的比重从2000年的31%提高到2005年的50.9%，而封装与测试比重则由同期的69%下降到49.1%。中芯国际等一批企业的培育，标志着集成电路产业迎来了新一轮的发展：2000年，张汝京在上海创办中芯国际；2001年，赵广民在珠海创办珠海炬力，武平在上海创办展讯通信，励民在福州创办瑞芯微电子，戴伟民在上海创办芯原微电子；2002年，张帆在深圳创办汇顶科技；2004年，戴保家在上海创办锐迪科；2003年，中兴通讯控股子公司深圳市中兴微电子技术有限公司注册成立；2004年，以华为集成电路设计中心为基础创建的深圳市海思半导体有限公司注册，杨崇和在上海创办澜起科技；2005年朱一明在北京创办兆易创新。2005年，集成电路产量达到266亿块，销售收入由2000年的186亿元提高到2005年的702亿元，年均增长30.4%，占世界集成电路产业的份额由1.2%提高到4.5%。不过，与快速增长的市场需求相比，集成电路的国产化明显不足，2005年我国集成电路市场规模达到了约3 800亿元，占全球比重达25%，已是全球仅次于美国的第二大集成电路市场。

"十一五"期间的一系列政策进一步明确了集成电路产业发展的战略定位。2006年，《国民经济和社会发展第十一个五年规划纲要》发布，提出要大力发展集成电路、软件和新型元器件等核心产业。同年发布的《2006—2020年国家信息化发展战略》提出要加强政府引导，突破集成电路、软件、关键电子元器件等基础产业的发展瓶颈，提高在全球产业链中的地位。2009年《电子信息产业调整和振兴规划》提出要完善集成电路产业体系：完善集成电路设计支撑服务体系，促进产业集聚；引导芯片设计企业与整机制造企业加强合作，依靠整机升级扩大国内有效需求；实现部分专用设备的产业化应用，形成较为先进完整的集成电路产业链。2010年《国务院关于加快培育和发展战略性新兴产业的决定》（国发〔2010〕32号）将新一代信息技术被作为战略性新兴产业之一，提出要着力发展集成电路、新型显示、高端软件等核心基础产业。其间，2008年《财政部、国家税务总局关于企业所得税若干优惠政策的通知（2008）》（财税〔2008〕1号）则明确了鼓励软件产业和集成电路产业发展的优惠政策：集成电路设计企业视同软件企业，享受软件企业的有关企业所得税政策。

2011年出台的《国务院关于印发工业转型升级规划（2011—2015年）的通知》（国发〔2011〕47号）、《国务院关于印发进一步鼓励软件产业和集成电路产业发展若干政策的通知》（国发〔2011〕4号），2012年出台的《集成电路产业"十二五"发展规划》、《财政部国家税务总局关于进一步鼓励软件产业和集成电路产业发展企业所得税政策的通知》（财税〔2012〕27号），以及2013年出台的《国务院关于促进信息消费扩大内需的若干意见》（国发〔2013〕32号）都进一步明确了集成电路发展的重要意义和鼓励措施。2013年，中国大陆的集成电路进口额已达2 313亿美元，超过石油成为第一大进口商品，集成电路产业的战略意义进一步凸显。

新的起点

2014年是我国集成电路产业发展的又一个新起点。2014年6月，国务院正式出台了《国家集成电路产业发展推进纲要》，再次强调集成电路产业是信息技术产业的核心，也明确指出以需求为导向、以整机和系统为牵引，提出构建"芯片—软件—整机—系统—信息服务"产业链的计划。《国家集成电路产业发展推进纲要》提出了推进集成电路产业发展的八项保障措施，包括成立国家集成电路产业发展领导小组、设立国家产业投资基金、加大金融支持力度和落实税收支持政策等措施。《国家集成电路产业发展推进纲要》的发布、大基金的成立，标志着我国对于集成电路的持续创新、持续投资、持续推进有了更深的认知，创新驱动引领大发展的春天正在到来。

这一系列的配套措施很快得到了落实。2014年9月国开金融、中国烟草、亦庄国投、中国移动、上海国盛、中国电科、紫光通信、华芯投资等作为发起人，吸引大型企业、金融机构以及社会资金的国家集成电路产业基金公司（"大基金"）正式注册成立。"大基金"的成立，意味着我国对于集成电路长期连续的、大规模的资金支撑有了更为深入的认知，而集成电路产业链的股权投资也由此使投资布局从"面覆盖"向"点突破"转变，投资重心从"注重投资前"向"投前投后并重"转变。"大基金"成立后，为一系列企业的发展提供了支持，例如不久后长电科技并购新加坡星科金朋即获得了其支持。

2015年《关于进一步鼓励集成电路产业发展企业所得税政策的通知》（财税〔2015〕6号）出台：继集成电路设计和制造企业之后，集成电路封测、设备和材料企业也被列入支持对象，符合条件者可享受企业所得税减免的优惠。2016年，《关于印发国家规划布局内重点软件和集成电路设计领域的通知》(发改高技〔2016〕1056号)发布,将高性能处理器和FPGA芯片、存储器芯片、物联网和信息安全芯片、EDA、IP及设计服务、工业芯片五大类集成电路产品规划为国家重点布局的领域,对相应的设计企业加以重点支持。

  同时,在中央政府的带动下,多个地方政府积极投身集成电路产业的发展,根据本地产业基础、产业环境及经济能力,出台产业发展措施。2018年4月,美国商务部以中兴通讯违反2017年与美国政府达成的出口管制调查案件和解协议为由,禁止任何美国公司和个人向中兴通讯销售零部件、商品、软件和技术服务,期限7年直到2025年。此次事件,再次警醒了国人,自主发展核心芯片成为了社会共识:这是迎难而上、化危为机,防范和抵御风险、应对和直面挑战的根本之道。

第四章

芯的启示

长风破浪会有时,直挂云帆济沧海。

——李白

芯片行业的技术难度、人才高度、产业链长度、资金厚度、政策支持力度等并不是孤立因素,往往对行业产生叠加效果。因此,从"芯"出发,踏上未来的"芯"征程,需要拓展我们的视野、丰富我们的知识储备,才能在残酷的"赛道"上找到自己的定位,开创出与众不同的产品。随着未来竞争的日益激烈,无论是对于投入芯片行业的国家、企业还是个人而言,这样的战略认知已是培养人们充分发挥潜能进行开发的必不可少的要素。

芯事 The big bang of the chip

1. 行业的根本

面对集成电路行业飞速发展的重大机遇和跨国企业的挑战，面对终端需求的快速更替和技术创新的快速迭代，面对经济发展和产业升级的"芯"需求，如何激活行业的发展潜能，打造充满活力的行业生态？创新是发展的不竭动力，是芯片行业发展的最强音。加快集成电路行业的发展，关键在于掌握核心技术，掌握核心技术需要专业人才。因此，技术为基，人才为本，只有从根基上夯实、根本上巩固，芯片投资的回报才能有基本的保障，才能有资格在时间的"赛道"中与众多对手一较高下。

技术密集

无论是作为集成电路发源地的美国，还是后来的赶超者日本和韩国，抑或是在集成电路设备和知识产权模块等领域有优势的欧洲，立足于技术创新是其发展根本。与之相比，南亚科技等中国台湾地区的不少企业，在20世纪80年代末、90年代的"短平快"盈利模式下大多落败，不少设计企业最后被台积电收购，而当时投资存储芯片的企业大多改造成了晶圆代工厂。在2008年的金融危机中，中国台湾地区的半导体行业受到了极大冲击，而日韩企业相对主动，与其此前产业链纵深的材料和设备领域的布局密不可分。

如果只是发展没有掌握核心技术的集成电路产业，就势必会被历史的车轮撞得粉碎。无论是摩尔定律推动的升级路径，还是集成电路设计和生产的复杂性，都使得芯片的研发周期长、市场窗口期短，因而产品开发风险加大，再加上芯片内核的开发利用还需同步考虑硬件主板、操作系统、外围电路、产品设计等综合因素，夯实技术根基就成了重要课题。

实现梦想不易，但事在人为。夯实技术根基，就有可能跻身国际竞争的领先行列。技术开发要以市场为导向，工艺升级既不能急功近利，也不能错失时机。在节点迁移中，从一个几何尺寸升级到下一个更精细的几何尺寸时，技术发展已成为系统性的工程难题。例如，高级节点的许多系统级芯片开发和设计支持，都需要与工艺学习并行完成。因此，工艺最终成熟或新工艺准备批量生产时，知识产权模块的更新往往也同时发生，这意味着每次节点迁移都伴随着研发成本的几何级上升。对于技术根基的夯实来说，并不仅仅是技术上的难题，也是经济学上的难题。对于中小企业而言，在没有得到大量订单保证的情况下，技术开发和升级更是面临着成本难题。

除了成本难题外，随着下游的增值服务供应商的需求变化加速，技术实力还面临着"与时间赛跑"的挑战。在摩尔定律的发展历程中，每18个月的升级意味着速度的重要性，而对于快速演变的互联网应用需求来说更是如此。可以预见的是，随着物联网、人工智能、自动驾驶等新兴技术的普及，用户的个性化需求特征更加明显，市场迭代的周期被进一步缩短。在这种情况下，谁能在更短的时间内完成高质量的研发，就将有机会成为胜出者。简单地说，技术根基的夯实，除了技术积累本身外，还意味着巨大的资金成本，以及更大的时间成本。

人才密集

谋事在人，成事也在人。集成电路无论哪一个环节，都是技术密集型的，技术人才的储备是企业核心竞争力的根本，识才的慧眼、用才的胆识、容才的雅量才能凝结成聚才的良方。集成电路发展史上价值定位、商业运营、战略合作等非技术因素带来的成败经验表明，经营管理团队和核心技术团队的融合，已远远超出技术本身。对于集成电路的行业发展而言，集成电路的发展，往往需要上百人的团队协同，需要每一团队成员自发的责任感、默默无闻的精益求精精神才能提升良率。可以说，团队文化是集成电路行业发展必不可少的基因。在这种"体系作战"的模式中，团队文化的建设不仅需要适宜的激励机制，更需要精准的战略导向、理性的工程文化、协同的创新努力。

专业团队能够人尽其才、才尽其用，前提是海纳百川的胸襟和专业规范的机制，使其能够脱颖而出。理性与感性、战略与战术、现实与未来，这些看似"矛盾"的因素，需要有机地融于一体，才能真正调动管理团队和核心技术人员的工作积极性和研发创造性，从而避免人员流失、经营运作不利、盈利水平下滑等因素造成的不利影响。仅以开发周期为例，芯片产品市场销售往往需要百万颗级别的出货量才能实现盈亏平衡。然而，芯片产品的下游电子产品市场变化速度很快，这也与集成电路设计研发的长周期形成了鲜明的对比。再加上生产和市场过程中的不确定性，产品设计尚未完成时企业已面临倒闭的局面时常出现，而成功设计的产品无法满足目标市场的需求则又是另一个极端。因而，在集成电路设计行业发展时，投入大量的资金进行研发设计和预研究，已是一门艺术。这构成了行业典型的智力密集型特征，而这些智力的集成需要有效的企业管理机制，使高素质的经营管理团队与富有技术创新能力的研发团队能够有机融合。作为高技术行业，集成电路的发展只有牢牢抓住人才的根本，才有可能在竞争中成功。

作为公认的资本、技术、人才密集型产业，集成电路的发展需要产业链上下游紧密协同，在长期的市场验证中磨炼出成熟的产品。由于试错成本极高，因而集成电路的人才培养往往需要在"实战"中升华，进而形成一整套严格的流程，这也意味着集成电路的投资回报周期较很多行业要长。只有经过持之以恒、久久为功的努力，才能成就在核心、高端、通用芯片领域向领先水平的赶超。

2017 年，集成电路行业的从业人员约为 30 万左右。然而，2017 年发布的《中国集成电路产业人才白皮书（2016—2017）》显示，国内芯片人才缺口高达 40 万。如何在精益求精的同时，走出一条良性循环的发展道路，正是这个行业所需"打磨"的匠心。这条周期长、环节多的道路，置身其中者只有沉下"心"才能脚踏实地走好。

在这方面,韩国的人才教育和招聘经验或可供我们借鉴。韩国于1999年开始"智慧韩国21工程"建设,大规模鼓励企业及大学间的专业合作。由此推动,韩国大学兴起了半导体专业的建设热潮,后来三星电子对成均馆大学进行投资,并与其合作创办了半导体工学系,为包括三星在内的韩国企业培养专业人才。

2. 商业的纽带

对于集成电路行业而言,领悟产品研发、运营和销售的理念并非易事。"以市场为方向,以客户为导向"不仅需要丰富的经验、前瞻的布局,也需要精细化的商业模式。这是规范化和系统化管理降低人为风险、提高效率,实现流程可追溯性、可预警性和可扩展性的基础。在有效的营销战略中,准确把握市场方向、提前布局,意味着需要敏锐的洞察力、决策力和执行力。

商业模式

集成电路的快速迭代特征,使得芯片设计需要紧跟技术的高速发展、保持持续的核心竞争力和创新能力,这在摩尔定律的发展周期中已经得到了充分验证。即便是对于"超越摩尔"来说,以嵌入式芯片为例,每一款新上市芯片的高利润，也会面临大量模仿带来的同质化严重、供大于求和利润率下降等难题。因此，持续创新、差异化竞争是商业模式的必然要求，而这又意味着需要有强大的技术研发能力作为支撑。

在集成电路的商业发展模式中，通用化模式已为英特尔、英伟达所代表的市场所证明。20世纪70年代，英特尔公司成功研发了通用型微处理器单元，将半导体产品市场从专用型推向了通用型。后来，著名的"内有英特尔"（Intel Inside）商标更是证明了"通用"的重要性。就英伟达来说，通用计算图形处理器（GPGPU）的开发、所有支持CUDA（一种由英伟达推出的通用并行架构）的GPU使其在人工智能的发展中取得了领先优势。事实已经证明，英特尔、ARM和三星等企业的成功历程中，商业模式是与技术同等重要的因素。随着技术越来越先进，集成电路的研发投入会越来越大，整合成为必然之势，分工日益深入，环节、各类型、各模式的排列组合层出不穷，新型商业模式由此不断地衍生、演化。

对于下一个成功的集成电路企业来说，尽管其模式很难简单地预测，但是商业模式和技术进步的有机融合必然是其基本特征。面对物联网、人工智能、下一代移动通信等潜力巨大的市场，积累了大规模的用户、资金和数据的下游增值服务企业或将争先恐后地涌入集成电路的上游开发，由此带来多样性、差异性的应用需求和服务方案。"定制芯片"的模式或将意味着极致的性能追求、更短的开发周期、多维的市场诉求，引领行业重心从通用集成电路向专用集成电路的迁移。在迁移的过程中，系统、架构、工艺、模块和需求的各类组合，或可成就更多的细分商业模式。

尽管全球范围集成电路产业规模持续保持稳步增长的态势，但是在细分领域技术进步导致旧技术产品逐渐淘汰的故事不断上演。随着集成电路的下游市场向智能汽车、物联网、云计算和人工智能、智能制造和智慧医疗等方向演进，芯片的可靠性已与性能一起成为开发者关注的问题。集成度、可靠性与功耗三个市场维度的竞争，交织成更为复杂的演化周期。由此，集成电路下游产品应用的新技术发展多元化特征日益明显，产品周期越来越短，集成电路发展本身特有的"硅周期"与终端市场的周期性波动相叠加，波动频率较以往更为频繁，芯片的目标功能实现难度将不断增大。

较大的波动性，意味着市场需求的及时、精准把握成为企业的重要课题。日本存储芯片企业在和韩国存储芯片企业的竞争中落败的案例，生动地说明了及时把握市场需求的重要性。"有一种把简单的事情复杂化倾向"的日本企业，普遍极为强调品质细节，但是却忽视市场需求变化，而三星则在应变上投入了巨大的精力。除了1983年三星在投资前作了长期的调研外，三星的业务部门往往有数百人的市场营销团队，而日本企业存储器业务部门的专业市场营销人员往往不超过10个。从这一角度来看，日本在与韩国企业的存储芯片竞争中落败，市场反应迟钝或许也是因素之一。另外，日本在与美国镁光科技的存储芯片竞争中，20世纪80年代中期，大型计算机向个人计算机转型的过程中，镁光公司率先作出反应，以寿命要求相对更低、价位更低的存储芯片作为研发重点，日本的长寿命、高价位产品最终在竞争中落败。

新的需求

到了智能手机时代，芯片的市场需求比以往变化更快。在物联网时代，芯片可靠性的要求或将更高。通常，芯片的可靠性被归结为芯片制造问题：芯片在最高性能下正常使用数年后性能开始下降，用户需要升级到新版本的产品。然而，对于汽车、机器学习、物联网、虚拟现实和增强现实、智慧家居、智慧城市而言，由于芯片使用方式和条件带来的老化、安全性等问题，不仅每个终端市场都有其独特需求和特点，而且对于芯片的可靠性不仅要求能在正常工作条件下使用数年，而且芯片的使用条件也会随着时代变迁而不断演化。例如，传统汽车的闲置时间大多多于使用时间，但是对于未来的自动驾驶汽车而言，闲置时间可能十分短暂，这意味着芯片架构需要颠覆性的设计，芯片制造技术也要做相应的改进。

当前，集成电路产品的生命周期已不断缩短，瞬息万变的需求因素，或将比长期稳定供给因素更能影响企业生存和发展。敏锐的嗅觉、准确的把握、迅速的应对，已成为市场牵引的重要课题。从某种程度上看，巨大而成熟的市场，已和芯片设计能力同样成为发展必不可少的要素。以中国这个全球最大的成熟芯片市场为代表，北斗系统、智能汽车、物联网、人工智能、5G 通信等热点或将迎来快速增长期，开放合作或已成为新兴市场拓展的必经之路，而自我封闭则或将意味着在未来竞争中出局。

仅以过去已经发生的移动终端市场为例，作为复杂指令集 CISC 代表架构的 X86，在与精简指令集 RISC 体系的 ARM 和 MIPS 竞争中已现疲态，而 CISC 体系则主要退居服务器、个人计算机和网络设备用的处理器。基于移动系统级芯片的整合优势，ARM 架构授权合作企业已达上千家，一度在智能手机、平板电脑芯片的开发中占据绝对主流。ARM 架构的开源优势，使得系统级芯片得以集成移动基频、应用处理器与无线连接等功能，降低移动智能终端的开发周期和开发成本，实现高性能、低功耗、稳定性等优势。ARM 通过与无线通信组织的合作，确保其 MBED 平台能够将连接器、传感器、云端服务软件组件和开发工具整合，打造创新合作生态。MIPS 允许芯片设计者对其架构进行自由理性的改进，其授权模式较 ARM 更加开放、灵活，但是薄弱的商业运作能力使其错失了移动互联网的发展机遇，智能家居、智慧健康或是其为数不多的利基市场。与 ARM 和 MIPS 相比，英特尔相对不习惯移动处理器的"知识产权模块单独授权、设计者自主整合"模式；同时，习惯了 CISC 体系特许经营高毛利的英特尔，在薄利润的移动终端处理器上缺乏布局动力，使其移动端处理器始终慢于酷睿处理器的开发。

由于ARM的授权费较高，加州大学伯克利分校的计算机科学系开发了开放的指令集架构规范——RISC-V。自2010年以来，基于RISC-V的架构与ARM、MIPS等商业处理的架构一样逐步成为流行的精简指令集，全球范围内的合作项目已横跨多所大学和工业领域。RISC-V架构的一致性由非营利的RISC-V基金会保证，由此决定了RISC-V的指令集架构是个架构规范，但不是具体的处理器设计。后来的开发者基于同一语言设计不同的处理器，应用范围覆盖从运行Linux的处理器至物联网处理器，由此保障了设计者的自由选择：正如同基于Linux的系统开发替代了商业操作系统，基于RISC-V规范的处理器设计已受到诸多企业的青睐。

事实上，芯片设备制造商都已经看清了这种趋势。美国应用材料公司全球总裁加里·迪克森（Gary Dickerson）认为，新技术和新材料的融合将带来新动力，"新的计算架构也是推动计算机性能提升的重要领域。对特殊芯片的需求为半导体行业提供了空前的机遇。""中国在物联网战略上的布局，以及流视频、4 KB和8 KB高清电视等新技术，人工智能和认知计算都为芯片发展提出更高的要求，也为芯片行业的发展提供了空前的机遇。""计算能力的本质正在发生变化。计算机和其他设备会不断变得更强大，但是不仅仅是依靠速度，而是以更加多元的方式表现。""将技术与人才以全新的方式融合。在硅谷，我看到了通过和不同国家及地区的不同行业合作，从而产生神奇的新产品。我相信这种融合目前仍然处于较早的阶段，未来的想象空间会更大。"

尽管市场巨大，"市场换技术"看上去简单，见效快，但是最致命的是由此丧失了技术创新的意识和动力，忽略了可持续创新的团队建设，失去了引领未来的能力。因而，把握市场需求、建构商业模式，立足点还是自主创"芯"。

3. 气候和土壤

如果说芯片企业是颗种子，那么种子生根和发芽需要适宜的气候、充足的阳光、肥沃的土壤。一个国家或地区，如果能够精心培育出"风调雨顺"的生态，那么芯片企业必将如雨后春笋般出现。

政策因素

美国总统科技顾问委员会的《确保美国半导体领导地位》报告指出，全球半导体市场从来不是一个完全竞争的市场。半导体行业并不仅仅是"无形的手"所能支撑的。集成电路行业的资金密集、技术密集、关联性强等特点，使得集成电路企业的赶超之路离不开国家或地区的政府支持。在区域的内部支持政策中，日本超大规模集成电路计划等政策支持，成就了日本集成电路的发展。20世纪80年代和90年代，美国政府组织实施了3个关于半导体产业的计划，使美国得以在与日本的竞争中保持霸主地位。韩国能在起步晚、底子薄的情况下成长为世界集成电路行业的重要竞争力,离不开密集的技术援助、政府的强力保护以及企业的持之以恒。三星等韩国企业的发展,离不开韩国政府的长期支持,其"逆周期投资"策略能够成功,很大程度上与韩国政府直接干预下的银团贷款密不可分。即便是新加坡的集成电路发展,也与新加坡政府先后数十亿美元的投资分不开。自2014年《国家集成电路产业发展推进纲要》发布以来,中国集成电路的设计、制造、封测等细分领域都在快速增长,晶圆厂如雨后春笋般出现。在国家集成电路产业基金的带动下,各地方政府积极响应,推动各地晶圆厂及其上下游芯片企业不断发展。

在区域集成电路的对外贸易发展史上,利用贸易保护手段,为本国(地区)的集成电路发展创造"特殊"环境,是日本和美国都曾使用的。20世纪50年代,日本通商产业省设立工业技术院推动产业技术整体发展的同时,还颁布了《电子工业振兴临时措置法》(简称"电振法")。当时,"电振法"限制外资进入日本以保护本国市场,引导日本企业进军电子信息行业。

1985年,美国半导体行业协会向美国通商代表部提起诉讼,指出"日本半导体产业在日本国内封闭的市场结构下进行非正常的设备投资,并以过低的价格出口,破坏了美国半导体产业的秩序",要求提高美国产品在日本半导体市场的份额,为防止低价倾销采取措施等。1986年,美国和日本签署了以限制日本半导体对美出口、扩大美国半导体在日本市场的份额为目的的第一份半导体协议,设定了日本产半导体的 6 个品种对美国以及第三国的出口价格。1987 年，日本首先宣布对外国半导体生产商实施半导体贸易协定，而美国政府则于当年 3 月宣布了对含日本芯片的日本产品征收反倾销税等报复措施。最终，日本承诺通过减少动态随机存储芯片产量来提高芯片价格。而这给了韩国企业发展机遇。

20 世纪 90 年代，美国半导体行业的再次发展，也是得益于美国政府不遗余力地利用外交、贸易、法律等手段为本国的集成电路产业创造有利环境。1991 年 6 月，美国和日本政府签订了 5 年期的新半导体协议，美国希望 1992 年底前外国半导体产品在日本市场占有的份额能超过 20%作为"约定"，但是日本则表示只以 20%作为努力"方向"。1993 年，美国政府发布了"国家出口战略"，半导体、计算机、通信等 6 大产业被列为国家重点出口产业。"国家出口战略"提出了减除政府对技术领先产业出口的管制，提供贸易融资、贸易咨询服务等措施，以扩大美国企业的产品出口、强化美国企业的国际竞争力。

从整体格局和历史的大趋势看，良好的政策环境应当是能够有效引导生态系统的快速发展。在政策激励下，众多厂商不仅仅在资金上受益，更重要的是基于协同研发、开放式技术平台的合作模式，降低半导体产品的开发门槛，而厂商的积极参与又进而推动生态系统的成熟，形成良性的正反馈循环。配合迅速、环境成熟的生态，才是政策引导的根本目的。

政策、市场、技术、人才等多重因素的叠加，意味着集成电路行业，需要远见和卓识，在行业的升级变迁过程中要找到战略发展的历史方位。行业远见，来源于对技术背后的基本规律、产品背后生命周期的把握。摩尔对集成度的准确预见、林本坚对微影技术发展方向的认知，看似并不复杂，但就是这种"大道至简"的认识驱动了集成电路的发展。

  远见和卓识看似简单，但是要将其变成现实却并非易事，其中既需要决策者的战略决心和定力，也需要创新者的灵感和持之以恒。英特尔诺伊斯对于霍夫在微处理器发明之路上的坚决支持、英伟达黄仁勋对柯克开发 CUDA 平台的全力协助，都证明了决策者的眼光是何等的重要。与之相对应，霍夫和柯克的研发传奇则告诉我们，灵感和持之以恒对于技术的突破和转化是多么的重要。回归到技术层面思考出路，应该避免薪资、奖金、职位等短期诱惑，长期坚持在技术方面下功夫，才能获得突破和成功。

开放协同

  从硅谷早期创新企业的成长奇迹，到 21 世纪集成电路企业大规模的并购和重组背后，有行业发展的自身逻辑，以此为起点的战略规划和创新转型，则是左右企业生存和发展的演变轨迹的根本。

  无论是元素级、产品级还是体系级的发展，都越来越离不开"开源"和协同。

  在体系级的开发中，"Wintel"体系（英特尔与微软的协同）、"ARM+IOS"（ARM 与苹果的协同）和"ARM + Android"（ARM 与谷歌的协同）在以往的发展历史中已经成为经典的成功案例。英特尔和微软在"Wintel"内的合作往往是从研发阶段就相互介入，而后来英特尔又为谷歌浏览器成立了专门的性能优化团队。在未来的开发中，与集成电路芯片发展相匹配的操作系统，或将越来越多地采用 Linux 等开源协议，由此带来集成电路的架构设计也将越来越强调开放性，而物联网产品的兼容性则成为必经之路。

以智能家居为例，行业高度的集成性、广泛的渗透性，都意味着家电企业、家具企业、房地产企业、互联网企业、软件开发商或将对于芯片产品有着不同的诉求。解决参差不齐、各自为战的问题除了家居行业标准外，还需要底层架构的互联互通。其中，芯片设计上的设计标准，又是技术路线和使用标准的基础，其"通用化"是满足多样化需求的根本。唯有如此，才能使各行各业的参与者实现信息互联、系统兼容和场景共享，促进中国智能家居领域的战略竞争力提升。

这种战略协同的重要性，也可以从原国际半导体技术发展路线图（2018 年开始更名为"国际设备与系统路线图"）的制定中看出。得州大学的计算机经济学家肯尼思·弗兰姆（Kenneth Flamm）在分析中说道："假设制造下一代芯片需要对 40 种设备进行升级的话，即使只有 1 个设备掉队，整个研发生产周期也要被顺延……'路线图'是一项非常有趣的实验。据我所知，还没有哪个行业像芯片业这样把各家制造商和供应商聚到一起，一同规划产业未来的发展路线。"

4. 超越摩尔定律

时间是最客观的见证者，60 年的发展见证了芯片行业永远没有赛道的终点。在这没有终点的赛道上，在各行业应用中处于基础地位的集成电路如何发展，又是所有下游企业、下游应用场景的关注者所必须思考的问题。在智能制造、物联网和云计算、智慧城市等发展中把握"芯"的定位，明晰细分市场，才能劈波斩浪、行稳致远。集成电路的升级换代，意味着时不我待的紧迫感永不过时。

新的竞争

工艺和材料技术的创新突破，使摩尔定律得以延续。然而，随着芯片设计尺寸的缩小，未来发展已很难重现 20 世纪的发展路径。业内普遍认为，5 纳米或是硅基 CMOS 技术的极限，此后的开发必须打破鳍型晶体管的结构和材料限制，从材料、工艺等方面创新研发延续摩尔定律的"深度摩尔"（More Moore）或已很难。在此过程中，除了运用新材料、以等比例缩小 CMOS 器件的工艺（尤其是极紫外光刻等工艺）特征尺寸外，还需要设计新结构改善电路性能——例如隧穿场效应晶体管（Tunneling FET, TFET）、量子元胞自动机（Quantum Cellular Automata, QCA）、单电子晶体管（Single Electron Transistor, SET）、自旋晶体管（Spin FET）、石墨烯晶体管（Graphene FET）、碳纳米管晶体管

（Carbon Nanotube FET）、纳米线晶体管（Nanowire FET）等。这意味着器件结构、沟道材料、连接导线、高介质金属栅、架构系统、制造工艺等集成将更趋复杂。有测算表明，5纳米节点的设计成本将会是14/16纳米节点设计成本的3倍左右，这意味着需要挑战新的极限。

接下来电子制造行业将何去何从？更多人将视线从"深度摩尔"（More Moore）转向了"超越摩尔"（More than Moore）。"超越摩尔"是从芯片封装和测试的视角，实现封测领域的先进工艺优化。对于封装和测试厂商来说，随着输入/输出（I/O）口的增多和芯片尺寸的缩小，也将面临载板的精细线路制造技术提升的问题。把集成电路封装融入集成电路制造后，PCB直接代替集成电路载板，需要更为新的封装工艺，这也意味着扇出型晶圆级封装（Fan-Out WLP）的技术含量也将更高。从应用上看，"超越摩尔"实现了根据应用场景来实现芯片功能的多样化，通过优化算法和电路设计，使得多个功能模块在同一芯片上的封装、更多新功能的集成均能实现，而此时晶圆基底封装、三维封装、集成扇出型封装、传感器和电源集成等技术已成为新方向。

"超越摩尔"意味着，系统级芯片的性能提升不再仅仅依靠尺寸减小和集成数量的增加，转而更多地靠电路设计、系统算法优化。同时，射频、模拟以及混合信号模块的集成，意味着诸多模式并不一定需要放在同一硅片上，还可以通过封装技术来实现集成：不同模块可以用封装技术集成在同一封装体系中，模块间利用高速接口实现通信，即实现异质集成（heterogeneous integration）。

在物联网的发展背景下，集成电路与其他行业的应用融合日渐增强，而人们对于计算和存储外的传感等功能要求越来越高。因而，"超越摩尔"也意味着新性能、新功能或将成为芯片的新卖点。从性能上看，器件优化的重心已从性能转向功耗，这是"超越摩尔"发展的时代背景，对应这一背景的封装工艺则被业内称为系统级封装（System in a Package, SiP）工艺。"国际半导体技术发展路线图"将系统级封装定义为：从封装的角度出发，对不同芯片进行并排或叠加的封装方式，将多个具有不同功能的有源电子元件与可选无源器件，如将MEMS或者光学器件等其他器件优先组装到一起，实现一定功能的单个标准封装件，形成一个系统或者子系统。

在系统级的封装工艺中，系统级芯片可以由混合模块组成，模拟射频模块或可采用65纳米节点，而数字模块则由更先进的工艺来实现。智能手机的发展中，射频前端模块、WiFi模块、蓝牙模块等均已实现了异质集成，以智能汽车为代表的新一代终端发展过程中，这些异质集成或将越来越常见。

与系统级芯片不同的是，系统级封装从封装视角出发，是对不同芯片进行并排或叠加的封装方式，将多个具有不同功能的有源电子元件与可选无源器件封装成具有一定功能的单个标准件。如果从这个角度看，系统级封装的开发成本较低、开发周期较短、产品良率更高，但是测试也更复杂，集成后的元件密度和运行速度都相较于系统级芯片低。与传统的封装工艺相比，由于不同类型器件、无源器件、电路芯片、功能模组封装可以通过堆叠等方式实现，系统级封装效率高、功耗低、成本低、体积小、开发快、质量轻、电性能高、稳定性好。

从投资或商业模式的角度看，麦肯锡所指出摩尔定律时代下封装行业"重人力成本、轻资本与技术"特点，在"超越摩尔"时代已不适用。技术驱动或将成为"超越摩尔"时代封装的重要动力，先进封装则将成为物联网等竞争中的重要技术。例如，从传统的 BGA/CSP 封装、WLP 封装到系统级封装，常规的酸蚀流程加工等工艺已经无法满足芯片载板的精细线路加工要求，新技术则同样要求更高水平的能力支撑。

小尺寸的难题

随着进程的推进，关于摩尔定律的讨论又成为了热点。在 2016 年 5 月于比利时布鲁塞尔举办的欧洲微电子研究中心全球科技论坛上，业内再次将摩尔定律定为重要主题。提出摩尔定律的摩尔指出，"继续向下推进新的工艺节点正变得越来越困难，我不知道它（摩尔定律）还能持续多久。""如果在未来十年中，尺寸缩小走到了尽头，我也不会觉得意外。"

荷兰 ASM 公司首席技术官兼研发主管伊沃·拉杰斯（Ivo J. Raaijmakers）认为："呈指数级增长一直是半导体产业的特征，它还将继续下去。但是增长率和前往下一个技术节点的节奏可能放缓，逐渐向全球 GDP 增长率看齐。""由于需求所致,产业界必将会找到一个方法来继续缩小尺寸,但是它将会有所不同,不再完全依照过去传统的摩尔定律和登纳德缩放定律(Dennard Scaling)。"

登纳德缩放定律源于罗伯特·登纳德(Robert Dennard)在 1974 年发表的论文"*Design of ion-implanted MOSFETS with very small physical dimensions*"。在该文中,登纳德指出,晶体管面积缩小后,其所消耗的电压和电流会以差不多相同的比例缩小。例如,晶体管的尺寸减半后,晶体管的静态功耗将会降至 1/4(电压和电流同时减半)。由此,相同面积的电路中集成更多晶体管后,设计者可以大大地提高芯片的时钟频率(即同步电路中时钟的基础频率),提高频率所带来的更多的动态功耗会和减小的静态功耗相抵消。直到 2005 年,晶体管的尺寸减小后,量子隧穿效应已经使得晶体管漏电现象开始出现,登纳德缩放定律不再适用,芯片散热成了急需解决的问题。这也可以解释,为什么以高频、长流水线设计为主要理念的英特尔 NetBurst 微架构不尽如人意。基于 NetBurst 微架构的处理器在 2007 年不再生产,并且停止研发更新。自此,芯片研发者们纷纷停止高频芯片的研发,转向低频多核的架构——从 2001 年开始的第一个双核芯片,到后来的多核芯片乃至 64 核芯片,就是发展的规律所在。然而,从单核向多核的发展,并没有解决晶体管漏电、芯片发热越来越严重的根本问题。

针对这一问题,国际计算机结构大会(International Symposium on Computer Architecture, ISCA)首次提出

了"暗硅问题"（dark silicon problem）的概念：随着尺寸减小，所有晶体管的功率密度增长将越来越快，如果它们都同时全速运行，根本没法对其进行散热。为了满足功耗设计要求，通常情况下芯片中只有部分晶体管在工作，而其余部分晶体管处于休眠状态。面对这一问题，ARM 率先在业务提出了异构系统架构——在芯片里同时放入高频的大核与低频的小核，核的利用根据所运行的操作系统决定，尽量减小功耗。这一设想在罗尔夫·兰道尔（Rolf Landauer）1961 年的一篇论文中便已提及，用于计算的模型被称为可逆计算。由此，可逆计算自 2012 年以来成为一时的研究热点，设计师根据计算效率要求决定晶体管的利用率，把性能与功耗不同的核集成于异质多核的芯片中成为主流。

除异质多核的设计外，三维堆叠技术可以把集成晶体管数量多、复杂度极高的芯片分成若干小芯片再堆叠起来，降低了复杂度，提升了产品合格率，或将带来理想的效果。如果这一设想实现，鳍型晶体管技术将过渡到水平纳米线（Lateral Nanowire）和垂直纳米线（Vertical Nanowire），以三维方式构建，而原先的硅片平面蚀刻技术转变成多层蚀刻技术。然而，三维堆叠技术仍然有不少的技术难题需要攻克，而且成本过高也是摆在其商业化应用面前的一道坎。

学习曲线

回到 2016 年 5 月在比利时布鲁塞尔举办的欧洲微电子

研究中心全球科技论坛，拉杰斯的发言或许对上述历程已经作了总结——需要在"材料、工艺、架构"三个维度进行创新："垂直一体化和晶圆代工厂主要通过改变流水线架构进行结构性创新，设备和材料供应商主要进行材料和工艺创新。"除了前文已介绍的架构设计外，材料上的经验是，从铝材料到铜材料再到钴材料，保证了技术节点向前推进的可能性：10纳米以下工艺中钴与铜相比具有更低的电阻率。

在制造流程中，极紫外光刻机的使用自然成为焦点。但是，除此之外，EDA领导者之一明导（Mentor Graphics）总裁兼首席执行官沃尔登·莱茵石（Walden C. Rhines）指出，"即使摩尔定律命中注定会结束，但还有学习曲线（learning curve）的存在。"

学习曲线又称波士顿经验曲线、改善曲线，由波士顿咨询公司（Boston Consulting Group，简称BCG）的布鲁斯·亨德森（Bruce D. Henderson）于1960年首先提出。简单地说，如果一项生产任务被多次反复执行，它的生产成本将会随之降低。学习曲线效应的原因来自多方面，其中最为基本的就是工作者在心智上变得更为自信，用更少的时间去犹豫、学习、实验或者犯错误，他们可以更有效地学会如何使用工具和资源。对于集成电路未来的重要应用场景——物联网和人工智能而言，不同的传感器、低功耗处理器和高度集成的芯片设计和制造中或将都会因为学习曲线而受益。由此，工业、健康、交通等领域应用的芯片级传感器、能量采集、超低功耗技术、工艺、封装等都将迎来更为成熟的开发模式。

展望即将到来的物联网、车联网、汽车电子、无人驾驶、新能源、人工智能等行业的发展，系统级芯片和系统级封装技术或将需要同步发展，"超越摩尔"、学习曲线等路径为集成电路行业注入新的活力。感知层、网络层、平台层、应用层的芯片需求，为智慧城市、智慧汽车、智慧家庭、智慧医疗、智慧个人、智慧工厂、智慧制造等的传感、通信、存储、计算等提供关键支撑。感知、连接、计算、存储、安全、电源管理等功能意味着极致性能的追求，与低功耗、低成本、高可靠性、高集成度的要求已然同步，而 ARM、英特尔、英飞凌、高通、联发科、飞思卡尔、德州仪器、意法半导体等的布局也都着眼于这一方向。

5. 从芯出发

清醒的判断，往往源自强烈的危机意识，2018 年美国挑起的"封芯"事件让国人进一步深刻认识到自主创新的重要意义。中国制造的发展依赖创新驱动，创新驱动的根本在于增强自主创新能力，对于集成电路行业发展来说更是如此。2017 年，中国大陆的集成电路年进口额已达 2 601.43 亿美元，比一年增长 14.6%，金额远超原油的 1 623.28 亿美元。在物联网、下一代移动通信、超大规模数据中心、智能汽车、人工智能发展的大背景下，"芯"动力迎来了新机遇。随着应用终端的不断迭代和转变，车用芯片、医用芯片等行业应用细分需求将迎来新一轮的快速增长。在新一轮的

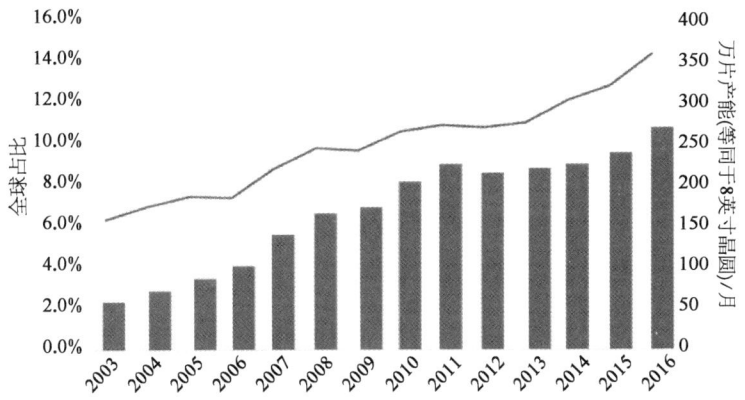

数据来源：国际半导体产业协会（SEMI）

图 22　中国大陆的半导体产能及其全球占比

竞争中，中国无疑是最大的市场，再加上北斗系统等国家战略支持，未来可期。

极限挑战

不谋全局者，不足谋一域。集成电路的发展需要国家战略协同。在聚合、叠加、倍增效应作用下，集成电路的发展日新月异，应用变动弗居。对于大多数应用领域来说，转型升级是发展的唯一出路，而集成电路的开发则是转型升级的强大动力。新市场的发展、新技术的开发，需要最大限度凝聚信心、智慧和力量，而这首先又源自对于技术和市场融合态势的准确认知。

2018 年，台积电在硅谷的年度技术研讨会上宣布其 7 纳米节点进入量产，采用极紫外光刻的制造将于 2019 年初量产,并就新封装技术进行了说明。根据台积电在研讨会上的发布,2018年上半年就投片了50多个设计案,包括CPU、GPU、人工智能加速器芯片、加密货币采矿专用集成电路芯片、网络芯片、游戏芯片、5G芯片以及车用集成电路。与16纳米的工艺相较,7纳米节点能提升35%的速度或节省功耗65%,闸极密度提升3倍。将采用极紫外光刻微影的N7+节点,能将闸极密度进一步提升20%、功耗再降10%。

"即使是在整个行业不断努力研发突破的前提下,我们也还是会在21世纪20年代初期达到2~3纳米的芯片工艺极限。"这是原国际半导体技术发展路线图组织主席保罗·加尔吉尼(Paolo Gargini)的判断。然而,在逼近摩尔定律的极限时,各种新兴的概念已经产生,这些新概念或设想大体上有三类:第一类是材料和光源、波段等要素的改进,例如利用锗替代硅,或者利用纳米线、碳纳米管以及石墨烯等碳基材料来替代硅基。第二类是结构上的改进,其中以从二维向三维结构的演进为代表,同时"纳米级真空通道晶体管"的概念也已提出。第三类是工艺上的优化,其中随着封装技术的演进,集成系统级芯片(实现两颗裸晶间的10纳米以下互联)的概念也已推出,系统级芯片和系统级封装或将有融合的空间。

从要素的角度看,除了材料本身(例如将芯片中的铜替换成钴)和光刻机所使用的激光光源等变化外,人们也开始进一步关注集成硅光子。以往,专业晶圆厂通常基于磷化铟制造光子器件,采用3英寸或最多4英寸晶圆,其工艺也与硅基器件有所不同。光子的波长比电子的大,因而电子产品向 7 纳米节点进军时，标准硅光子器件处在 130 纳米或 180 纳米节点。光学器件对相位比较敏感，侧壁粗糙度和损耗也很重要，因而决定光学器件的核心是光刻和蚀刻的质量。此外，CMOS 工艺能否适用、纯锗的生长（锗作为探测器）、集成方法的优化、利用等离子体激活的直接连接的集体芯片转移工艺，以及光子设计等，都需要进一步的优化。

从晶体管的结构设计来看，早期电子设备的发展源于真空管，后来为晶体管所取代。当晶体管尺寸逼近物理极限时，人们再次将目光投向了真空管——将真空管和晶体管"合二为一"成为纳米级真空通道晶体管。真空通道晶体管或将比普通硅晶体管快 10 倍，且更耐高温和辐射，成为耐辐射深空通信、高频器件和太赫兹电子等应用中理想的晶体管。在真空通道晶体管中，电子穿过填充有惰性气体的"准真空"间隙行进，以非常高的速度移动，或可快速进行操作，远超任何固态设备的范围。在美国国家航空航天局（NASA）的艾姆斯研究中心，真空通道晶体管的开发已成为其着眼点。未来，介于无线电波和光波之间的太赫兹波段（波长范围为 0.03～3 毫米，电磁频谱上频率为 0.1～10 THz），因其穿透性强、使用安全性高、定向性好、带宽高等特点，或可广泛应用于国防、通信、医疗等领域。然而，要应用较毫米波的波长更短、频率和分辨率更高的太赫兹技术，面临着芯片制造难题：其频率或是当前硅晶体管能够达到的最高频率的数倍至 10 倍，而真空通道晶体管的开发或可解决这些难题。

从芯片架构的设计来看，随着人工智能加速发展，业界又

芯事 The big bang of the chip

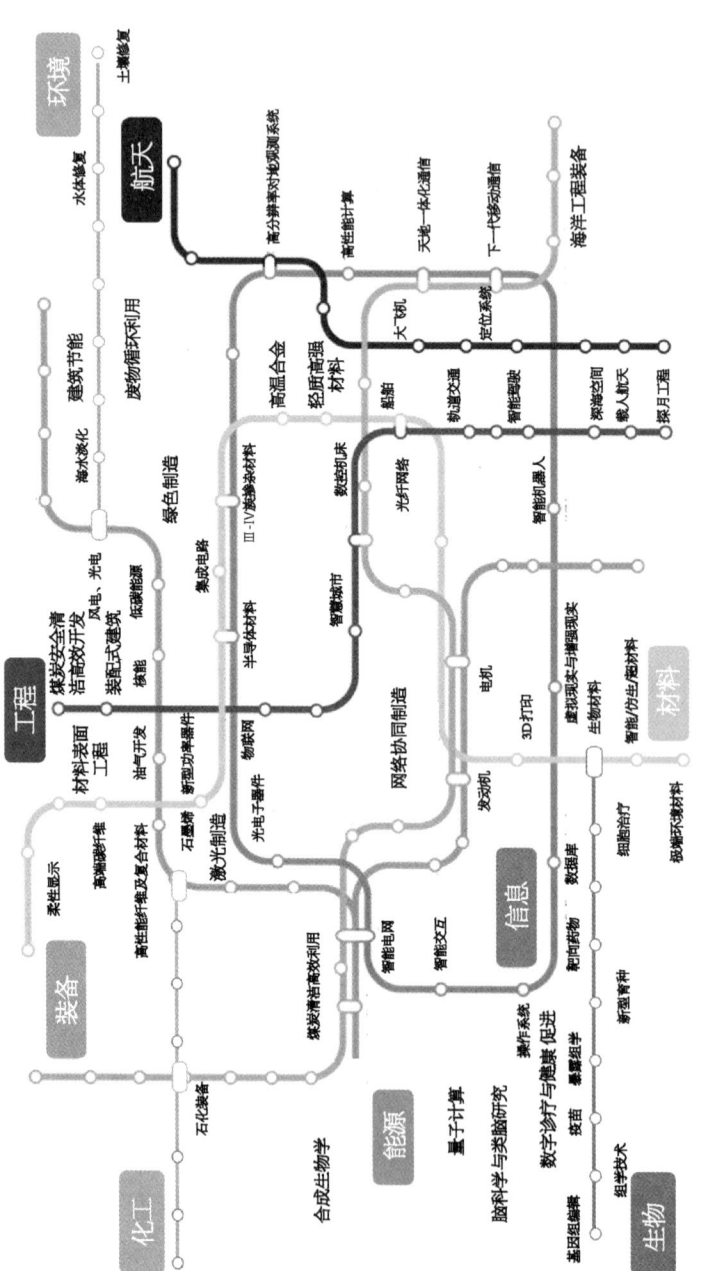

图 2-3 以集成电路为基础的信息技术与各高新技术的关联性

开始重新审视以往开发的存储器式运算架构。存储器式运算或比图像处理器（GPU）有更高的运算速度，由此实现存储处理器（processor in memory，PIM）的开发。人工智能的热潮，随着相变存储器、电阻式存储器和自旋磁存储器等新兴存储器开发，或将带来全新的数据存储方式。此外，以三维的方式进行构建架构，即把之前在硅片表面进行的平面刻蚀技术转变成多层刻蚀技术，再把这些刻蚀出的薄层硅进行堆叠，也已成为热点。半导体研究公司物理学家托马斯·泰斯（Thomas Theis）指出，"一旦人们从技术上的思维定势中走出来，就会发现其实还有巨大的研究空间有待发掘。"

从工艺优化的角度来看，原子层沉积和原子层刻蚀等技术的综合运用，或将带来新的解决方案，实现原子尺寸上的无差别掌控。目前，原子层沉积工艺已被广泛应用，反应物泵入腔室铺满表面后，清除化学物质并重复泵入，由此硅分子均匀而致密地吸附在金属物表面，并在有氧环境中生成二氧化硅，最终非常均匀地在所有图形表面致密地淀积二氧化硅薄膜。在原子层刻蚀工艺中，硅表面均匀吸附氯元素后，接触等离子体以激活氯，从而在原子尺寸尺度下有序刻蚀。在该工艺中，离子能量需要精准控制，以免能量太大溅射掉硅原子，或是能量太小无法有效传递。

迭代加速

物联网、云计算、智能制造、人工智能等已经掀开集成电路应用发展的新篇章。在新市场中，芯片与终端软硬件的融合将进一步加深。终端硬件的标准化、通用化、模块化，与芯片设计的高性能、低功耗、高可靠性要求，意味着技术重点也将有所变化。例如，对于物联网等新市场来说，封装技术也将更为重要，以台积电生产的智能手机芯片的晶圆级扇出型封装、晶圆上晶圆（wafer-on-wafer, WoW）（利用该技术可以直接以打线的方式堆叠三颗裸晶）等为代表，新技术或将在"超越摩尔"的进程中发挥更大作用。

新的市场需要新的技术，新的技术成就新的商业模式。在传统模式中，集成电路企业的发展重点倾向于规模效应的实现，因而通用化是其重心。然而，在新的市场竞争中，下游增值服务的高昂利润或是各企业竞争的重点，由此芯片产品性能和市场竞争的维度都已有了变化：从产品性能来看，除了集成度提升带来的性能升级外，芯片的可靠性和功耗性能也已成为同样重要的参数，追逐增值服务的应用集成服务商或将在这些性能的集成上追求极致；从市场竞争来看，应用场景的服务体验中，除了对产品本身的极致追求外，"时间就是金钱"的追求必须要求芯片开发全面加速。

新技术和新市场孕育着新业态。下游行业的技术升级，离不开集成电路，因而不少行业转方式、调结构的核心任务和提质增效升级，专用集成电路的发展都是重要的主攻方向和突破口之一。这个方向与其他方向一样，只有坚持走自主创新道路，才能破解被跨国企业"卡脖子"的瓶颈。在这条路上，技术创新、模式创新和管理创新或将有更为深度的融合。

集成电路的新市场和新模式,也带来了新的竞争。随着移动通信、物联网和智能时代的到来,芯片的"赛道"从原来"单车道"扩展至"多车道",而其他各个行业中越来越多的"赛车手"也挤入了集成电路的新赛道。其中,互联网企业的芯片开发投入较为典型。

目前,谷歌、阿里巴巴、微软等互联网企业,以及苹果、华为和小米等移动终端企业已经纷纷加入。其中,谷歌以数据中心部署的自主设计深度学习加速芯片 TPU 为切入点,已在图像处理、深度学习推理和训练等领域的芯片布局中领先。阿里巴巴在研发人工智能加速芯片 Ali-NPU 的同时,已经收购了大规模量产自主嵌入式 CPU 知识产权模块的物联网芯片企业中天微,投资了专注人工智能芯片的寒武纪、软件定义网络芯片企业 Barefoot Networks 公司、专注安防的芯片及应用开发企业深鉴科技、主打轻量级的神经网络处理单元芯片企业耐能(Kneron)、智能终端芯片企业翱捷科技等,并在达摩院组建了芯片技术团队进行人工智能芯片的自主研发。微软以其自主设计的 ToF 传感器芯片(用于 Xbox Kinect 2)、HPU 协处理器芯片(用于 HoloLens)、MCU 芯片(用于 Azure Sphere 物联网平台,与联发科合作开发),已布局未来。

这些企业的入局,标志着芯片行业进入了异构计算的发展时代。在此之前,在增加出货量、设计复用性的导向下,通用平台式芯片是集成电路行业巨头的主攻方向,沿着摩尔定律的路径优化工艺、提升芯片性能是最为核心的策略。不过，从移动终端的快速发展开始，根据应用做专用设计、依靠架构改进来提升性能的"异构计算"成为重要的方向，尤其是随着物联网、可穿戴设备、虚拟现实和增强现实等的发展，应用场景生态系统的构建需要多样性的产品，以满足差异化的用户需求，由此来实现服务增值。

多样性的产品需求，也许会加速产品迭代。更为差异化的需求，除了对性能的极致要求外，也意味着需要有理智的上市时间。由此，继制造外包后，设计外包的业态也将发生变化：芯片厂商完成架构设计，可以交给有丰富物理版图设计经验的设计服务企业去完成。在这一体系中，后者的竞争力就是细节上的经验积累，而双方的共同目标就是尽量缩短完成芯片设计的周期。

由此，未来专用集成电路的创新大门已经打开，垂直融合的模式将聚集更多的目光：下游的增值服务商依托大量的用户、广阔的市场和高额的资金，在上游寻找优质、高效的差异化的战略合作伙伴。垂直融合模式，与垂直分工模式有所区别：垂直分工模式依靠"微笑曲线"中间加工环节的规模效应，推动了产业链的分工；垂直融合模式则主要发生在"微笑曲线"的两端，利用下游的高利润率来弥补上游研发成本，带动产品化的加速。

无论是英特尔的垂直一体化、IBM 的横向整合，还是台积电的垂直分工、ARM 的授权模块，本质上都是通用化与专用化、规模经济与时间成本相平衡的结果，而适应发展的最终评价标准终究还是整个产品线的开发效益，由此构成了可不断升级的生态系统。

新一轮的应用革命蓄势待发，下游行业的新业态正在孕育，但是我国集成电路关键领域、核心技术受制于人的格局还没有从根本上改变，创新能力尤其是原创能力还需大力加强。在全球的产业生态系统中，中国14亿人口的庞大市场已经构成了巨大的消费能级，北斗系统等战略建设为智能汽车等下游应用提供了支持条件，这意味着垂直融合、开源合作等新商业模式将有更大的发挥空间，进而带动全球新模式的发展。与模式发展本身同样重要，或者更为重要的是，看清方向后要有"板凳要坐十年冷"的持之以恒，才能夯实芯片产业发展的根基。

6."芯"的机遇

浩渺行无极，扬帆但信风。"芯"的动力是过去60年全球计算技术发展的源动力。得益于摩尔定律的推动，从大型计算机，到小型计算机，到台式计算机和笔记本电脑，再到智能手机，以及未来的物联网器件，终端产品越来越小，产品性能越来越高，用户体验越来越方便，功能使用越来越简单，产品价格越来越便宜。集成电路各环节的发展都与科技创新息息相关，只有发动自主创新的引擎，才能有自信、有力量、有未来地立足于全球竞争。只有补上我们的短板，激活我们的潜能，才能照亮我们的道路，点燃我们的希望。初心不改、矢志不渝，便有了中国芯发展的坚实基础，也就有了风雨无阻、一往无前的发展动力。

把握下一轮的"芯"机遇，成为全球各界的共识。美国的半导体工业联盟和半导体研究联盟在其联合发布的《半导体研究机遇：行业愿景与指南》报告中，将人工智能、物联网和超级计算等列为未来集成电路和应用创新的关键，并且指出以下14个领域为下一轮发展的关键：

（1）先进的材料、器件和封装

（2）互联的技术和架构

（3）智能内存与存储

（4）电源功率管理

（5）传感和通信系统

（6）分布式计算和网络

（7）认知计算

（8）仿生计算和存储

（9）先进的架构及算法

（10）安全与隐私

（11）设计工具、方法和测试

（12）下一代制造模式

（13）环保、安全的材料和工艺

（14）创新的检测方法

站在历史与未来的交汇点，集成电路与其他应用的汇聚，孕育着新一轮的科技革命潜力。随着新器件的涌现，更高效的算法和系统结构需要得到相应开发：量子计算机或可高效率地使用量子退火算法来解决机器学习中的最优化问题；忆阻器（memristor）如能在存储器中应用对数据进行操作，取代冯·诺依曼架构的新计算结构或也将涌现。面对"芯"机遇，矢志于铸造中国"芯"的从业者不能有任何迟疑、任何懈怠，必须把发展的主动权握在手里。

历史是过去的现实，现实是未来的历史。这是一个新的起点，也是一场新的奋斗，一次新的进军。无论是历史的经验，还是各国（地区）的政策规划，或者未来的技术挑战，都表明了集成电路发展源头的协同创新的重要性。但是，这并不仅仅是技术本身的问题。过去的发展经验表明，集成电路的发展是集自然科学、高新技术、工程学、经济学、社会学和管理学等多学科于一体的推动结果。集成电路的垂直分工与整合，也就是行业的组织管理，是60载行业发展的必要路径。组织管理与技术管理的协同，其成果标志是新一代的生产工艺；组织管理与市场管理的协同，其成果标志是合理的订单生产；组织管理、技术管理和市场管理的协同，其成果标志则是集成电路产业链的协同发展。无论是对于领先者还是后来者而言，这都是把握"芯"机遇的必由之路。

机遇千载难逢，机遇稍纵即逝。建设世界科技强国，对于集成电路行业而言，就需要牢牢构建起全面发展的合力，建构完整的产业链。今天集成电路行业每个人的努力，正在改变中国的智能发展生态，在你追我赶中共同创造着属于中国芯的未来。国家要强大、行业要发展、消费有升级，离不开"芯"的动力，而"芯"动力则源于每一位从业者之"心"。

穿越历史，照亮未来。回顾历史之时，让我们再凝视1969年的一个小故事。那一年的7月4日，格鲁夫从《时代》杂志上剪下了《激励的愿景》一文："任何一位导演都必须掌握极为复杂的技艺。他必须精通声、光、摄影术；他必须善于安抚人心；他必须懂得如何启发、调动艺术才华。要成为一个真正杰出的导演，他还必须具备更为难得的本领：促使这些本质各异的因素融合为一、变成有机整体的力量和愿景。"在剪贴完这篇文章之后，格鲁夫在笔记本上写道："我的职责？"

习近平总书记在湖北考察时，对芯片工作者说到愿景和责任，习总书记说："机遇前所未有，挑战前所未有。每个人都要增强责任感、使命感。在各自岗位上为中华民族伟大复兴作出更大贡献！"希望本书可以起到借鉴作用，鼓励众多有责任感的芯片"导演"来不断创造卓越的中国"芯"。

参 考 文 献

[1] Grove A S. Only the paranoid survive: How to exploit the crisis points that challenge every company and career [M]. Broadway Business, 1996.

[2] Brock D C, Moore G E. Understanding Moore's law: four decades of innovation [M]. Chemical Heritage Foundation, 2006.

[3] Malone M S. The Intel trinity: How Robert Noyce, Gordon Moore, and Andy Grove built the world's most important company [M]. Harper Collins, 2014.

[4] Rosegrant S, Lampe D, Shier J. Route 128: Lessons from Boston's High-Tech Community [M]. Basic Books, Inc., 1992.

[5] Tsuyoshi Kawanishi. Chip management : the semiconductor business : where there's a will, there's a way [M]. Kogyo Chosakai Publishing, 1997.

[6] Song C, Lee K. The Samsung way: Transformational management strategies from the world leader in innovation and design [M]. New York: McGraw-Hill Education, 2014.

[7] Benini L, Micheli G D. Networks on Chips: A New SoC Paradigm [M]. IEEE Computer Society Press, 2002.

[8] Geer D. Industry Trends: Chip Makers Turn to Multicore Processors [M]. IEEE Computer Society Press, 2005.

[9] Harper C. Electronic Packaging and Interconnection Handbook [M]. McGraw-Hill, Inc., 2004.

［10］Schaller R R. Moore's law: past, present, and future［M］. IEEE Press, 1997.

［11］Pavlidis V F, Friedman E G. Three-dimensional Integrated Circuit Design［M］. Morgan Kaufmann, 2008.

［12］Branover A, Foley D, Steinman M. AMD Fusion APU: Llano［M］. IEEE Computer Society Press, 2012.

［13］Cusumano M A. The Apple-Samsung lawsuits［M］. ACM, 2013.

［14］Assn S I. International Technology Roadmap for Semiconductors［J］. Journal of Applied Physics, 2015, 86(17): 045406.

［15］洪京一. 世界信息技术产业发展报告（2014—2015）［M］. 社会科学文献出版社，2015.

［16］刘黎明，王昭顺. 云计算时代，本质、技术、创新、战略［M］. 电子工业出版社，2014.

［17］陈芬. DSP芯片技术应用开发［M］. 清华大学出版社，2014.

［18］王芳. 集成电路芯片测试［M］. 浙江大学出版社，2014.

［19］李可为. 集成电路芯片封装技术［M］. 电子工业出版社，2013.

［20］韩国三星集团. Samsung GALAXY Tab Pro-T320（WLAN）［M］. 天津三星通信技术有限公司，2015.

［21］吴军. 浪潮之巅［M］. 电子工业出版社，2011.

［22］高陶. 中国芯：战略型科学家江上舟博士传［M］. 中国青年出版社，2012.

［23］浦祖康，李墨龙. 江上舟印象［M］. 上海人民出版社，2012.

［24］毅晰. 张汝京：中芯国际的"追梦高手"［J］. 中国经济周刊，2005 (8): 38-39.

［25］易辉. 中芯国际集成电路制造有限公司战略研究［D］. 华东理工大学，2012.

［26］李晔. 新竹科学工业园区与中关村科技园区发展模式的比较分析［D］. 天津大学，2005.

［27］曾佳恬. 外国直接投资技术溢出效应分析——以新竹工业园区为例［D］. 浙江大学经济学院，浙江大学，2008.

[28] 孟拓.后发追赶式国家和地区半导体产业发展模式的特点及路径选择(2014—2015)[M]//世界信息技术产业发展报告(2014—2015).社会科学文献出版社, 2015: 237-245.

[29] 马修斯.技术撬动战略[M].北京大学出版社, 2009.

[30] 余婉贞.三星技术扩张真经——世界一流标杆企业丛书[M].北京工业大学出版社, 2006.

[31] 日本半导体和微电子学工业组.日本半导体和微电子学工业[M].半导体技术编辑部, 1985.

[32] 中国科学技术情报研究所.出国参观考察报告, 日本半导体材料研究情况[M].科学技术文献出版社, 1979.

[33] 上海冶金研究所.集成电路可靠性[M].科学技术情报研究所, 1972.

[34] 约翰斯通, 李先柏.我们在燃烧: 日本电子企事业研发史[M].华夏出版社, 2004.

[35] 汤之上隆.失去的制造业: 日本制造业的败北[M].机械工业出版社, 2015.

[36] 惠特克.成功的引擎[M].北京大学出版社, 2008.

[37] 弗朗斯曼.赢在创新: 日本计算机与通信业成长之路[M].知识产权出版社, 2006.

[38] 半导体专业情报网, 中国半导体行业协会, 电子工业部半导体情报网.半导体技术[M].半导体技术编辑部, 1976.

[39] 上海市经济和信息化委员会上海市集成电路行业协会.2014年上海集成电路产业发展研究报告[M].上海科学技术文献出版社, 2014.

[40] 江苏省经济和信息化委员会, 江苏省半导体行业协会, 于燮康.江苏省集成电路产业发展研究报告[M].电子工业出版社, 2015.

[41] 中国半导体行业协会集成电路分会, 江苏省半导体行业协会.全球半导体晶圆制造业版图[M].电子工业出版社, 2015.

[42] 克莱顿·M.克里斯滕森, 斯科特·D.安东尼, 埃里克·A.罗恩, 等.远见: 用变革理论预测产业未来[M].商务印书馆, 2006.

[43] 张立恒, 刘莲芹.芯跳不止: 身边的集成电路江湖[M].电子工业出

版社，2015.

[44] 王芹生.志在千里壮芯不已：中国集成电路设计业二十年[M].电子工业出版社，2014.

[45] 佚名.半导体行业知识产权百问：半导体行业知识产权读本[M].知识产权出版社，2005.

[46] 佚名.中国半导体制造业[M]//中国产业地图——IT（2004—2005）.社会科学文献出版社，2005：50-59.

[47] 理查德·S·泰德罗，等.影响历史的商业七巨头[M].机械工业出版社，2003.

[48] 简维廷，郭位，张启华.半导体制造中的质量可靠性与创新[M].电子工业出版社，2016.

[49] 熊培霖.项目经理的教战守则[M].清华大学出版社，2012.

[50] 林宏淼.芯片营销[M].南方日报出版社，2014.

[51] 张超.我国集成电路行业研究报告[J].经营管理者，2016（3）.

[52] 工业和信息化部软件与集成电路促进中心.中国集成电路产业黄金十年[M].电子工业出版社，2011.

[53] 徐步陆.信息技术产业知识产权理论与实践研究[M].上海教育出版社，2011.

[54] 王广宇.2049智能崛起：新一代信息技术产业中长期发展战略[M].中信出版社，2016.

[55] 《软件和集成电路》杂志社，郭嘉凯，软件和集成电路杂志社.云中漫步：云计算的前世今生[M].电子工业出版社，2015.

[56] 谢希德.科学思想和科学方法[M].上海科学普及出版社，1999.

[57] 黄昆，谢希德.半导体物理进展与教学——纪念我国半导体专业创办三十周年[M].高等教育出版社，1989.

[58] 黄昆，谢希德.半导体物理进展与教学[M].高等教育出版社，1989.

术语解释

- N 型半导体：又称为电子型半导体，其自由电子浓度远大于空穴浓度。
- PN 结（PN junction）：采用不同的掺杂工艺，通过扩散作用，将 P 型半导体与 N 型半导体制作在同一块半导体基片上，在它们的交界面就形成空间电荷区称为 PN。PN 结具有单向导电性，是半导体二极管、双极性晶体管等的物质基础。
- P 型半导体：又称为空穴型半导体，其空穴浓度远大于自由电子浓度。
- 半导体（Semiconductor）：常温下导电性能介于导体与绝缘体之间的材料。
- 半导体器件（Semiconductor device）：导电性介于良导电体与绝缘体之间，利用半导体材料特殊电特性来完成特定功能的电子器件，可用来产生、控制、接收、变换、放大信号和进行能量转换。半导体器件可用作整流器、振荡器、发光器、放大器、测光器等器材。为了与集成电路相区别，有时也称为分立器件。
- 场效应晶体管（Field Effect Transistor, FET）：利用控制输入回路的电场效应来控制输出回路电流的一种电压控制型半导体器件，具有输入电阻高、噪声小、功耗低、动态范围大、易于集成、没有二次击穿现象、安全工作区域宽等优点。
- 存储器（Memory）：用于保存信息的记忆设备，存储二进制数据的数字电路。
- 电路（Electric Circuit）：由金属导线和电气、电子部件组成的导电回路，称为电路。

- 电子设计自动化（Electronic Design Automation, EDA）：利用电子线路辅助设计软件，进行电子设计。

- 复杂指令集计算（Complex Instruction Set Computing, CISC）：计算机系统的基本处理部件，每个微处理器的核心是运行指令的电路；指令由完成任务的多个步骤所组成，把数值传送进寄存器或进行相加运算。

- 互补金属氧化物半导体（Complementary Metal Oxide Semiconductor, CMOS）：先进的集成电路加工工艺技术，具有高集成、低成本、低能耗和高性能等特征。

- 集成电路（Integrated Circuit, IC）：指通过一系列特定的加工工艺，将晶体管、二极管等有源器件和电阻、电容、电感等无源器件，按照一定的电路互联，"集成"在一块芯片（如硅或砷化镓）上，封装在一个外壳内，执行特定电路或系统功能的一种器件。集成电路按集成度高低的不同可分为小规模集成电路、中规模集成电路、大规模集成电路、超大规模集成电路、特大规模集成电路和巨大规模集成电路等。

- 架构（Architecture）：可编程集成电路系列的通用逻辑结构。

- 金属-氧化物半导体场效应晶体管（Metal-Oxide-Semiconductor Field-Effect Transistor, MOSFET）：一种可以广泛使用在模拟电路与数字电路的场效晶体管，依照其"通道"（工作载流子）的极性不同，可分为"N型"与"P型"两种类型，通常又称为 NMOSFET 与 PMOSFET（简称还包括 NMOS、PMOS）。

- 晶体管（Transistor）：一种固体半导体器件，具有检波、整流、放大、开关、稳压、信号调制等多种功能。晶体管作为一种可变电流开关，能够基于输入电压控制输出电流。

- 晶圆（Wafer）：硅半导体集成电路制作所用的硅片，其形状为圆形，因而称为晶圆。

- 晶圆代工厂（Foundry）：建有晶圆生产线，为设计企业提供晶圆加工的企业。

- 精简指令集计算（Reduced Instruction Set Computing，RISC）：一种执行较少类型计算机指令的微处理器，能够以更快的速度执行操作。

- 逻辑门（Logic Gates）：集成电路上的基本组件，数字逻辑电路的基本单元。

- 模拟电路（Analog Circuit，AC）：用于对模拟信号（连续变化的电信号）进行传输、变换、处理、放大、测量和显示等工作的电路，主要包括放大电路、信号运算和处理电路、振荡电路、调制和解调电路及电源等。

- 摩尔定律（Moore's Law）：芯片上晶体管数目每隔18个月翻一番或每三年翻两番，性能也会增加一倍或两倍。

- 内存（internal memory）：计算机中重要的部件之一，用于暂时存放中央处理器中的运算数据，以及与硬盘等外部存储器交换的数据，是与中央处理器进行沟通的桥梁。计算机中所有程序的运行都是在内存中进行的，因此内存的性能对计算机的影响非常大，内存的运行也决定了计算机的稳定运行。内存由内存芯片、电路板、金手指等部分组成。

- 球栅阵列（Ball Grid Array，BGA）：以球型引脚焊接工艺为特征的一类集成电路封装。可以提高可加工性，减小尺寸和厚度，改善了噪声特性，提高了功耗管理特性。

- 数字电路（Digital Circuit，DC）：用数字信号完成对数字量进行算术运算和逻辑运算的电路，它具有逻辑运算和逻辑处理功能，因而也称数字逻辑电路。现代的数字电路由半导体工艺制成的若干数字集成器件构造而成。

- 双极性晶体管（Bipolar transistor）：全称双极性结型晶体管（bipolar junction transistor, BJT），俗称三极管，是一种具有三个终端的电子器件，由三部分掺杂程度不同的半导体制成，晶体管中的电荷流动主要是由载流子在PN结处的扩散作用和漂移运动。

- 微处理器（Microprocessor）：一片或少数几片大规模集成电路组成的中央处理器，执行控制部件和算术逻辑部件的功能，能完成取指令、执行指令，以及与外界存储器和逻辑部件交换信息等操作，是微型计算机的运算控制部分。

- 微控制单元（Microcontroller Unit, MCU）：又称单片微型计算机或者单片机，是把中央处理器的频率与规格做适当缩减，并将内存、计数器、USB、模块/数字转换等周边接口整合在单一芯片上，形成芯片级的计算机，为不同的应用场合做不同组合控制。微控制单元广泛应用于智能手机等智能终端、工业部件以及各类电子产品。

- 无晶圆厂的设计企业（Fabless）：能够设计、销售，通过与晶圆制造商联合以转包的方式实现晶圆加工的一类半导体公司。

- 系统级芯片（System on chip, SoC）：在一个微电子芯片上将信息的采集、传输、存储、处理等功能集成在一起而构成系统芯片。

- 现场可编程门阵列（Field Programmable Gate Array, FPGA）：通过分布式可编程阵列开关连接的小逻辑单元，其结构在性能和功能容量上会产生统计变化结果，但是可提供高寄存器数。

- 芯片（Chip）：指内含集成电路的硅片，体积很小，常常是计算机或其他电子设备的一部分。

- 掩膜（Mask）：芯片生产过程中，从版图到晶圆制造中间的过程为光掩膜制造，用于这些步骤的图形"底片"称为掩膜。

- 知识产权（Intellectual Property, IP）模块：在集成电路领域，通常是指已经设计优化好，并经过验证的功能复杂且可以嵌入到其他电路中重复使用的集成电路模块。

- 中央处理器（Central Processing Unit, CPU）：计算机的运算核心和控制核心，其功能主要是解释计算机指令以及处理计算机软件中的数据。

- 专用集成电路（Application Specific Integrated Circuit, ASIC）：适合于某单一用途的集成电路产品。

附录1 集成电路企业排名

表1 2017年全球十大半导体厂商

2017年排名	2016年排名	企业	2017年收入（亿美元）	2017年市场份额（%）	2016年收入（亿美元）	2016—2017增长率（%）
1	2	三星电子	598.75	14.2	401.04	49.3
2	1	英特尔	587.25	14.0	540.91	8.6
3	4	SK海力士	263.70	6.3	146.81	79.6
4	5	镁光	228.95	5.4	133.81	71.1
5	3	高通	160.99	3.8	154.15	4.4
6	6	博通	154.05	3.7	132.33	16.4
7	7	德州仪器	135.06	3.2	118.99	13.5
8	8	东芝	124.08	3.0	99.18	25.1
9	17	西部数据	91.59	2.2	41.70	119.6
10	9	恩智浦	87.50	2.1	93.14	−6.1
		其他	1 772.01	42.1	1 596.45	11.0
		市场总额	4 203.93	100.0	3 458.51	21.6

数据来源：Gartner

表2 2017年全球八大晶圆代工厂

2017年排名	2016年排名	企业	2017年收入（亿美元）	2016年收入（亿美元）	2016—2017增长率（%）
1	1	台积电	321.63	294.88	9.1
2	2	格罗方德	60.60	54.95	10.3

续 表

2017年排名	2016年排名	企 业	2017年收入（亿美元）	2016年收入（亿美元）	2016—2017增长率（%）
3	3	联电	48.98	45.82	6.9
4	4	三星	46.00	44.10	4.3
5	5	中芯国际	31.01	29.14	6.4
6	6	力晶	14.98	12.75	17.5
7	8	华虹集团	13.95	11.84	17.8
8	7	TowerJazz	13.88	12.50	11.0
		其他	72.07	71.12	1.3
		总计	623.10	577.10	8.0

数据来源：IC Insights

注：华虹集团的统计包括华虹宏力及华力微电子的数据

表3　2017年全球十大芯片设计厂商

2017年排名	企 业	2017年芯片收入（亿美元）	2016年芯片收入（亿美元）	2016—2017增长率（%）
1	高通	170.78	154.14	10.8
2	博通	160.65	138.46	16.0
3	英伟达	92.28	63.89	44.4
4	联发科	78.75	88.09	−10.6
5	苹果	66.60	64.93	2.6
6	AMD	52.49	42.72	22.9
7	海思	47.15	39.10	20.6
8	赛灵思	24.75	23.11	7.1
9	迈威	23.90	24.07	−0.7
10	紫光	20.50	18.80	9.0
	其他	268.25	246.94	8.6
	总计	1 006.10	904.25	11.3

数据来源：IC Insights

注：2017年数据为IC Insights的预计数据；紫光的统计包括展讯和锐迪科的数据

表4　2017年全球十大模拟芯片厂商

2017年排名	企业	2017年收入（亿美元）	2016年收入（亿美元）	2016—2017增长率（%）
1	德州仪器	99.00	85.36	16.0
2	亚德诺半导体	43.10	37.90	13.7
3	Skyworks	37.10	32.05	15.8
4	英飞凌	33.55	30.30	10.7
5	意法半导体	29.30	25.19	16.3
6	恩智浦	24.15	24.30	−0.6
7	美信	20.25	19.00	6.6
8	安森美半导体	18.00	13.35	34.8
9	微芯半导体	9.40	8.19	14.8
10	瑞萨电子	9.15	8.10	13.0

数据来源：IC Insights
注：亚德诺半导体的统计包含其并购的企业数据

表5　2017年全球十大半导体研发投入领先企业

2017年排名	企业	2017年研发投入（亿美元）	2017年研发投入/销售额占比	2016—2017增长率（%）
1	英特尔	130.98	21.2	3
2	高通	34.50	20.2	−4
3	博通	34.23	19.2	4
4	三星	34.15	5.2	19
5	东芝	26.70	20.0	−7
6	台积电	26.56	8.3	20
7	联发科	18.81	24.0	9
8	镁光	18.02	7.5	8
9	英伟达	17.97	19.1	23
10	SK海力士	17.29	6.5	14
	前十家企业总计	359.21	13.0	6

数据来源：IC Insights
注：博通和联发科的研发投入与销售数据包括其所并购的企业数据

表6 2017年中国集成电路设计十大企业

排名	企 业
1	深圳市海思半导体有限公司
2	清华紫光展锐
3	深圳市中兴微电子技术有限公司
4	华大半导体有限公司
5	北京智芯微电子科技有限公司
6	深圳市汇顶科技股份有限公司
7	杭州士兰微电子股份有限公司
8	敦泰科技（深圳）有限公司
9	格科微电子（上海）有限公司
10	北京中星微电子有限公司

数据来源：中国半导体行业协会

注：根据行业季度统计报表及各地方协会统计数据评选，未填报报表或地方协会未纳入统计范围内的企业不在评选范围内；企业主营业务以集成电路设计为主

表7 2017年中国集成电路制造十大企业

排名	企 业
1	三星（中国）半导体有限公司
2	中芯国际集成电路制造有限公司
3	SK海力士半导体（中国）有限公司
4	英特尔半导体（大连）有限公司
5	上海华虹（集团）有限公司
6	华润微电子有限公司
7	台积电（中国）有限公司
8	西安微电子技术研究所
9	武汉新芯集成电路制造有限公司
10	和舰科技（苏州）有限公司

数据来源：中国半导体行业协会

注：根据行业季度统计报表及各地方协会统计数据评选，未填报报表或地方协会未纳入统计范围内的企业不在评选范围内

表 8 2017 年中国集成电路封装测试十大企业

排名	企　　业
1	江苏新潮科技集团有限公司
2	南通华达微电子集团有限公司
3	天水华天电子集团
4	威讯联合半导体（北京）有限公司
5	恩智浦半导体
6	英特尔产品（成都）有限公司
7	安靠封装测试（上海）有限公司
8	海太半导体（无锡）有限公司
9	上海凯虹科技有限公司
10	晟碟半导体（上海）有限公司

数据来源：中国半导体行业协会

注：根据行业季度统计报表及各地方协会统计数据评选，未填报报表或地方协会未纳入统计范围内的企业不在评选范围内

表 9 2017 年中国半导体功率器件十强企业

排名	企　　业
1	吉林华微电子股份有限公司
2	扬州扬杰电子科技股份有限公司
3	苏州固锝电子股份有限公司
4	无锡华润华晶微电子有限公司
5	瑞能半导体有限公司
6	常州银河世纪微电子股份有限公司
7	无锡新洁能股份有限公司
8	杭州立昂微电子股份有限公司
9	北京燕东微电子有限公司
10	深圳深爱半导体股份有限公司

数据来源：中国半导体行业协会

注：根据行业季度统计报表及各地方协会统计数据评选，未填报报表或地方协会未纳入统计范围内的企业不在评选范围内；企业主营业务以半导体功率器件为主

表 10　2017 年中国半导体 MEMS 十强企业

排名	企　　　业
1	歌尔声学股份有限公司
2	瑞声声学科技（深圳）有限公司
3	美新半导体（无锡）有限公司
4	美泰电子科技有限公司
5	苏州敏芯微电子技术有限公司
6	苏州明皜传感科技有限公司
7	上海矽睿科技有限公司
8	苏州迈瑞微电子有限公司
9	苏州感芯微系统技术有限公司
10	江苏德尔森传感器科技有限公司

数据来源：中国半导体行业协会

注：根据行业季度统计报表及各地方协会统计数据评选，未填报报表或地方协会未纳入统计范围内的企业不在评选范围内

表 11　2017 年中国半导体材料十强企业

排名	企　　　业
1	浙江金瑞泓科技股份有限公司
2	宁波江丰电子材料股份有限公司
3	衡所华威电子有限公司
4	有研半导体材料有限公司
5	安集微电子科技（上海）股份有限公司
6	北京达博有色金属焊料有限责任公司
7	上海新阳半导体材料股份有限公司
8	有研亿金新材料有限公司
9	南京国盛电子有限公司
10	天津中环领先材料技术有限公司

数据来源：中国半导体行业协会

注：根据行业季度统计报表及各地方协会统计数据评选，未填报报表或地方协会未纳入统计范围内的企业不在评选范围内

表 12 2017 年中国半导体设备五强企业

排名	企　　业
1	中电科电子装备集团有限公司
2	北京北方华创微电子装备有限公司
3	中微半导体设备（上海）有限公司
4	沈阳拓荆科技有限公司
5	上海微电子装备（集团）股份有限公司

数据来源：中国半导体行业协会

注：根据行业季度统计报表及各地方协会统计数据评选，未填报报表或地方协会未纳入统计范围内的企业不在评选范围内

附录2　谢志峰访谈

中国半导体发展已具备天时、地利、人和

一个完整的半导体产业链，对中国来说尤为重要。谢志峰博士算是中国半导体行业的老兵，1988年加入美国英特尔公司第一研发中心，2001年与张汝京一同参与了中芯国际集成电路制造有限公司的创办，并在中芯国际工作十年，2012年9月创办上海矽睿科技有限公司，继续深耕半导体行业。

今年初，在纪录片《中国实验室》拍摄期间，谢志峰接受澎湃新闻记者采访时认为，中国的半导体产业的发展，目前具备天时、地利、人和。他解释说："地利是说市场在中国，人和是说中国人才够了，国外回来的和本土的都起来了。"15年前，找个像样的高级管理人才一定要进口的，一定要从美国挖，人家还不愿意来，现在这样的人才国内都有，现在把握机会就能做好。他说，如果这个阶段不把握机会，到下一个周期我们又落后了。

中国需要全产业链

澎湃新闻： 紫光在做大量的并购，试图完成一个完整的半导体产业链。那么，一个完整的产业链对中国有多重要？

谢志峰： 中国是需要全产业链的，但所有的细分行业放在一个公司是不可靠的。每个公司都有自己的基因，有自己的特长，一个公司什么都做，做到大而全，是不可能做到世界第一的。只有专注一个领域去做，才有可能做到世界第一。产业链的每一个部分都需要有人来做，但是要分开，请不同的专家来做。在历史上，大而全、样样都精通、都做到世界第一的企业是不存在的。

以英特尔为例，我的第一份工作就在英特尔，它强项是集成电路芯片的制造，到今天也是世界第一，没有对手，同时在设计上也有独到之处，所以制造和设计就是它的专长。但英特尔对操作系统以及手机方面的应用都没有优势，它的设计制造都偏向个人电脑、手提电脑、云计算，它的特长就在这里。它在40多年的历史里做过很多尝试，手机项目做了关掉，做了又关掉，都失败了。它的基因就是适合做高速高性能的芯片，做低功耗的手机芯片一直不太成功，或许未来可能会成功，但这说明从自己很有特长的领域跳到另外一个领域会有多难。到别人的领域去战胜别人是非常困难的。

英特尔还努力希望在物联网方面有建树，但是给别人的印象就是高速、高性能芯片的生产、设计，用在云计算和个人电脑方面，除此之外，在其他方面别人还没有把它当作一个最优秀的公司。所以我们也要培养在某一领域内最优秀的公司，但不要指望它能在各领域都优秀。

对大公司合并比较悲观

澎湃新闻：你看好中国半导体企业在全球发起的一系列并购吗？

谢志峰：高科技并购，是经济形势所迫，很多公司自己没有办法生存了，必须并在一起，抱团取暖，并购应该是互补的，你有的他没有，合并会更合理。但有的并购是为了并购而并购，抱团并不解决问题。

对大公司合并，我一般比较悲观，全世界范围内的大公司合并，都会造成人才流失。大多是并了以后切成小块再卖掉，没有太多的成功案例，失败的居多。企业要有非常强的文化，其他公司进来后你可以把它融进来，有时候合并的企业名义上是一家人，但内部充满了明争暗斗。如果有强大的文化，两个公司并在一起，所有的人都很认同，就不会有摩擦，但大多数公司的兼并会造成兼并方和被兼并员工之间的矛盾，往往兼并是1+1小于2。

技术和文化上很强的公司才能很容易地把别人融进去，否则会兼并失败。文化冲击之后，人才大量流失。虽然能买到一些专利技术，但专利只是落在纸上的，需要人去落实，相当于买了个机器，会使用的人不在了，还是发挥不了作用。

终端产品的配件没有必要区分国界

澎湃新闻： 中国市场对组成整个产业链的那些企业有什么样的吸引力？

谢志峰： 技术市场是很残酷的，每个终端产品必须用最好的配件，所以没有必要分国界。苹果的产业链是全球采购，用最好的部件，没有要求必须用美国的东西，只要自主可控就没有问题，除非是军工产品。并购了那么多公司，关键是能不能消化。公司能买到，但人才是流动的，很多核心的东西是在人脑子里，不是在硬件里。

我回国15年了，看到一个趋势，中国对高科技产品的需求很大，比美国、欧洲都大。15年前美国最大，如今全世界的高科技供应商都来中国设厂，人才、技术、生产都想往中国大陆转移，确实带来了技术上的迁移。韩国和我国台湾地区都非常羡慕我们，它们是很小的市场，虽然它们某些领域很强，如韩国的三星、台湾地区的台积电。所以，它们也不得已来大陆建厂，台积电要在南京建一家世界级的工厂，三星在西安有世界级的存储，英特尔要在大连增加10倍的投资。它们必须往大陆转移，不然就失去了市场机会。

大陆的企业有机会借此发展。这些公司会带来人才和技术，这些人才会在这里流动，不论是去国企、外企还是民企。过去清华、北大的毕业生第一优先是去欧美，毕业以后在全世界最好的公司工作，留在英特尔、苹果、谷歌，现在很多都留在这里，所以中国未来有很好的机遇。

现在要有自信心走到世界前面去

澎湃新闻： 海外半导体企业来大陆是因为成本吗？

谢志峰： 成本不是最重要的，现在芯片在大陆做和在台湾做，成本其实差不多，主要还是市场。你要靠近客户，才能知道客户要什么。公司远在美国，对中国的客户需求就不敏感，如果在中国设立研发中心，反应速度会快很多。所以在中国设厂，第一考虑的还是接近客户。

当然成本、人才资源也很重要，中国的人才很勤奋、聪明，他们要有机会发展。发挥他们的聪明才智，需要好的老师带。如果有好的公司，不管中资、外资，它们招了优秀毕业生就会给好的培训，他们一旦有经验了，就成为市场上流动的人才。

要不断学习创新的能力、解决问题的方法，方法学到后可以创造新的技术和产品，可以有雄心壮志去创造外企也没有的技术和产品，不要老想着从外企那里转让技术。世界是平的，这方面的自信心要建立。过去我们一直提要赶超世界领先水平，但大多数时间是赶，不是超，是填补国家空白。现在要改变思路，不要老想着赶，要超，要选定中国人有优势的领域，集中精力，要突破，要走到世界前面去。

从战略角度来说，中国必须把存储发展起来

澎湃新闻： 中国半导体企业的细分水平如何？

谢志峰：半导体产业分为设计、生产、封装、测试这几块。论制造水平，中芯国际是中国大陆的龙头，水平达到了世界级，未来是非常有前景的。设计方面，总部位于深圳的海思（海思半导体有限公司）是有优势的。封测方面，江苏江阴的长电（长电科技股份有限公司）是最具规模的，收购新加坡的金鹏科技后上了一个新台阶，大概能达到世界第三或第四的水平。这三家都能在中国做领头羊，比较欠缺的是存储行业。

三大关键技术中，逻辑运算的 CPU 技术方面，英特尔世界领先；存储技术方面，韩国的三星领先；封测技术方面，台湾地区的日月光集团比较领先。大陆的领先企业和它们比还是有蛮大差距的，尤其是存储，几乎没有。从战略角度来说，我们必须把存储发展起来。

国家准备 5 年内投入 1 400 亿元的资金，但这么多钱还不如三星和英特尔加起来一年的投入。纵向比较发展是很快，但横向比，和竞争对手的投入比起来还是很有限。而且这不是钱能解决的问题，还要看人才、技术储备。千万不要轻视专利储备，只要你一做大，要起势了，肯定要打专利战，一旦打起来一拳就被打倒。

我们的设计也只是手机芯片的设计，用于云计算、个人电脑的高速 CPU 设计，我们还是很弱，差距很大。

大陆半导体制造企业离台积电的差距很远，长远看台积电还要领先很长一段时间，这是苦工、硬功、资金、人才、知识产权积累形成的，毕竟它有 40 年的积累。制造是很难的，要想赶上，先解决钱的问题，再说人才、技术、设备。

看好未来十年

澎湃新闻：国家规划雄心勃勃，中国有条件实现这个规划吗？

谢志峰：现在的国家规划有进步，不是只搞五年计划，而是也注重长期规划了，中国制造2025，是十年计划，技术积累要长期规划。美国的老朋友都很羡慕中国的这种长期规划。

国家有长远计划，但是业界的人却急功近利，老想一锤子买卖，今年投下去第二年就要见成效。未来十年我还是很看好的，天时、地利、人和都具备。天时是说，时间到了，全世界投入在减少，中国在增加；地利是说，市场在中国；人和是说，中国人才够了，国外回来的和本土的都起来了。15年前，找个像样的高级管理人才一定要进口的，一定要从美国挖，人家还不愿意来，现在这样的人才国内都有，现在把握机会就能做好。不把握机会，到下一个周期我们又落后了。

国家资金的管控越来越健全

澎湃新闻：国家资金的使用效率之前有一些讨论，现在怎么样？

谢志峰：原来钱不够多，还喜欢撒胡椒面，高校、研究所，大家都分一点，形不成合力。现在是择优扶强，哪个企业的能力强就扶持哪一个，这个格局比10年前有效得多。现在挑有希望成功和有成功经验的企业去投。原来是高校研究所为主，现在是以企业为主，企业带着高校和研究生在走，而不是高校和研究所在做。这是这几年比较大的改变。

这 5 年，从中央到地方的领导都在说，企业是科技创新的主体，研究所和高校辅助。因为研究所和高校不做产品，与市场是脱节的。资金给谁、不给谁是一种成熟的机制，是不是最优不敢说，但现在这套制度还是蛮健全的，感觉国家越来越重视，资金的管控也越来越健全。国企、私企都有机会去拿，当然国企拿到的机会更多，民企也有机会，特别是我们这个领域，谁有能力谁就能拿到。

澎湃新闻：投资效率如何去追溯呢？

谢志峰：如果没有达到国家要求，再申请项目，你的评分就很低了，这是很重要的评分。评委是在全国请的专家，有国企领导，也有高校教授。有一个业界专家库，从专家库去挑选专家去做项目，这套机制蛮合理。但也有点问题，这些专家都是兼职的，有时候比较忙就不能去，有时候就找不到最合适的专家，假如最合适的那个很忙，就得用其他专家顶替。不过养这样一帮全职专家太贵了，每次给兼职专家们车马费 500 元、1 000 元，这蛮符合我国国情。同样的情况在美国那就很贵了。

不要老想着引进，自己要创新

澎湃新闻：韩国和台湾地区的半导体发展经历对大陆有什么启示？

谢志峰： 韩国的三星就是一个巨大的央企，韩国很多国家资源都砸在三星和海力士。早期韩国从日本买技术，也派了大量留学生到美国，那些学生毕业以后到美国大公司工作5年，然后回国，创办三星半导体。我们没有做这样系统的人才政策，我们都是自己去，自己回。所以韩国的效果很明显，1980年代我在美国留学，那帮韩国人也在美国留学，那时都是我们的同学，今天都是三星和海力士的高管。

澎湃新闻： 台积电的副总被挖走，如何看这个行业的暗战，以及人才和技术交流？

谢志峰： 韩国人把台积电的副总梁梦松直接挖过去，真的是商场如战场，把商业当战争来打。人才和技术的流动，西方有西方的规矩，但据我了解，美国并没有明确禁令出售产品给中国，它要求是透明可控，你要什么技术可以告诉我，它们根据自己的法律法规来审批，同意了就会给你，只要你不是去造杀人武器。只要保持好的沟通，技术还是开放的。可以走正常途径买来或者学来，其他途径是不明智的，造成了很多不好的影响。但也不要老想着引进，自己有人、有钱，为什么不自己做？要自主创新，我们是有能力的。当然也有些方面是大家都没有的，需要引进的。

本文来源：澎湃新闻

2016-8-30

要有长期奋斗准备,要多听产业界建议

芯片完全国产不现实

目前中国集成电路进口替代难度最大的包括5G、4G通信,因为高端的通信芯片多数都是进口的。接下来就是可编程逻辑芯片(FPGA),高端芯片被英特尔和赛灵思公司垄断。它被用在云计算数据中心、人工智能、新型ASIC芯片开发等领域,现在所有数据中心,比如百度云、阿里云都会受到严重影响,现在阿里巴巴也开始介入芯片研发,这是明智的选择。大家比较熟悉的是计算机系统用的芯片,譬如服务器、个人电脑这些设备要用的芯片市场都是被英特尔和AMD公司占领的。高铁使用的功率器件(IGBT)需要6 000 V电压,这种功率器件也是以进口为主。通用电子系统,就是广泛应用的电子系统,可编程的逻辑设备,国产芯片的市场占有率也非常低,它的用途很广,尤其一些高度敏感行业,譬如航天之类;还有数字信号处理芯片(DSP)就是处理图像、声音的芯片,虽然国产芯片有一些,但市场还是喜欢用进口芯片。我们把存储和逻辑混合在一起就是嵌入式(Embedded),因为逻辑和存储单独不工作的,必须放在一起才可以,这在移动终端里有很多应用,我们也比较落后。嵌入式神经网络处理器(NPU)我

们可以搞出一部分，但高性能的芯片都需要在境外代工。存储情况更不乐观，绝大部分是空白，较为低端的存储中国有5%左右的份额，真正高端的是大容量的动态随机存储和三维NAND闪存，这是被广泛应用的。一个电子系统里有几十上百种芯片，不是说有一种芯片就可以，而是缺一种都不行。更何况，制造芯片的材料和设备也不完整，最近10年虽然进步很大，但大多数设备和材料还是要靠进口，比如说光刻机和12英寸大硅片，几乎都是进口的。

中国真要完全做到进口替代，那先做出一个20～30年的计划，过去我们对原材料和基础元器件方面的研发不够重视，投入不够，现在需要重视起来。抗战时中国是拿空间换时间，打持久战，现在中国IC产业也要有长期奋斗的准备，人家花了60年得到的成果，我们30年要花吧。就算我们比别人聪明，每天工作16小时，别人也不会闲着，大家都在努力。

1980年代我在英特尔工作的时候，大家也是非常努力地工作，美国集成电路发展了60年才到现在的地位，所以我们如果能花30年赶上去已经很不错了。况且我们进步，人家也在进步。

集成电路产业是个全球产业链，美国也不能做所有的东西，全世界没有一个国家能做所有的东西，应该各自找到自己的长项，全球分工合作是最好的模式。习近平总书记提出"一带一路"要打造人类命运共同体，要联合全世界愿意合作的国家和地区（包括美国、日本、韩国和我国台湾地区），共同研发，共同发展。

创业环境比美国差

不久前，南京朋友到上海来招商，强调他们那边开公司两个月之内就可以把公司注册下来，意思是说，他们的环境很好了，其实还是效率不够高，应该当天就完成注册。其实更能体现创业环境水平的是融资渠道，在中国搞集成电路创业，借钱必须要有抵押。国内风投看项目必须要有销售额、利润才愿意投，如果只有创新的想法是很难获得投资的；在美国有好的创新模式和产品，那些懂行的风险投资是会积极投入的。中国的风险投资大多数更像是无风险投资，美国的风投对于失败是有预期的，如果有项目亏损也会理解，坦然接受，只要有部分项目获得巨额回报就是成功。而中国的风险投资公司，如果项目失败，负责投资的人是要被问责的。现在政府背景的基金喜欢投已经赚钱的大项目，还没有到赚钱阶段的创新型的初创公司很少有人愿意去投资。但是别人已经做出来的东西，你去跟风是比较容易做成，但跟风的项目主要靠低价去竞争，利润率一般是比较低的。

地方政府是有积极性，但也是只投已经赚钱的项目，没人去抢真正的创新项目。创新项目的代名词就是亏钱项目。如果一个项目在上海开始赚钱了，其他地方就来抢，抢过去后，接着被别的地方抢，所以你会发现一个开始赚钱的芯片公司在中国会有好多个点，展讯在全国有多个地方落户了。到处可以看到中芯国际、长电科技、展讯这样的已经开始赚钱的公司的分店。但是新创的公司很少受到地方政府欢迎，一个集成电路项目正常发展的话，5～10年才能盈利，地方政府等得起吗？

靠挖人能做起创新吗？

有段时间，有些媒体很得意中国芯片企业挖人。但是说白了，针对性地挖人很大一个目的就是为了copy，就是不守规矩，技术买不过来，就高薪去挖人，然后就被告，有的公司被告之后，差点倒闭。

我们要重视芯片设计公司，现在晶圆代工厂用很成熟的制造技术，芯片设计公司可以有很多创新机会，美国的芯片设计企业的平均利润是50%以上。不要只盯着制造，芯片代工制造业没几家能玩，全世界不过十几家，做芯片制造的投资要几百亿、几千亿元，很少有人投得起，回报还不一定很高。我们的制造企业毛利30%左右，而台积电有50%，英特尔也很高。除了台积电，全球的芯片代工企业毛利率都不高。

现在人才很缺，尤其优秀的管理人才，有远见的管理人才有多重要？格鲁夫是1987年开始做英特尔总经理的，我们看着他把英特尔从一个中型半导体公司，带到世界第一半导体公司。格鲁夫的管理方法值得全球芯片行业认真研究。

合资是目前进口替代最好的办法

中国集成电路要发展得好,需要结合国家、民间的力量和市场的力量。国家要为基础研究给政策、建环境。人才政策要弄好,现在很多人靠吹牛在骗国家的钱。

我认为现在比较可行的,能最快解决进口替代的项目是中外合资企业。国外的技术和国内的人才、资本的结合证明是可行的,我们可以借鉴一些成功的合资公司案例。南京台积电旁边,有两个做芯片设计工具的全球巨头落户了。他们把技术带进来,与中国资本合作,很有希望成功,一般的民用技术不受限制,军用技术受限制。

海归大部分回来后做得不太成气候,一是他们自身的限制,只能做很窄的东西,他们的个人履历基本是只做过技术,没有做过管理和市场。另外,海归一般从事的是创新型项目,国内融资也难。但是,要有盈利必须要有创新,不创新利润一定低。

我这样泛泛而谈,也只能说点皮毛。我个人认为,要从产业链的源头,从材料、设备、配件、工艺制造、封装测试、系统、软件、IP进行深入讨论,做出可行的计划。很多年前我参加美国的技术路线图制定时,几百个专家一起参加讨论,工作了半年才制定出方案,这些专家都是产业界的人,而中国的现状是喜欢学院派的建议,其实学者大多数没有产业管理经验,对于产业的发展观点比较理论化。我们应该多听听产业界的建议,比如中芯国际创始人张汝京博士的共享垂直一体化商业模式就值得探讨，我在4月18日举行的工信部全国集成电路创业大赛上的主题演讲也提出了区块链半导体商业模式。希望产业界的人士多参与，实践适合中国国情的集成电路发展模式。只要我们客观务实、努力奋斗，我相信中国集成电路产业一定会达到世界先进水平。

来源：澎湃新闻

2018-04-23

后记

《芯事》一书即将付梓，我有幸经历了这个伟大的时代，亲眼见证了全球芯片发展的青春的激情、痛苦和失误，亲身经历中国"芯"饱含着劳动的汗水、创业的体验、梦想的追逐。

1977年恢复高考后，能够有机会登上驶向理想彼岸的航船，作为77、78、79级享受大学生活的我们是何等的幸运？每天出门胸前别着大学校徽，那种天之骄子的自豪感无法用语言形容。1983年大学毕业之后，我踏上了留学美国攻读博士的征程。当时，获得了诺贝尔物理学奖的杨振宁和李政道，是物理学专业的学生最崇拜的楷模，我也不例外。再加上当时美国高校给数理化专业学生的奖学金、助学金较为丰厚，因此不用担心学费和生活费的问题，所以我也走上了这一道路。理论力学、量子力学、电动力学、统计力学这四大力学是所有物理学研究生必须攻克的难题，其中电动力学已是让大家都觉得是"天书"，但是比"天书"还要深奥的是量子色动力学。学完量子色动力学后，我终于发现这些高深的物理学理论并不是每个学生的归宿，从小喜爱物理的我终于发现自己实际上很难成

芯事 The big bang of the chip

为理论物理学家,应用物理才更适合我:我可以在实用产品方面同样做出物理学的贡献。

此时,以个人电脑为代表的电子产品的热潮已经兴起,IBM个人电脑和苹果电脑成为大家关注的焦点。那个时候,已经有两家公司做出了性价比非常高的微处理器芯片:摩托罗拉和英特尔,分别供应苹果公司和IBM。当时,我认定芯片的应用前景广阔,以此作为职业生涯的起点是个不错的选择。在博士生导师穆拉尔卡(Murarka)教授的推荐下,我有幸去英特尔研发中心面试,当时负责招聘的主管是英特尔技术大师Leo Yau博士,他与穆拉尔卡教授在贝尔实验室时曾是同事。当时已经进入英特尔公司工作的杨士宁博士,是我在伦塞利尔理工学院读书时期的学长,他在英特尔工作非常努力,也非常成功。我向杨博士请教了面试的过程和技巧,而杨博士则带我先去英特尔公司的办公室和会议室参观,以免对陌生的环境感到紧张。杨博士的妙招果然见效,我顺利地通过了面试。1988年,我进入英特尔公司工作,当时英特尔还是一家中型芯片公司;1995年我离开的时候,英特尔已经如日中天,发展成为世界第一大芯片公司。

尽管在全球顶级的芯片公司工作多年,但是中国"芯"一直是我的梦想。2001年6月,张汝京博士创办中芯国际,我终于可以回到阔别18年的故乡上海实现梦想。那时的张江,还只是一片农田,中芯国际就在这片农田上生根、深耕,播下了中国"芯"的新种子。张博士带我去工地时,震耳欲聋的打桩声,已成为奋斗者美妙的音乐,为新种子的萌发带来了希

后记

望。张博士语重心长地对我说:"中芯国际是上海的企业,我是台湾人都在这里努力奋斗。你是上海人,你更应该加入中芯国际团队。"从此,我义无反顾地投身到中芯国际热火朝天的创"芯"历程。中芯国际的努力,终于在2001年9月25日迎来了历史性的时刻——第一片芯片量产成功,这在当时的速度已让世界惊艳,连天公都作美:就在前一天晚上,大家还在风雨交加、道路泥泞中担心庆典能否顺利,但是一觉醒来已是阳光明媚的清晨,绿草鲜花伴随着收获的芬芳。不得不信的是,张博士所言非虚,中芯国际是受到上天宠爱的企业。今天再来看中芯国际所取得的成就,感慨万千,从张汝京、王阳元等一批人开始的接力,正是中国芯片成长的缩影。

在投身中国芯发展的10多年后,我的同学王岚(上海世纪出版集团总裁)提醒我,是不是应该写一本书来总结一下在中国科技产业工作的经验,我当时想还是等到退休以后再写。不过,4月份的中兴通讯芯片禁运事件改变了我的想法。一时间,芯片成了这个时代的"网红",有人说要"力挺""倒逼""不惜一切代价"推动芯片自主研发,也有人说"芯片差距不能一概而论""不惜一切代价发展芯片产业是危险的",无论政府、企业还是普罗大众,热议之中却发现连芯片到底是什么、从何而来都搞不明白。很多朋友问我芯片到底是什么?为什么那么重要?我们自己就做不出来吗?一定要买国外的芯片吗?如果美国不给中兴通讯或其他中国企业供应芯片,对我们会有怎么样的影响?这些问题都没有简单的答案,我觉得应该写一本书来把芯片的来龙去脉讲清楚。

之前一个偶然的机会,我遇到中国科学院的陈大明,他对科技产业的历史非常有研究,也积累了不少芯片行业的发展史料。我俩一拍即合,决定一起用相对通俗易懂的语言,书写芯片行业的发展历程。不过,集成电路产业技术复杂、专业性强,很难简单写就。我们秉持着有故事、有情怀、有远见的原则,尽可能地避免晦涩难懂的理论阐述和技术论证,在行业发展的历史故事中,介绍芯片的发展历程。无论是从业人员,还是想了解芯片的小白,包括关注芯片产业发展的政府工作人员和科技开发园区的从业者,都能从中汲取关于芯片的故事和产业发展的实用信息:结合过去30年我在美国英特尔公司和中芯国际的实战经历和切身体会,以案例分析为主线来思考和评价行业历史,从历史中汲取经验和教训,为转型升级中的中国提供新视野、新思路、新方法。以行业发展的历史视角,回看美国、欧洲、日本、韩国和我国台湾地区的集成电路简史,以众多经典案例、奇闻趣事剖析集成电路行业发展的时代背景、商业模式、技术动力、投资周期等,从中体验不同时期的行业发展特点,以及未来中国"芯"的发展趋势。

回过头看,早期的计算机用真空电子管,需要大楼般庞大的系统。贝尔实验室发明了晶体管之后,计算机尺寸已大幅度缩小。回看这60年芯片发展历史,商业模式的演变关键,无论是开始的垂直一体化模式还是后来的代工模式,以及将来的共享经济模式,都有其成功的道理和历史背景。芯片产业要发展得好,必须要有政府的规划和强力支持,纯粹靠市场经济是没有办法做到世界领先的。芯片产业的典型特点就是资金密集、人才密集和技术密集，因而需要有政府积极的产业政策来支持，包括要提供足够的资金，充足的人才储备、技术的长期积累和对知识产权的保护和尊重。我见证了30年世界芯片产业的发展历程，也见证了从欧美向东亚的芯片行业转移历程。我相信未来人类可以把芯片做得更加好，也相信在中国这片沃土上，芯片可以广泛地应用于物联网、人工智能、大数据等诸多领域。从1988—1995年，我见证了英特尔从中型半导体公司跃升为世界第一芯片公司的奇迹，兴奋与惊讶之余，我也一直在思考，什么时候中国也有像英特尔、三星电子和德州仪器这样的世界级芯片企业呢？我相信这一天终会到来。

谢志峰

2018年5月 上海

致 谢

落笔之际,思绪万千。《芯事》一书能够写成,与我们的合作伙伴、老师、朋友和家人的支持密不可分。

首先感谢茄子烩公司,尤其是凌露佳董事长、曹幻实总经理、曹树民博士统筹策划本书,在我们有意编写本书还尚未有坚定信心的时候给了我们莫大的支持,并负责了全部商务工作,让我们可以专心于图书内容。感谢上海世纪出版集团王岚总裁、上海科学技术出版社温泽远社长以及各位编辑及发行团队的支持,让我们可以在最短的时间内高质量地完成本书的出版。

还要感谢学业路上、就业路上的各位恩师教诲,我们才能从零开始了解芯片、认识芯片行业,也才能懂得如何去看待行业中的各种事物。尽管各位老师所做的指点有别,在此无法一一说明,但师恩难忘是我们此刻想表达的心情。

依靠朋友们的悉心指导,我们才能对芯片行业有了更为系统的认知。感谢芯恩集成电路张汝京博士、清华大学魏少军教授、北京大学上海微电子研究院程玉华博士、Lam

Research 刘二壮博士、中芯国际周梅生博士、兆易创新朱一明董事长、复旦微电子学院执行院长张卫博士、科钛网王展，以及老朋友陈卫、汤天申、朱敏、闫华峰、胡运望、张洪为、陈爱宗，正是你们的亲自实践、经历和参与，才让《芯事》一书的方向更加明确，内涵更加丰富，产业发展史更加完善，更具有时代意义。

除此之外，这本书的出版也不离开艾新教育校友的大力支持，特别要感谢复旦微电子谢辉、鸿之微科技曹荣根博士、泰凌微电子金海鹏、泓准达科技毛均泓、喜马拉雅夏凡、广立微的陆梅君博士、矽普半导体高盼盼、国科新材乔振华博士、瑜捷电子李梦雄博士及俞力黎、谢冰雪、张德林等校友代表，感谢你们的热情支持，你们是艾新精诚团结、平等互助精神的实践者，感谢你们付出的心血。

我们还要感谢家人，有你们的大力支持我们才能挑灯夜读各种史料，顺利梳理出芯片行业的发展脉络。感谢在我们全情投入时候，你们承包了家务杂事，《芯事》一书的背后凝聚了你们的默默付出。

再次感谢各位家人、老师、朋友和合作方，也感谢我们这个发展的时代，让我们得以创作《芯事》一书。本书涉及史料众多，尽管我们已作核对，但仍或有疏漏和错误之处，敬请读者指正。

谢志峰　陈大明

2018 年 6 月

感谢贾虹博士30年的支持和清华女生标志性的反面鼓励!

谢志峰